PMI-RMP
PMI RISK MANAGEMENT PROFESSIONAL

 성안당

머리말

박성철

피플쓰리이씨 교육대표

우리는 모두 '인생(人生)'이라는 평생 단 한 번 수행하는 프로젝트에서 수많은 리스크를 접하게 된다. 사람들은 대부분 다가오는 리스크를 고려하여 현재 좋은 것은 더 좋게, 나쁜 것은 더 나빠지지 않게 또는 발생하지 않게 관리하고 있다. 이는 누구에게나 공통된 행위일 것이다. PMI에서는 이러한 행위를 표준화된 용어와 절차로 설명하고 있다.

그렇다면 필자는 "리스크를 고려하는 근본적인 이유는 무엇일까?"라는 질문을 해본다. 그 답은 "현재 우리는 잃을 것이 많다."라는 것이다.

그렇다면 일반적으로 모든 사람이 보편적으로 생각하고 있는 "현재의 상태를 유지하거나 조금 더 나아지길 원하고 나빠지길 원하지 않기 때문"에 리스크 관리를 한다는 것이 필자의 생각이다. 결국, 아주 기본적인 내용이라는 것이다.

이러한 기본적인 사항을 좀 넓게 생각해본다면, 현재 국내외에서 수행되고 있는 대형/중형/소형 프로젝트에서도 기업과 조직의 추구하는 모든 것들을 유지하거나 더 향상시키기 위하여 여러 관리 활동들이 우리가 이야기하고 있는 리스크 관리와도 연관성이 많을 것이다.

근래에 해외 프로젝트를 중심으로 리스크 관리에 대한 중요성이 높아지고 있지만 아직 프로젝트 리스크 관리 전문 인력은 부족하고, 리스크 관리에 대한 성숙도도 낮은 편이다.

리스크는 '기회(Opportunity)'와 '위협(Threat)'이다. 우리가 만약에 준비한다면 다가오는 리스크를 기회로, 준비하지 못한다면 위협으로 받아들일 수밖에 없을 것이다.

이에, 글로벌 표준인 PMI PMBOK의 학습을 통하여 체계적이고 합리적인 관리기법을 습득하여 국내외 프로젝트에 방법론을 적용할 수 있는 전문가로서의 소양을 함양하고, 국제적으로 공인된 자격증까지 확보한다면 프로젝트 리스크 관리에 대한 '적합성'과 '실효성'을 모두 겸비할 수 있고, 이를 통한 기업 및 조직과 개인의 역량강화를 통하여 국제적인 경쟁력을 확보할 수 있을 것으로 판단하여 필자와 공동 저자들이 이 책을 집필하게 되었다.

필자는 이 책이 국내 프로젝트 리스크 관리에 대한 저변이 확대되는 데 기여하고, 독자들의 PMI-RMP(Risk Management Professional)자격 취득에 도움이 될 수 있었으면 하는 바람이다.

또한 독자들이 이 책을 통하여 리스크 대한 일반적인 개념을 이해하고 국제적으로 통용되는 리스크관리 프로세스를 이해함으로써 프로젝트의 성공적인 완수를 위하여 실질적인 리스크 관리를 하였으면 하는 바람이다. 리스크를 관리하면 프로젝트에 대한 실질적이고 실효한 리스크 관리를 통하여 프로젝트를 성공적으로 완료할 수 있고 프로젝트 관리의 궁극적인 목표인 '고객 만족(Customer Satisfaction)' 더 나아가 '고객 감동(Customer Surprise)'까지도 끌어낼 수 있다.

마지막으로 항상 곁에서 고생하는 사랑하는 아내 현미와 큰아들 현욱, 작은아들 준영에게 고맙다는 말을 전하고 싶다.

박용권

ZakumDevelopment
Company
Planning Engieer

대한민국의 대표 산업이 커다란 위기와 기회에 직면해 있는 시점이다. 우리나라 국내 대형 조선 및 플랜트 건설업체들은 호황기의 무분별한 수주로 2015년 대규모 손실을 입었고, 정보통신기술(ICT) 산업은 자율주행 자동차, 사물인터넷, 인공지능 및 로봇의 새로운 도전에 직면해 있다.

개인의 직장생활 또한 첨단기술과 기업의 변화로 인해 전통적인 고용 계약에서 점점 벗어나게 될 것이다. 기술을 가진 사람은 각자가 1인 기업이 되거나, 프로젝트 형태로 고용 계약을 맺어 일을 하게 될 것으로 예측된다. 다양성을 존중하는 삶이 될수록 고객의 요구를 충족시키기 위해 개별 프로젝트 단위의 업무는 더욱 증가할 것이다.

이러한 변화로 프로젝트 관리의 중요성은 점점 더 부각될 것인데, 불확실성을 내재하고 있는 고유의 프로젝트는 항상 위험을 수반하고 있다. 이 위험을 얼마만큼 인지하고 대처하느냐에 따라 프로젝트의 성공 여부가 달려 있다고 할 수 있다.

그런데 아직 업계에서는 위험 관리(Risk Management)에 대한 중요성을 크게 인지하지 못하거나, 인지하더라도 위험 관리 전담 부서를 신설, 지원하는 모습을 찾기가 어렵다. 한 가지 분명한 점은 향후 체계적인 위험 관리의 중요성이 대두될 것이며, 프로젝트의 시작과 끝에 위험 관리 프로세스가 적용될 것이라는 점이다. 왜냐하면, "호미로 막을 것을 가래로 막는다."라는 속담처럼 조직의 위험 관리 능력은 프로젝트 수행 중 기회나 위협에 선제적으로 대응하여, 긍정적인 것은 최대화시키고, 부정적인 것은 최소화시키기 때문이다. 이는 프로젝트 진행의 모든 측면 - 원가, 일정, 품질 등 -을 지속적으로 개선시킬 것이다.

이 책은 PMI의 RMP 시험을 준비하거나 위험 관리의 내용을 습득하고자 하는 이들에게 좋은 길잡이가 될 수 있다고 믿는다. 특히, PMBOK의 위험 관리 프로세스에 따라 실무에 적용할 수 있는 도구를 제공해주는 데 의미가 있다고 본다. 이 책이 여러분과 함께 교학상장(敎學相長)할 수 있는 계기가 되길 바란다.

오상우

보령LNG터미널(주)
Project Engineer

프로젝트를 진행할 때 리스크는 관심의 대상이다. 리스크를 어떻게 관리하느냐에 따라 프로젝트가 on Schedule & Budget 달성에 기여하기도 하고, 반대로 프로젝트를 위태롭게 하기도 한다.

이러한 리스크 요소를 사전에 인식하고 효과적으로 관리할 수 있는 체계가 갖춘 수행 중인 프로젝트를 보다 효과적으로 통제할 수 있으며, 결과적으로 프로젝트를 성공으로 이끌 수 있다고 생각한다.

이 책은 미국 PMI의 프로젝트 관리 지침서인 PMBOK을 기반으로 한 리스크 관리 전문가(PMI-RMP) 자격의 수험서다.

이 책은 PMBOK의 리스크 관리자가 갖추어야 할 기본 개념들을 설명하고 PMI-RMP 자격 취득에 필요한 예제들을 수록하였다. 자격 취득에 뜻이 있으신 분들께 도움을 주고, 이를 기반으로 프로젝트 수행에 검증된 PMBOK 기반의 리스크 관리 체계를 전파하여 많은 분들이 수행하는 프로젝트 성공에 일조했으면 하는 바람이다.

PMI-RMP 자격은 PMBOK 입장에서 프로젝트 리스크 관리자의 책임 및 역할에 대한 전문지식을 평가하고 인증하는 자격이다. 자격증인 Certification은 해당 분야 지식에 대한 확인증일 뿐 업계에서 요구하는 모든 방면의 정성적, 정량적 요구를 보증해주지 않는다고 생각한다. 하지만 세계적으로 인정받는 프로젝트관리 방법론 중 하나인 PMBOK 기반의 리스크 관리 이론 및 자격을 기반으로 관련 실무 경험을 쌓는다면, PMI-RMP 자격은 본인의 커리어에 의미 있는 한 줄이 되리라 생각한다.

마지막으로 학창시절부터 지금까지 오랜 시간 도움을 주신 박성철 대표님과 집필과 업무로 주말마다 멀리 떨어져 마음고생을 한 가족과 아내에게 감사의 말을 전한다.

차례

Part 04
연습문제

Part 05
연습문제 정답 및 해설

PART 01

프로젝트 리스크 관리의 개념

이 Part에서는 프로젝트 리스크(Project Risk) 및 리스크 관리의 정의, 리스크 관리의 필요성, 리스크-비용-품질(Risk-Cost-Quality)의 관계, 프로젝트 리스크 관리(Project Risk Management)의 성공 요인, 리스크 관리에서의 프로젝트 관리자(Project Manager) 역할, 리스크 관리를 위한 기본 지식, 리스크 관리 프로세스(Risk Management Process)를 이해할 수 있다.

chapter

01 프로젝트 리스크 관리의 개념

프로젝트 리스크 관리의 기본 개념을 이해할 수 있다.

리스크의 정의

오늘날 '리스크(Risk)'라는 단어는 부정적인 의미로 사용된다. 이 단어는 인류가 항상 궁금해 하는 '미래에 대한 불확실성(Uncertainty)'에서 비롯되었다고 할 수 있다. 미래에 대한 예측이 가능하다면 리스크라는 단어는 현재 사용되지 않거나 전혀 다른 의미로 사용되었을 것이다.

인류는 언제부터 '리스크'라는 말을 사용했을까? 리스크라는 말은 처음부터 좋지 않은 의미는 아니었다고 한다. 16세기 선박 관련 보험회사에서는 '긍정(Positive)'의 의미로 사용하였는데, 그 이유는 이 단어가 '신대륙을 발견하면 부귀영화를 누릴 수 있다'라는 의미를 지니고 있었기 때문이라고 한다. 프랑스어인 'Risque'라는 단어는 '이득을 볼 것이라 예상하고 리스크 속에 뛰어들기'라는 의미를 지니고 있다. 이처럼 리스크라는 말은 초기에 긍정의 의미, 즉 '기회(Opportunity)'의 의미로 사용되었지만, 근래에 들어서는 부정(Negative)의 의미, 즉 '위협(Threat)'의 의미로 사용되고 있다.

우리는 리스크를 어떠한 의미로 받아들이고 있는지 사전(Dictionary)에서 찾아보자.

국어사전에서는 '리스크'를 '해로움이나 손실이 생길 우려가 있음, 또는 그런 상태'라고 설명하고 있고, 영어사전에서는 'If there is a risk of something unpleasant, there is a possibility that it will happen'으로 설명하고 있다. 즉, 리스크라는 단어가 부정의 의미로 정의되고 있다는 것을 알 수 있다. 리스크의 의미와 비슷한 영어로는 'Danger', 'Hazard', 'Peril' 등이 있는데, 이 단어들 역시 대부분 부정적인 의미를 지니고 있다.

여러 산업 분야에 종사하는 학자들은 '리스크'의 실체를 정확하게 정의하기 어렵다고 이야기한다. 그 이유는 리스크가 여러 분야에서 조금씩 다른 의미로 사용되고 있기 때문이다.

우리가 한 가지 잊지 말아야 할 것은 '리스크'라는 단어가 부정적인 의미를 지니고 있기는 하지만 철저한 사전 준비와 예측을 통해 관리할 수 있는 리스크는 위협이 아닌 기회가 될 수 있다는 사실이다. 이러한 이유 때문에 현재 전 세계적으로 리스크 관리에 대한 절차(Process), 표준(Standard) 등을 만들어 관리하고 있다.

PMI(Project Management Institute)의 PMBOK®(A Guide to Project Management Body Of Knowledge)에서는 '프로젝트 리스크는 프로젝트의 목적 중 한 가지 이상에 긍정적 또는 부정적인 영향을 미치는 불확실한 사건 또는 조건'이라고 정의하고 있다. 또한 '프로젝트의 목적은 시간, 비용, 범위, 품질'이라고 정의하고 있다. 그리고 '리스크는 하나 또는 그 이상의 원인을 가지고 있고, 만약 발생하면 하나 또는 그 이상에 영향을 미친다'라고 정의하고 있다.

'Project risk is an uncertain event or condition that, if it occurs, has a positive or negative effect on one or more project objectives such as scope, schedule, cost, and quality. A risk may have one or more causes and, if it occurs, it may have one or more impacts'

PMBOK®-5th Edition

영국 OGC(The Office of Government Commerce)의 PRINCE2®에서는 리스크를 다음과 같이 정의하고 있다.

'하나 또는 일련의 불확실한 이벤트로서 발생할 경우에는 목표 달성에 영향을 미친다'

리스크는 예상되는 위협이나 기회가 발생할 확률의 조합과 이들이 목표에 미치는 영향력의 정도로 구성된다. 이때 '위협'은 목표나 이익에 부정적인 영향을 미칠 수 있는 불확실한 사건으로 사용되고, '기회'는 목표나 이익에 긍정적인 영향을 미칠 수 있는 불확실한 사건으로 사용된다.

Risk is defined as

'an uncertain event or set of events which, should it occur, will have an effect on the achievement of objectives. A risk consists of a combination of the probability of a perceived threat or opportunity occurring and the magnitude of its impact on objectives.

With this definition 'threat' is used to describe an uncertain event that could have a negative impact on objectives or benefits;

and 'opportunity' is used to describe an uncertain event that could have a favourable impact on objectives or benefits."

PRINCE2®_2009_OGC

> **tip** **PRINCE2**
>
> PRINCE2®(PRoject IN Controlled Environments)는 1996년(효시는 1075년) 영국 정부에서 제정한 프로젝트 관리에 대한 표준으로, 영국 정부의 'Best Management Practice' 중 하나다. 이는 영국 정부 부처인 OGC에 의해 제정되었으며, 현재 OGC와 영국 BPO(Business Process Outsourcing) 전문 컨설팅 회사인 Capia가 만든 합자회사인 AXELOS(www.axelos.com)에 의해 관리되고 있다.
>
> PRINCE2®는 프로젝트 관리자를 위한 표준인 Management Successful Projects with PRINCE2®와 기업, 경영진, 프로그램 관리를 위한 표준인 Directing Successful project with PRINCE2®로 구성되어 있다.

---

(02) 프로젝트 리스크 관리의 정의

프로젝트 리스크 관리는 리스크를 규명하고 분석하여 대응하는 것과 관련된 일련의 프로세스를 포함하고 있으며, 사건의 긍정적 결과는 극대화하고, 부정적인 결과는 최소화하는 것을 의미한다.

리스크는 아직 발생하지 않은 문제이므로 예방의 관점에서 접근해야 한다. 추후 리스크가 발생하면 우리는 그것을 문제라고 인지하기 때문에 이를 해결하기 위하여 많은 비용과 노력을 투입하게 된다. 그러므로 리스크를 미리 예방하여 발생하지 않도록 하거나, 영향을 최소화하도록 노력해야 한다. 물론 모든 리스크에 일일이 대응할 수는 없지만, 프로젝트 초기에 대응해야만 적은 비용으로 최대의 효과를 이끌어 낼 수 있다.

프로젝트 관리의 대표적인 기관인 미국 PMI와 영국 OGC에서 발간한 PMBOK®, PRINCE2®에서 설명하는 리스크 관리는 다음과 같다.

PMBOK®는 '리스크 관리는 프로젝트에 적용할 리스크 관리 계획, 리스크의 식별, 분석, 대응 계획, 감시 및 통제를 수행하는 일련의 과정을 포함한다. 이때 리스크 관리의 목적은 긍정적인 사건의 발생 가능성과 영향력은 증가시키고, 부정적인 사건의 발생 가능성과 영향력은 감소시키는 것이다'라고 설명하고 있다.

Project Risk Management includes the processes of conducting risk management planning, identification, analysis, response planning, and controlling risk on a project. The objectives of project risk management are to increase the likelihood and impact of positive events, and decrease the likelihood and impact of negative events in the

PRINCE2®는 '리스크 관리는 리스크를 식별 및 평가하고 이에 대한 대응 계획을 수립하여 실행하는 체계적인 절차를 적용하는 것을 말한다. 이는 사전 대책을 강구하는 의사결정을 하는 데 있어 체계적인 환경을 제공한다. 리스크를 효과적으로 관리하기 위해서는 식별(Identified), 평가(Assessed), 통제(Controlled)되어야 한다. 리스크 관리는 전략적(Strategic), 운영적(Operational), 프로그램 또는 프로젝트의 관점에서 적용할 수 있다. 이때 각각의 관점에 대하여 일반적으로 접근하여 리스크를 관리할 수 있지만, 리스크 관리 절차는 각각에 맞게 조정하여야 한다'라고 설명하고 있다.

03 리스크 관리의 필요성

근래에 산업이 급격히 발전함에 따라 많은 변화를 요구하고 있고, 그중에서 국내외 대형 프로젝트 위주로 리스크 관리의 필요성이 대두되고 있다. 특히 해외 프로젝트를 주로 수행하고 있는 국내 건설사와 중공업들은 발주처의 요구에 의해 프로젝트 리스크 관리 분야에 대한 중요성이 부각되고 있다. 물론 금융(Finance)과 관련된 다양한 분야에서도 리스크 관리를 꾸준히 해왔지만, 점차 크고 복잡한 프로젝트를 수행하는 경우가 많아지고, 리스크 관리의 부재 또는 소홀로 발생되거나 예측되는 영향력이 크기 때문에 좀 더 체계적으로 리스크 관리를 진행해야 한다는 필요성이 제기되고 있다.

우리가 잘 인식하지는 못하지만 리스크 관리는 예전부터 거의 모든 분야에서 진행되어왔다. 또한 개인 프로젝트에서도 체계적이지는 않지만 나름대로 리스크 관리의 개념을 가지고 진행하고 있다는 사실은 두말할 필요도 없다.

그렇다면 우리는 언제부터 리스크 관리를 해왔는지 생각해보자.

우리가 주로 이야기하고 있는 리스크 관리는 잃을 것이 많을 때에 대두되는 주제다. 리스크 관리는 미래에 대한 불확실성과 사건 리스크(Event Risk)를 주로 관리하는 것으로, 예측 가능한 리스크와 예측 불가능한 리스크에 대한 관리가 요구된다.

우리는 리스크라는 불확실성이 발생한 후에야 사전에 예방하지 못한 것을 후회한다. 우리 속담에 '소 잃고 외양간 고친다'라는 속담이 있다. 이는 리스크가 발생하여 문제가 되고 나서야 사후 보완을 한다는 의미다. 또한 '호미로 막을 일을 쟁기로 막는다'라는 속담은 사전에 미리 예방을 했더라면 적은 비용으로 해결할 수 있었는데, 그렇게 하지 못해서 훨씬 많은 비용을 투입하게 된다는 의미다.

우리는 급격한 발전을 통해 많은 것을 얻을 수 있었다. 그러기에 '잘살아 보자'라는 목표를 달성하기 위하여 조금 위험하더라도 그냥 하는 일들이 많았다. 이러한 일들이 허용되었던 이유는 그때 당시에는 잃을 것보다 얻을 것이 많았기 때문이다. 하지만 근래에는 훨씬 풍요롭고 발전되어 있어 얻을 것보다 잃을 것이 많아졌기 때문에 리스크 관리의 필요성이 강조되고 있다고 생각할 수 있다.

일반적으로 프로젝트 리스크는 모든 프로젝트에 존재하는 불확실성과 사건 리스크에서 시작된다. '알려진 리스크(Known Risk)'는 식별되고 분석되어 대응 계획 수립이 가능한 리스크로, 우발사태 예비비(Contingency Reserve)로 편성되어 관리하고 리스크 대응 계획을 수립할 수 있다. 하지만 '알려지지 않은 리스크(Unknown Risk)'는 사전에 식별 및 분석하여 관리할 수 없기 때문에 관리 예비비(Management Reserve)를 편성하여 대응하는 것이 보편적이다.

우리가 리스크 관리를 수행한다는 것은 알려진 리스크에 대한 식별과 분석, 그에 따른 대응 계획을 수립하여 수행하는 것을 의미한다. 리스크를 과학적으로 관리하기 위해서는 계량화, 계수화가 필요하다. 이때에는 리스크를 식별한 후 관리자의 정확한 분석을 통해 리스크의 발행 확률이 100%가 되지 않도록 사전에 예방하는 것이 가장 중요하다. 리스크의 발생 가능성이 100%가 된다면, 그 리스크는 더 이상 리스크가 아니라 '문제(Problem)'가 된다. 발생 가능성이 100%인 문제가 발생하면 예방(Prevention)의 관점이 아니라 시정(Correction)의 관점에서 접근해야 한다.

마지막으로 리스크 관리는 '적합성'과 '실효성'을 만족해야 한다. '절차는 적합하였으나 실효하지 않다'라는 말이 있다. 이 말은 '겉보기에는 그럴 듯하게 포장하였지만 내용은 현실적이지 못하여 적용할 수 없기 때문에 원하는 목적을 달성할 수 없다'라는 의미다.

따라서 리스크 관리는 이상적으로 접근하기보다 현실적으로 접근하는 것이 매우 중요하다.

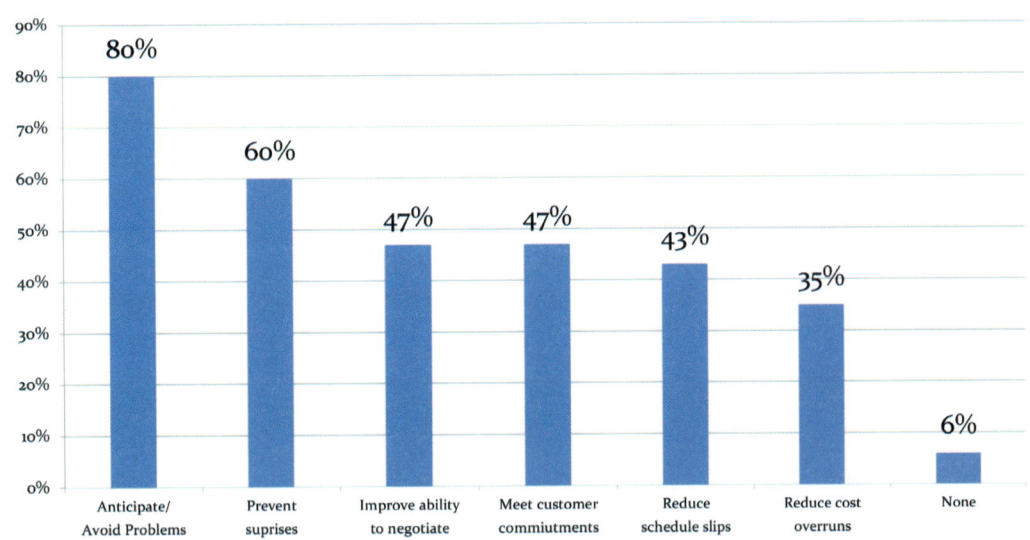

■ 리스크 관리의 효과

Kulik, Peter and Catherine Weber, ' Software Risk Management Practices‒2001,' KLCI Research Group(August 2001)

■ 예측 가능한 리스크 vs 예측 불가능한 리스크

구 분	예측 가능한 리스크	예측 불가능한 리스크
식별	가능	불가능
분석	가능	불가능
예방계획	가능	불가능
예비비편성	우발사태 예비비	관리 예비비
예비비 집행	일정 기준선에 포함되며, 프로젝트 관리자의 재량으로 집행 가능	일정 기준선에 포함되지 않으며, 프로젝트 관리자의 재량으로 집행 불가능

04 리스크, 비용, 품질의 관계

프로젝트 초기에는 리스크 발생 가능성이 높지만, 이 시점에 리스크를 제거하거나 예방할 수 있다면 적은 비용으로 큰 효과를 볼 수 있다. 이와 반대로 프로젝트 후반으로 갈수록 리스크의 발생 가능성은 낮아지지만, 리스크가 발생했을 때 이를 해결하기 위한 비용은 매우 높아진다. 이러한 현상을 이해하는 것은 그리 어렵지 않다. 프로젝트 초기에 리스크에 대응하지 못할 경우, 심각한 상태에 빠질 수 있다는 것은 누구나 알고 있다. 물론, 프로젝트의 특징 중 하나인 유일함(Unique) 때문에 대응할 수 없다고 생각할 수 있지만, 우리가 접하는 대부분의 프로젝트에는 일반적인(Typical) 업무가 포함되어 있다는 것을 고려해야 한다.

그 대표적인 예로 '품질(Quality)'을 들 수 있다. 품질은 기준에 대한 산포(Variance)를 줄여 고객만족(Customer Satisfaction)을 이끌어 낼 수 있는 상태를 말한다. 따라서 모든 조직에서는 품질을 높이려는 노력을 꾸준히 수행하고 있다. 예를 들어 품질 관리 수준을 6σ 또는 무결점(Zero Defect)으로 관리할 수만 있다면 매우 적은 품질 비용(예방 비용, 평가 비용, 실패 비용)으로 프로젝트를 완료할 수 있을 것이다.

---

tip 프로젝트의 특징 및 품질비용

프로젝트의 특징

- 명확한 목적/목표가 있다.
- 한시적이다.
- 유일하다.
- 점진적으로 상세화된다.

품질 비용(Q-cost): 고객이 만족하는 품질을 유지하는 데 사용하는 비용

- 평가 비용(Appraisal Cost)
- 예방 비용(Prevention Cost)
- 실패 비용: 외부(External Cost), 내부(Internal Cost)

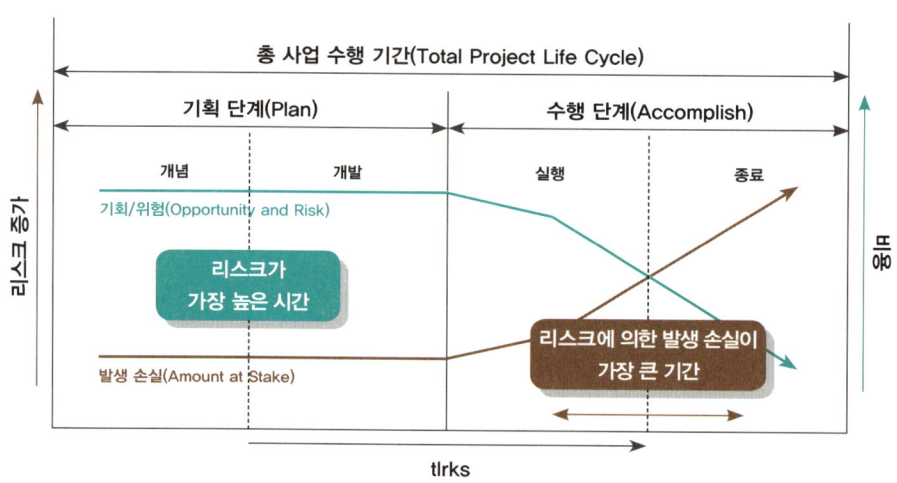

■ Risk와 Cost의 관계

이번에는 품질이 좋다면, 위험과 비용을 절감할 수 있을 것인지에 대하여 고민해보자.

'품질이란 무엇인가?', '품질 관리(Quality Management)란 무엇인가?'

여러 학자와 연구자가 품질에 대하여 여러 가지 정의를 내렸지만, 근래에 들어 이야기하고 있는 품질은 다음과 같다.

품질은 균일함, 꾸준함을 의미하고, 품질 관리는 그 균일함, 꾸준함을 유지하기 위한 여러 가지 조건들을 관리하는 것을 의미한다. 이러한 조건들을 잘 관리하여 균일함을 누구나 알기 쉽게 숫자(Numerical Number)와 그림(Picture)으로 표현할 수 있다면, 상당한 신뢰를 이끌어 낼 수 있을 것이다.

신뢰를 만들 수 있는 품질이 중요하다는 것은 누구나 알고 있다. 그리고 그 품질을 관리하기 위해 과학적인 방법을 사용해야 한다는 사실도 잘 알고 있다. 우리는 거의 완벽한 관리 수준을 6σ '관리 수준', '완벽한 수준'을 '무결점(Zero Defect)'이라 한다. 만약, 프로젝트의 관리 수준이 매우 높아서 일을 완벽하게 처리할 수만 있다면 '프로젝트의 실패'란 없을 것이다. 또한 예측 가능한 위험(Known Risk)에도 완벽하게 대처할 수 있을 것이다. 물론, 예측 불가능한 위험에는 완벽하게 대응할 수 없겠지만, 관리 수준이 좋다면 관리 수준이 좋지 않은 조직이 위험에 대응하는 것보다 적은 비용으로 대응할 수 있을 것이다.

> **tip** **개선(혁신) 운동**
> 의미 설명: 모두 무결점을 근본 목적으로 하고 있는 혁신 운동들
> 6σ: 3.4PPM(Parts Per Million)
> Single PPM: 9PPM(Parts Per Million)
> Zero Defect: 0PPM(Parts Per Million)

프로젝트 관리(Project Management)는 과학적으로 관리하는 것이 매우 중요하다. 여기서 과학적인 관리란, 숫자와 그림으로 관리하는 것을 말한다. 즉, 모든 이해관계자들과 의사소통이 잘될 수 있는 조건을 갖추어야 한다는 것이다.

일반적으로 대부분의 프로젝트에서는 계획과 실적의 편차(Variance)를 관리하고 있다. 또한 어느 업종을 막론하고 편차 관리를 하고 있다. 이번에는 편차 관리에 대해 이야기해보자.

$$V = V_1 + V_2 + \cdots + V_{N-1} + V_N$$

$$\sqrt{V} = \sqrt{V1 + V2 + \cdots + V_N} = \sigma$$

위 수식은 '전체 분산은 각각의 분산의 합과 같다'는 것을 보여준다. 즉, 모든 프로젝트 분야의 분산이 전체의 분산을 결정한다는 의미다. 그리고 전체 분산의 제곱근은 전체의 표준편차(σ)를 의미한다. 이러한 기본적인 내용을 근거로 일정 관리 이론인 PERT(Program Evaluation & Review Technique)의 3점 산정을 이용하여 각 활동의 평균($\bar{x}$), 분산(V), 표준편차를 구할 수 있다. 이때 중심 극한 이론(Central Limit Theorem)에 의하여 원하는 날짜에 프로젝트를 마무리할 수 있는 확

률을 구할 수 있다.

$$Z = \frac{X - \overline{X}}{\sigma}$$

Z = 표준정규본포의 평균으로, 값은 '0'이다.

$\overline{X}$ = Expected date

X = Due date

위의 수식은 표준 정규 분포인 Z값이 클수록 원하는 날짜에 마무리할 수 있는 확률이 높아진다는 것을 보여준다. 이를 통해 분자의 값이 고정되어 있을 경우, 분모 값인 표준편차가 작아야만 확률이 높아진다는 것을 알 수 있다.

리스크 관리 프로세스의 정량적 위험 분석(Quantitative Analysis)에서 몬테-카를로 시뮬레이션(Monte-Carlo Simulation)을 수행할 때, 기간의 불확실성(Duration Uncertainty)과 물량의 불확실성(Unit Uncertainty)이 크지 않아야 한다는 것도 편차가 적어야 한다는 것과 일맥상통한다.

우리가 운영하는 프로젝트의 경우, 모든 구성원 및 조직의 관리 능력이 프로젝트의 성공에 직 · 간접적인 영향을 미친다는 사실을 알고 있다. 우리가 항상 품질이 좋은(산포가 작은) 인력, 조직, 업체들과 협업을 하고자 이유는 바로 이 때문이다. 조직의 인력을 선발할 때 서류 심사와 면접을 거쳐 그 인력의 적합성과 실효성을 파악한 후 입사를 결정하는 것과 같이, 조직이 협력 업체 선발 시 PQ(Pre-Qualification)와 현장 심사를 통해 그 업체의 적합성과 실효성을 확보한다는 사실을 알 수 있다. 또한 일상적인 부분에서도 편차가 작은 것이 좋다는 것을 알 수 있다.

- 개인의 성격(기분) 편차가 클 때 이를 '조울증'이라고 한다.
- '자네는 한결 같아서 좋네'
- '그 친구는 믿을 만해. 꾸준하니까'
- '품질(Quality)이 좋으면 실패(Fail)를 Zero에 가깝게 할 수 있다'

> **tip** GIGO
>
> GIGO(Garbage In Garbage Out): 이 용어는 '쓰레기가 들어오면 쓰레기가 나온다'라는 의미이지만, 반대로 생각해보면 좋은(Good) 것이 들어오더라도 여러 가지 예측하지 못한 위험(Uncertainty & Event Risk)들 때문에 좋은(Good) 것이 나오지 못하고 쓰레기(Garbage)가 나올 수 있다는 의미를 내포하고 있다.

모든 조직 및 개인들에게 있어 프로젝트 초기에 결정한 업무가 계획대로 수행된다면 리스크 관리는 필요하지 않을 수도 있다. 그렇지만 현실적으로 거의 모든 프로젝트가 계획대로 진행되지 않기 때문에 우리는 주기적으로 계획과 실적의 차이를 확인하고 그 원인을 분석하여 시정(Correction)과 예방(Prevention)을 수행한다. 이러한 프로세스는 전 세계의 모든 조직에 적용되고 있다. 이러한 절차(Process)를 '개선(Improvement)'이라 한다. 개선을 하는 일련의 행위는 계획(Plan)과 현재 (Current)의 차이인 분산과 편차를 주기적으로 모니터링(Monitoring)하고 통제(Controling)하는 것으로, 리스크 관리에서 매우 중요한 부분이기도 하다.

참고 품질 유지 및 개선의 기본 단계

품질을 유지하거나 지속적으로 개선하기 위한 프로세스다.

조직	개인
현상 파악	주제 파악
원인 분석(4M+2M)	왜 그럴까?
시정/예방	고치고/다음부터는
유효성 파악	한번 확인해보자
표준화	습관화

* 4M: Man, Machine, Material, Method

* 2M: Money, Moral

■ 개선 Process

05 리스크 관리의 성공 요인

리스크 관리 절차(Risk Management Process)를 성공적으로 수행하기 위해서는 프로젝트 구성원 및 이해관계자(Stakeholder)가 리스크 관리의 가치에 대한 공감대를 형성하고 있어야 하고, 모든 이해관계자와 조직이 좀 더 효과적인 리스크 관리를 위하여 최선을 다하겠다는 마음가짐을 가지고 있어야 한다. 개방적이고 정직한 의사소통(Communication) 역시 리스크 관리의 효과를 극대화할 수 있는 필수조건이라 할 수 있다.

리스크 관리는 다른 관리 영역(Knowledge Area)의 프로세스와 통합적으로 관리되어야 한다. 리스크 관리를 단독으로 실행할 경우에는 성공정인 성과를 도출하기 어렵다. 또한 리스크 관리를 효과적으로 하기 위해서는 예방(Prevention)이 가장 중요하기 때문에 적당한 예비비를(일반적으로 10%) 사용하여 예측 가능한 위험이 문제로 변하지 않도록 하거나 영향력(Impact)을 최소화할 수 있도록 해야 한다.

다음은 성공적인 리스크 관리를 위한 필수조건들이다.

① 위험관리의 가치(Value of risk Management): 모든 이해관계자는 효과적인 프로젝트 위험 관리 프로그램의 가치와 노력을 이해해야 한다. 또한 프로젝트 관리자는 이해관계자의 수준에서 투자 수익을 이해하기 위해 노력해야 한다.

② 이해관계자와 조직 공감대(Stakeholder and Organization Commitment): 모든 이해관계자는 자신의 역할과 효과적인 리스크 관리를 위한 책임을 수행하기 위해 최선을 다해야 한다. 또한 조직은 전체적인 리스크 관리를 위해 최선을 다해야 한다.

③ 의사소통(Communication): 개방적이고 정직한 의사소통은 성공의 열쇠라고 할 수 있다. 따라서 리스크 관리의 효과성을 보장하기 위한 프로젝트 커뮤니케이션 계획에는 주요 이해관계자를 포함시켜야 한다.

④ 통합(Integration): 리스크 관리가 성공을 거두기 위해서는 모든 프로젝트 관리 활동을 통합하여 관리해야 하므로 리스크 관리는 다른 모든 활동과 연관될 수밖에 없다.

⑤ 예비비(Reserves): 리스크 관리에서는 계획 단계에서부터 예비비를 포함하는 것이 매우 중요하다. 효과적인 리스크 관리를 위해서는 예비비를 확인하고 요청하는 기준을 수립하여야 한다. 예비비에는 다음과 같은 두 가지 종류가 있다.

- 우발사태 예비비: 예측 가능한 위험 관리를 위한 비용
- 관리 예비비: 예측 불가능한 위험 관리를 위한 비용

이러한 예비비는 일반적으로 확실하지 않지만, 사업 금액의 10% 정도를 사용하고, 금전적 기댓값 분석(Expected Monetary Value, EMV), 가정 분석(What if)과 같은 몬테-카를로 시뮬레이션 기법 등을 이용하여 산정한다.

⑥ '7가지 제약 모델(The Seven Constraints Model): PMI에서는 위험 허용 수준을 결정할 때 7가지의 제약을 이용하는 것이 도움이 된다고 설명한다. 이 모델은 자원, 위험, 품질, 고객 만족, 범위, 시간, 비용으로 프로젝트의 전통적인 제약을 보완하고, 이해관계자에게 위험의 허용 기준을 설명하는 데 사용된다.

■ 7가지 제약 모델(The Seven Constraints Model)

06 리스크 관리에서 프로젝트 관리자의 역할

프로젝트를 성공으로 이끌기 위해서는 프로젝트 관리자가 프로젝트의 리스크 관리를 적절하게 수행하여야 한다. 프로젝트 관리자의 역할은 다음과 같다.

① 시작~종료 프로세스 그룹의 전반적인 리스크 관리 원칙을 준수한다.

② 승인된 리스크 관리 계획 수립을 확정하고 리스크 관리 프로세스를 지속적으로 수행할 수 있도록 촉진시킨다.

③ 정기적인 프로젝트 상황 회의에 위험 부문을 포함시키고, 모든 주요 이해관계자들과 위험의 상태에 대해 의사소통을 한다.

④ 개방적이고 정직한 의사소통의 노력으로 리스크 관리가 효율적으로 수행되고 있는지를 확인하고, 프로젝트 의사소통 관리 계획에 위험을 포함하여 관리할 수 있도록 한다.

⑤ 리스크 관리 프로세스를 지원하기 위한 상위 관리 조직의 관심을 유도하고, 리스크 관리 프로세스를 적용하였을 때의 이익을 공유한다.

⑥ 이해관계자의 태도, 허용 수준 및 임계값을 이해하고 관리하며, 이를 기준으로 위험의 우선순위, 대응 전략 및 예비비 요구사항의 영향을 항상 모니터링한다.

⑦ 위험 대응(Risk Response)을 승인하고, 프로젝트 관리 계획 내에서 통합 관리한다.

07 리스크 관리를 위한 기본 지식

1) 위험 태도(Risk Attitude)

프로젝트 이해관계자의 전반적인 위험에 대한 태도(Attitude)를 이해하는 것은 프로젝트 관리자가 위험의 허용오차(Tolerance)와 위험의 임계값(Thresholds)을 이해하는 데 많은 도움이 된다. 이러한 태도는 개인의 위험과 전체 프로젝트의 위험 모두에 영향을 미친다. 위험 식별 활동에 착수하기 전에 위험에 대한 이해관계자의 태도를 이해하는 것은 매우 중요하고, 이해관계자의 태도는 프로젝트가 진행됨에 따라 계속 변화하기 때문에 지속적으로 관리해야 한다.

위험 태도(Risk Attitude)는 위험의 확률(Probability)과 영향(Impact)의 측정에 영향을 미칠 수 있다. 또한 이 태도는 위험한 사건을 해결하기 위한 '우발사태 예비비'를 조달하는 능력에도 영향을 미칠 수 있다. 예를 들어 이해관계자가 예산 초과에 둔감할 경우, 예산과 관련된 위험은 다른 위험보다 높은 우선순위가 되어서는 안 된다.

위험 태도에 대한 사항은 인간의 본성에 내재되어 있을 수도 있다. 어떤 사람들은 그것을 두려워하고, 어떤 사람들은 즐기듯이 위험에 대한 태도를 어떻게 가지느냐에 따라 태도가 달라진다.

> **참고 위험 태도의 분류**
>
> ① 위험 회피(Risk Averse): 위험 회피적인 개인이나 조직은 위험을 편안하게 생각하지 않기 때문에 창조적이거나 새로운 아이디어를 시도하지 않는다. 이 경우 위험을 감수할 수 있을 만큼의 보상이 매우 높지 않으면 일반적으로는 위험을 회피하는 태도를 보인다.
>
> ② 위험을 찾는 사람이나 받는 사람(Risk Seeker or Taker): 위험을 즐기는 태도를 가진 개인이나 조직은 큰 기회를 얻을 수 있는 위험을 추구한다. 이렇듯 과도한 낙관론과 비슷한 태도는 큰 손실의 원인이 되기도 한다.
>
> ③ 중립 위험(Risk Neutral): 이름에서 알 수 있듯이, 위험에 중립적인 태도를 가진 개인이나 조직은 객관적으로 위험에 대처한다. 이러한 태도를 가지고 있는 경우에는 금전적 기댓값 분석, 의사결정 트리 방법(Decision Tree Method) 또는 다른 리스크 관리 도구를 통해 위험에 대응한다.
>
> ④ 관대한 위험(Risk Tolerant): 이러한 태도를 가진 사람이나 조직은 위험을 무시하거나 매우 편안하게 생각한다. 그들은 절대로 위험이 이슈(Issue)로 다가오기 전까지 관심을 가지지 않는다.

프로젝트 관리자는 이해관계자의 위험 태도가 개인과 조직마다 다르고 계속 변화하기 때문에 이해관계자가 지속적으로 어떠한 태도를 취하는지를 확인해야 하고, 그 변화에 따라 프로젝트 계획에 대한 변경 관리를 해야 하는 역할을 담당한다.

2) 허용오차(Tolerance)/임계값(Thresholds)

위험의 허용오차는 개인이나 이해관계자가 감내할 수 있는 허용의 정도를 나타낸다. 이는 또한 위험의 우선순위(Rank)를 결정할 때에도 사용된다. 임계값은 개인이나 이해관계자가 불확실성 (Uncertainty)이나 영향력(Impact)에 대하여 특별한 관심을 가지는 지점으로, 해당 임계값보다 낮으면 수용하고, 높으면 거절한다.

3) 위험 분류(Risk Category)

위험 분류(Risk Category)는 잠재적인 위험의 원인을 분류하기 위한 수단으로, PMI는 위험을 다음과 같은 두 가지 유형으로 구분한다.

① 비즈니스 위험(Business Risk): 하나의 기회 또는 위협이 될 수 있는 위험으로, 이익 또는 손실이 발생할 수 있다.

② 순수 위험(Pure Risk): 순수 위험은 항상 부정적인 위협으로 프로젝트 관리자가 통제할 수 없는 영역에 속해 있다. 그 예로는 자연 재해, 화재, 전쟁 등이 있다.

4) PMO의 역할

PMO(Project Management Office) 조직은 리스크 관리 역할을 수행할 수 있다. PMO는 정책, 절차, 서식 등을 공유할 수 있는 조직이며, 전통적으로 리스크 관리를 포함한 조직의 프로젝트 관리를 지원한다. 이 경우 리스크 관리를 위해 조직 내에 리스크 관리 부서가 있을 수도 있다.

08 리스크 관리 프로세스

세계적으로 가장 많이 알려진 리스크 관리 표준은 PMBOK의 리스크 관리 프로세스와 CMMI의 리스크 관리 프로세스, 카네기 멜론 대학의 SEI 리스크 관리 프로세스인 CRM, 영국 정부 OGC의 PRINCE2 리스크 관리 프로세스 등이 있다.

이 중에서 가장 유명한 PMBOK의 리스크 관리 프로세스는 PIER-C 프로세스로, 리스크 관리 계획(Plan Risk Management), 위험 식별(Identify Risks), 정성적 위험 분석 수행(Perform Qualitative Risk Analysis), 정량적 위험 분석 수행(Perform Quantitative Risk Analysis), 위험 대응 계획(Plan Risk Responses), 위험 통제(Control Risks)로 구성되어 있다. 이 중 PIER 부분은 모두 계획 단계(Planning Phase)로, 이 단계의 준비가 매우 중요하다는 점을 강조하고 있다.

CMMI의 리스크 관리 프로세스는 위험 유형과 원인 정의, 위험 요인 정의, 리스크 관리 전략 수립, 위험 식별, 위험 유형과 우선순위 정의, 위험 대응 계획 수립, 위험 대응 계획 모니터링의 형태로 구성되어 있다. CRM의 리스크 관리 프로세스는 위험 식별, 위험 분석, 위험 대응 계획 수립, 위험 모니터링의 네 단계로 구성되어 있다. PRINCE2®의 리스크 관리 프로세스는 식별, 평가, 계획, 시행, 의사소통의 5단계로 구성되어 있다.

■ PRINCE2® 리스크 관리 프로세스

가장 널리 알려진 리스크 관리 프로세스는 PMBOK에서 제안하고 있는 6단계의 프로세스이다. 이 중에서 가장 중요하게 여겨지는 프로세스는 리스크 관리 계획 수립이라 할 수 있고, 이는 프로젝트 활동에 대한 리스크 관리의 전반적인 절차 및 기준을 기술하고 있다. 참고로 영국의 APM PRAM, 호주/뉴질랜드의 AS/NZ S4360의 리스크 관리 프로세스는 위 그림과 같다. 이 프로세스는 PMBOK에서 제안하는 프로세스와 동일하다.

* APM PRAM Guide: Association for Project Management

Project Risk Analysis and Management Guide 2nd Edition _ UK

* AS/NZ S4360: Standards Australia _ AU, Standards New Zealand _ NZ

■ APM PRAM, AS/NZ S4360

■ 다양한 리스크 관리 표준 프로세스

단계	PMBOK	PRINCE2	CMMI	CRM	ISO31000:2009
위험관리 프로세스 정의	위험관리 계획 수립		위험유형과 원인 정의 위험요인 정의, 위험관리 전략 수립		상황 설정
위험식별	위험 식별	위험 식별 의사소통	위험 식별	위험 식별	위험 식별
위험분석	정성적 분석, 정량적 분석	평가 의사소통	위험유형과 우선순위 정의	위험 분석	위험 분석 위험 평가
위험대응 계획 수립	위험 대응 계획 수립	계획 의사소통	위험 대응 계획 수립	위험 대응 계획 수립	위험 처리
위험통제	위험 모니터링 및 위험 통제	실행 의사소통	위험 대응 계획 모니터링	위험 모니터링	모니터링 및 검토

■ 건강 관리와 리스크 관리의 비교

개인의 건강 관리	프로젝트 위험관리
건강 관리 계획 수립	위험관리 계획 수립
이상 징후 식별	위험의 식별
상세 건강 진단	위험 분석(정성적/정량적)
처방	대응 계획 수립
조치	대응 계획 이행
진단 및 마감	모니터링 및 통제

PART 02

PMI와 PMI-RMP에 대한 이해

이 Part에서는 PMI기관과 PMI인증자격 및 PMI-RMP자격시험에 대한 상세한 내용을 파악 할 수 있다.

01 PMI와 PMI-RMP 자격에 대한 이해

이번 Chapter에서는 PMI와 PMI 한국지부의 주요 활동을 이해하고, PMI 인증 자격 제도를 소개한다.

01 PMI에 대한 이해

1. PMI

PMI는 1969년 미국에서 비영리 조직으로 설립되었으며, 다음과 같은 활동들을 수행하는 기관이다.

1. PMBOK Guide 등 프로젝트 관리 표준 개발 및 보급
2. PMP 등 프로젝트 관리 자격 제도
3. 프로젝트 관리 정기 간행물 발간 등 출판
4. 국제 컨퍼런스 및 세미나 개최
5. 온·오프라인 교육 등

각국의 프로젝트 관리 전문가들이 PMI® Chapter를 구성하여 전 세계적으로 활동하고 있으며, Chapter는 자원봉사자들에 의해 운영되고 있다.

또한 온라인(www.ProjectManagement.com)을 통해 최신 동향 등과 같은 프로젝트 관리 지식을 확장하고 분야별 커뮤니티 활동을 장려하고 있다. 각종 리서치를 수행한 후 그 결과를 PMI® 운영 및 프로젝트 관리 전문성 강화에 활용하고 있다.

PMI® 조직은 의장을 비롯하여 15명의 이사회로 구성되어 있으며, PMI® Member들에 의해 선출되어 3년의 임기 동안 자원봉사자로서 PMI®를 대표하여 활동한다.

2. PMI South Korea Chapter

우리나라에서는 2012년 4월에 PMI®한국챕터(http://pmikore.kr)가 설립되어 다음과 같은 활동을 하고 있다.

1. 번역 및 출판 업무
2. 프로젝트 관리 교육과정 개발 및 운영
3. 국제 컨퍼런스 및 세미나 개최
4. 자원봉사자들에 의한 프로젝트 관리 활동 등

PMI와 PMI한국챕터 회원 가입은 온라인을 통해 이루어지며, 웹 사이트에 접속할 수 있는 무료회원과 연간 회비를 납부하는 유료회원으로 나누어진다. 유료회원으로 가입하면 회원 전용 콘텐츠를 이용할 수 있으며, 각종 커뮤니티 참석 및 자원봉사 활동의 기회가 제공된다. 또한 PMI 자격 시험에 응시할 경우, 할인 혜택이 주어진다.

02 PMI 인증 자격

PMI®에서 주관하는 프로젝트 관리 전문 자격은 PMP®, PMI−SP®를 포함하여 총 8개로 구성되어 있으며, 자격 보유자들은 해마다 증가하는 추세에 있다. 또한 리서치 결과 등을 반영하여 추가 자격증이 신설되고 있다.

자격에 관한 자세한 안내는 PMI® 홈페이지(www.pmi.org)에서 다운로드할 수 있으며, PMI®South Korea Chapter 홈페이지(htt://pmikorea.kr)를 방문하면 한글로 된 자료를 다운로드할 수 있다. 기타 자격 시험에 관한 문의 사항은 PMI® 아시아 태평양 서비스센터로 연락하면 한국어로 안내를 받을 수 있다.

PMI 아시아 태평양 서비스센터 연락처
E−mail: customercare.korea@pmi.org
Telephone: +65−6496−5501

chapter

02 PMI-RMP 자격 시험

이 Chapter에서는 PMI-RMP에 대한 자격소개 및 시험응시 방법, Audit 방법을 설명한다.

01 PMI-RMP 자격 소개

PMI-RMP®는 프로젝트 관리의 기반이 되는 프로젝트 리스크를 예측하여 관리하는 전문가를 인증하는 자격이다. 이를 통해 개인은 리스크 관리의 지식과 경험에 대한 전문성을 인정받을 수 있다.

PMI-RMP® 시험은 사지선다형 총 170문항으로 구성되며, 이 중에서 20문항은 사전 테스트 문제로, 점수에 반영되는 문항은 총 150문제이고, 시험 시간은 3시간 30분이다. 사전 테스트 문제는 향후 시험에 반영하기 위한 것으로 점수에는 반영되지 않으며, 전체 시험 문항에 임의로 배치된다.

PMI-RPM®에 응시하기 위해서는 다른 PMI의 자격 기준과 마찬가지로 프로젝트 경력 및 교육 이력이 요구된다. 프로젝트 경력은 프로젝트 리스크 관리 또는 프로젝트 관리 전반의 업무가 해당하며, 교육은 리스크 관리와 관련된 것이어야 한다.

02 PMI-RMP 시험 응시

1) PMI-RMP® 시험 비용은 PMI® 회원은 520불, 비회원은 670불이다. 회원 가입비가 139불이므로 회원 가입을 하면 가격이 조금 저렴하다. 이는 회원 가입을 유도하기 위한 PMI®의 정책이므로 회원 가입 후 시험에 응시하는 것이 유리하다. 또한 재신청 시 회원 가격이 저렴하고 여러 가지 자료 (PMBOK® 영문PDF, PMBOK®한글 PDF, PMI-RMP® 시험 관련 자료 등)들을 무료로 다운로드할 수 있고, 월간 매거진(PMI® Today, PM Network)도 구독할 수 있는 장점이 있다.

2) 유료 회원 가입 후 시험 신청을 하기 위해 작성해야 할 프로젝트 경력과 교육 이력은 미리 확인한 후에 신청하도록 한다. 프로젝트 경력은 가능하면 최근의 경력을 적는 것이 바람직하며 하루 8시간, 일주일 40시간을 초과하지 않도록 한다. 시험 신청 절차는 다음과 같이 진행된다.

① https://certification.pmi.org로 접속하여 회원으로 로그인한 후 〈Apply for PMI-RMP Credential〉을 클릭한다.

② 〈Add Home Address〉, 〈Add Work Address〉를 클릭한 후 정보 입력/수정, E-mail과 전화번호를 확인한다.

③ 최종 학력을 입력할 때 학사 이상인 경우 최소 3500시간 이상, 30PDU 이상 교육, 학사 미만인 경우 최소 5000시간 이상, 40PDU 이상 교육에 대한 조건을 원하는데, 프로젝트 경력은 약 3,500~6,000시간으로 프로젝트 기간은 30~60개월을 입력한다. 일반적으로 프로젝트 기간은 약 1~2년 정도가 적절하므로, 프로젝트를 최소 3~4번은 진행하는 것으로 나누어 적는 것이 바람직하며, 구체적으로 기재하도록 한다(1PDU는 1시간의 교육을 의미한다).

④ 프로젝트 경력(Eligibility Worksheet)을 입력할 때는 Required와 Still Need가 같지만, Qualified를 모두 기입하여 Still Need를 '0'으로 만들어야 한다. 입력을 잘못한 부분이 있는지 다시 한 번 확인한 후 다음 단계로 넘어간다.

⑤ 〈PM Experience〉를 클릭하여 위의 정보를 바탕으로 입력하고 〈PM Education〉에는 이수한 교육 이력을 기재한다. 또한 〈PM Experience〉는 경력을 검증하기 위한 스폰서 정보를 요구하는데, 소속 부서 부서장의 신상 정보를 간단히 기재하면 된다.

⑥ 〈Domain Areas〉를 기재할 때의 일반적인 영역별 기준은 실행이 50%, 착수와 종료는 각각 5%, 계획과 통제에 나머지가 배분될 수 있다. 이러한 기준은 본인이 속한 산업의 특성을 반영하여 조정할 수 있다.

⑦ 3년 이상의 기간을 요하므로 상기 과정을 2~5번 반복하여 작성하고, 위의 ④번에서 언급한 바와 같이 Still Need가 '0'이 될 때까지 진행한다.

⑧ 〈PM Education〉은 영문 수료증의 내용을 그대로 기재하면 된다. 영문 수료증이 없는 경우에는 교육 기관 또는 강사에게 요청하여 수령한다. Optional Information은 통계 목적으로 사용되므로 그대로 진행해도 무방하다.

⑨ Cert에 들어갈 영문명을 적고 약관에 동의한다. 〈Review and Submit〉가 모두 녹색으로 되어 있다면 〈Submit Application〉을 클릭한다.

⑩ 약 1주일 후 결제 안내 메일이 도착하면 결제를 진행한다.

3) 결제 메일에는 시험 신청이 된 날과 1년 안에 시험을 신청하라는 내용이 포함되어 있으며, 이때 Audit 대상으로 선정될 수도 있다(통계상 약 10%).

① PMI® 홈페이지에 로그인을 하면 시험 비용 지불 메시지가 나타나며, 안내를 따라 진행할 때 CBT 와 PBT 및 Audit에 대한 안내 메시지가 나타나면 〈Next〉를 클릭한다.

② 그룹 테스트 번호는 〈No〉를 클릭한다.

③ 우리나라는 CBT를 제공하므로 CBT testing의 〈Yes〉를 클릭한다.

④ Special Accommodations에는 〈No〉를 클릭한다.

⑤ Pay by Voucher에는 〈No〉를 클릭한다.

⑥ Company Code에는 〈No〉를 클릭한다.

⑦ 위 사항들을 모두 입력한 후 결제를 진행한다.

4) 결제 후에는 Audit에 걸리지 않은 경우 Eligibility Letter를 받게 된다. 그 메일에는 다음과 같은 내용이 포함되어 있다.

① You are eligible to take the PMI credential examination.

② PMI Identification Code

③ 시험 예약은 http://www.prometric.com/PMI에 접속하여 진행한다. 시험 신청 후 1개월 이내 에 일정 변경 및 취소 시에는 미화 70불이 환불되지만, 예약일 2일 이내에 일정 변경 및 취소를 하 면 시험 비용은 환불되지 않으므로 주의해야 한다.

④ 시험은 평일에만 볼 수 있으며, 오전과 오후로 나누어 신청할 수 있고, 시험 장소는 한미교육위원 단이다. 자세한 내용은 Prometric에서 확인할 수 있다.

03 Audit

Audit 대상으로 선정되어 별도의 공지 메일을 받게 되면 Audit Form을 다운로드하여 제출일까지 PMI®에 제출하여야 한다. 개인적인 사유로 늦어질 경우에는 미리 연락해서 타당한 이유를 설명하고 제출 가능한 일정을 적어 보내도록 한다.

1) PMI® 홈페이지에 로그인하면 Audit 마감 기한 안내와 Audit에 대한 소개가 나오는데, 3가지를 검증해야 한다.

- 학력
- 프로젝트 경험
- 프로젝트 관련 교육

2) 학력은 졸업한 학교의 영문 졸업장을 제출한다.

3) 프로젝트 관련 교육은 이수한 교육의 영문 수료증을 제출한다.

4) 프로젝트 수행 경력을 증명하기 위해 시험 응시 과정에서 제출한 내용을 PMI® 웹 사이트에서 PDF로 다운로드하여 출력한다. 출력물에 스폰서의 자필로 영문 내용을 모두 기재하고 사인을 한다.

5) 이 문서들을 봉투에 넣고 밀봉한 자리에 다시 스폰서의 사인을 하고 DHL로 미국에 보내면 일주일 안에 결과를 알 수 있다.

6) 만일 프로젝트를 4개로 하였을 경우 각 봉투에 각각 프로젝트 수행 경력을 넣고(봉투 4개) 다른 큰 봉투에 4개의 봉투와 교육 영문 수료증, 졸업장을 함께 넣어 하나의 봉투로 만든 후 한 번에 보내면 된다.

PART 03

PMBOK 요약

이번 Part에서는 PMI의 PMBOK을 요약, 기술하였다. 이를 통해 PMBOK의 개념을 이해하고, PMBOK의 10가지 지식 영역과 프로세스에 접근할 수 있다.

01 리스크 관리

이번에는 프로젝트 리스크에 대한 개념과 리스크에 대한 태도 및 리스크 관리를 성공적으로 수행하기 위한 리스크 관리 기획, 리스크 식별, 분석, 대응 기획 및 통제를 수행하는 프로세스를 이해할 수 있다.

RISK Management		
11.1 Plan Risk Management	**11.2 Identify Risks**	**11.3 Perform Qualitative Risk Analysis**
Inputs - Project Management Plan - Project Charter - Stakeholder Register - Enterprise Environmental Factors - Organizational Process Assets **Tools & Techniques** - Analytical Techniques - Expert Judgment - Meetings **Outputs** - Risk Management Plan	**Inputs** - Risk Management Plan - Cost Management Plan - Schedule Management Plan - Quality Management Plan - Human Resource Management Plan - Scope Baseline - Activity Cost Estimates - Activity Duration Estimates - Stakeholder Register - Project Documents - Procurement Documents - Enterprise Environmental Factors - Organizational process assets **Tools & Techniques** - Documentation Reviews - Information Gathering Techniques - Checklist Analysis - Assumptions Analysis - Diagramming Techniques - SWOT Analysis - Expert Judgment **Outputs** -Risk Register	**Inputs** - Risk Management Plan - Scope Baseline - Risk Register - Enterprise Environmental Factors - Organizational Process Assets **Tools & Techniques** - Risk Probability and Impact Assessment - Probability and Impact Matrix - Risk Data Quality Assessment - Risk Categorization - Risk Urgency Assessment - Expert Judgment **Outputs** - Project Documents Updates

RISK Management		
11.4 Perform Quantitative Risk Analysis	**11.5 Plan Risk Responses**	**11.6 Control Risks**
Inputs - Risk Management Plan - Cost Management Plan - Schedule Management Plan - Risk Register - Enterprise environmental Factors - Organizational Process Assets **Tools & Techniques** - Data Gathering and Representation Techniques - Quantitative Risk Analysis and Modeling Techniques - Expert Judgment **Outputs** - Project Documents Updates	**Inputs** - Risk Management Plan - Risk Register **Tools & Techniques** - Strategies for Negative Risks or Threats - Strategies for Positive Risks or Opportunities - Contingent Response Strategies - Expert Judgment **Outputs** -Project Management Plan Updates - Project Documents Updates	**Inputs** - Project Management Plan - Risk Register - Work Performance Data - Work Performance Reports **Tools & Techniques** - Risk Reassessment - Risk Audits - Variance and Trend Analysis - Technical Performance Measurement - Reserve Analysis - Meetings **Outputs** - Work Performance Information - Change Requests - Project Management Plan Updates - Project Documents Updates - Organizational Process Assets Updates

■ 리스크 관리의 개요

Reference: A Guide to the Project Management Body of Knowledge, Fifth Edition(PMBOK®Guide) © 2013 Project Management Institute, Inc, All Rights Reserved.

리스크 관리의 개요

프로젝트에서의 리스크 관리는 긍정적 사건의 발생 확률 및 영향력은 증가시키고, 부정적 사건의 발생 확률 및 영향력은 감소시키는 것을 목적으로 하고 있다. 리스크는 예측 가능한 리스크와 예측 불가능한 리스크로 구분되며, 리스크가 발생할 경우 하나 또는 여러 개의 프로젝트 목표에 영향을 미칠 수 있다. 리스크의 원인에는 긍정적 또는 부정적 결과를 유발할 수 있는 주어진 요구사항, 가정, 제약 또는 조건 등이 포함될 수 있으며, 잠재적인 상황도 포함될 수 있다.

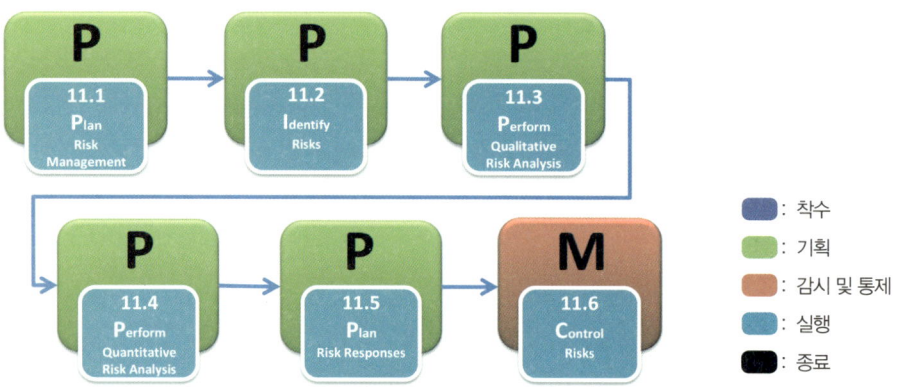

: 착수
: 기획
: 감시 및 통제
: 실행
: 종료

■ 리스크 관리 프로세스

02 리스크 관리 계획 수립(Plan Risk Management)

PMBOK의 5 Process Group 중 Planning Group에 속해 있는 리스크 관리 계획 수립 (PMBOK11.1)은 프로젝트에 적용할 리스크 관리 계획을 수립하는 프로세스이다. 리스크 관리 계획 은 전사적 표준 프로세스에서 제공할 수도 있지만, 구체적으로 누가, 언제, 어떤 리스크 관리 활동을 통해 프로젝트 전체 관리를 수행할 것인지는 프로젝트팀에서 정의해야 한다. 또한 리스크 관리의 수 준, 유형 및 가시성이 조직에서의 프로젝트 중요성 및 리스크에 전체적으로 적합하도록 구성하여야 한다. 리스크 관리 계획 수립은 리스트 관리 절차만 정의하고 리스크 관리 계획서를 산출물로 가진다.

투입물(Inputs) – 도구 및 기법(Tools & Techniques) – 산출물(Outputs)

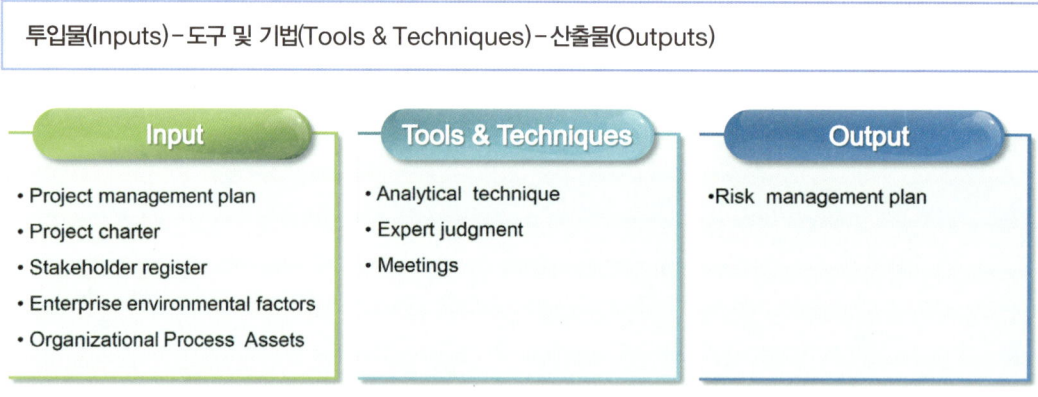

Input	Tools & Techniques	Output
• Project management plan • Project charter • Stakeholder register • Enterprise environmental factors • Organizational Process Assets	• Analytical technique • Expert judgment • Meetings	• Risk management plan

■ 리스크 관리 계획 수립의 투입물 – 도구 및 기법 – 산출물

Reference: A Guide to the Project Management Body of Knowledge, Fifth Edition(PMBOK®Guide) © 2013 Project Management Institute, Inc. All Rights Reserved.

투입물(Inputs)

리스크 관리 계획 수립 프로세스의 각 투입물들은 리스크 관리 계획 전반에 많은 영향을 미치거나 향상시키는 데 중요한 의미가 있다.

❶ 프로젝트 관리 계획서(Project Management Plan)

프로젝트 하위 보조 관리 계획과 기준선을 고려하여, 리스크에 영향을 받는 지식 영역들에 대한 현재 상태, 기준선 정보를 파악할 수 있다.

❷ 프로젝트 헌장(Project Charter)

리스크 관리에 영향을 미치는 상위 수준의 리스크, 상위 수준의 설명 및 기대사항에 대한 요구사항을 파악할 수 있다.

❸ 이해관계자 등록부(Stakeholder Register)

프로젝트 이해관계자와 관련된 세부 정보는 이해관계자들의 역할을 포함해야 하기 때문에 반드시 필요하다.

❹ 기업 환경 요인(Enterprise Environmental Factors)

조직이 감내할 수 있는 리스크 수준(리스크 태도, 허용 한도, 한계 등)을 파악하기 위해 필요하다.

❺ 조직 프로세스 자산(Organizational Process Assets)

조직 프로세스 자산으로 리스크 카테고리, 용어 정의, 리스크 기술서 형식, 표준 템플릿, 역할 및 책임, 의사결정 권한 수준, 교훈 등을 파악하기 위해 필요하다.

도구 및 기법(Tools & Techniques)

❶ 분석 기법(Analytical Techniques)

리스크는 종합적인 리스크 관리에 대한 목적을 명확하게 정의하고 이해하기 위해 활용되는 기법으로, 이해관계자들의 리스크 태도와 프로젝트의 전략적 리스크 노출도 등을 포괄적으로 고려한다.

❷ 전문가 판단(Expert Judgment)

선례 정보에 근거하여 경영층, 이해관계자, 유사 프로젝트의 프로젝트 관리자, 컨설턴트, 기술자들 같은 전문가들이 리스크 관리 계획을 검토한다.

❸ 회의(Meetings)

프로젝트팀은 리스크 관리 계획서를 개발하기 위해 회의를 개최한다. 참석자는 프로젝트 관리자, 프로젝트 스폰서, 선택된 프로젝트 팀원, 선택된 이해관계자를 비롯하여 리스크 관리에 대한 책임이 있는 모든 사람들이다.

산출물(Outputs)

❶ 리스크 관리 계획서(Risk Management Plan)

리스크 관리 활동의 구조 및 수행 방법을 기술한 문서로, 프로젝트 관리 계획서를 구성하는 일부이다.

■ 리스크 관리 계획 작성 단계

리스크 관리 계획의 작성 단계는 다음과 같다.

① 리스크 관리의 정의: 리스크의 정의 및 리스크 관리의 의미를 정의한다.

② 리스크 관리의 목적: 리스크 관리를 하는 목적과 위협에 대한 대응 및 기회에 대한 대응을 어떻게 할 것인지를 결정한다.

③ 달성 목표: 실제로 달성하고자 하는 목표를 설정한다(⬤ 일정, 원가, 품질, 성과 등 해당 프로젝트의 목표와 부합되는 항목)

④ 적용 범위: 리스크 관리 적용 범위를 설정한다(⬤ 사업 내역, 인력, 외주업체, 기술, 안정성 등 관리 적용 범위를 기술한다.)

⑤ 리스크 관리 조직: 프로젝트의 리스크를 식별, 분석 및 보고할 수 있는 조직을 구성한다. 특별한 개별 리스크에 대한 관리 조직은 별개의 조직으로 구성할 필요성도 있다.

⑥ 역할과 책임: 리스크 관리를 위한 역할과 책임(R&R)을 지정하여 리스크 회의의 소집, 식별 참여자, 분석 담당자, 감시 및 통제 담당자와 통제 센터를 운영하는 역할과 책임을 지정한다. 또한 식별, 분석 후 위험에 대한 대응에 대한 역할을 개별적으로 지정한다.

⑦ 프로세스 체계: 리스크 관리 절차의 이해를 위한 프로세스 흐름도 및 각 프로세스별 목표와 산출물을 정의한다.

⑧ 프로세스 활동 내용: 리스크 관리의 각 프로세스별로 진행되어야 할 작업을 설명하고, 의사결정이 필요한 단계를 상세하게 명기해야 한다.

⑨ 교육 계획: 프로젝트 리스크 관리를 성공적으로 달성하기 위하여 리스크 관리의 목표 및 방법론, 절차를 교육할 수 있는 계획이 기술되어야 하고, 개별 리스크의 식별 및 대응을 위한 전문 지식을 교육할 수 있어야 한다.

참고 리스크 관리 계획서의 구성 요소

일반적으로 리스크 관리 계획서에는 식별한 리스크들을 정성적으로 평가하는 데 기준이 되는 발생 가능성과 목표에 대한 영향력(P& I Metrics)을 정의하고, 임계값(Thresholds) 역시 정의해야 한다. 이 임계값은 이해관계자에 따라 변하므로, 이에 대한 공감대 형성이 매우 중요하다.

프로젝트의 리스크 관리에 대한 의사소통을 위하여 보고서 양식에 대한 포맷을 결정해야 하며, 다른 프로젝트 프로세스를 위하여 추적성이 확보되어야 한다. 그리고 프로젝트에서 수행할 리스크 관리의 접근 방법 및 기준 등이 정의되어야 한다. 이와 아울러 리스크 관리 활동별 역할과 책임이 명확하게 명시되어야 한다. 그 이유는 권한과 책임이 명확해야 업무의 낭비를 최소화할 수 있기 때문이다.

리스크 관리 프로세스 진행 시 수행 시기를 사전에 지정하여 주기적이고 실효적인 관리를 할 수 있도록 지정하고, 리스크의 효율적인 관리를 위하여 리스크 분류에 대한 정의가 사전에 정의되어 있어야 한다.

- 발생 가능성 & 목표에 미치는 영향력 정의
- 확률-영향 매트릭스 정의 (P&I Matrix)
- 수정된 이해관계자의 허용 수준 (Revised Stakeholder's Tolerance)
- 임계값 정의 (Thresholds)
- 방법론 (Methodology)
- 역할과 책임 (Role and Responsibility)
- 시기 (Time)
- 리스크 분류 체계 (Risk Breakdown Structure)
- 보고 양식 (Reporting Format)
- 추적 (Tracking)

■ 리스크 관리 계획서의 구성 요소

① 발생 확률과 목표에 미치는 영향력 정의

정성적 리스크 분석에서 리스크의 우선순위를 결정하기 위해서는 리스크의 노출도(심각도)를 평가하기 위한 발생 확률(Probability)과 프로젝트 목표(범위, 시간, 원가, 품질 등)에 미치는 영향력(Impact)이 사전에 정의되어 있어야 한다. 이때에는 긍정적인 영향과 부정적인 영향 모두를 고려해야 한다.

Occurrence Probability Matrix	
Probability Rating	
Level	**Probability**
Very High	>80%
High	60~80%
Medium	40~60%
Low	20~40%
Very Low	<20%

Risk Impact Matrix	
Impact Rating	
Level	**Impact**
Very High	40d>
High	>20d
Medium	>10d
Low	>5d
Very Low	<5d

■ 발생 확률과 영향력 척도(Probability& Impact Scale)의 예

■ Primavera Risk Analysis 발생 확률과 영향력 척도(Probability& Impact Scale) 예

	Probability	Impact Types	Very Low	Low	Medium	High	Very High
Very High	〉75%	Schedule	≤30	〉30	〉50	〉75	〉105
High	〉60%	Cost	≤$100,000	〉$100,000	〉$200,000	〉$500,000	〉$1,000,000
Medium	〉35%	Performance	Failure to meet a minor acceptance	Failure to meet more than one minor	Shortfall in meeting acceptance criteria	Significant Shortfall in meeting acceptance	Failure to meet acceptance criteria
Low	15%						
Very Low	≤ 15%						

② 확률-영향 매트릭스(P&I Matrix: Probability & Impact Matrix) 정의

평가한 확률과 영향을 기준으로 리스크 등급을 설정할 수 있는 상관관계표라고 할 수 있다. 각 리스크의 중요도와 관리 우선순위에 대한 평가에는 일반적으로 데이터 조사표 또는 확률 – 영향 매트릭스가 사용된다.

발생 확률	위협 사건 위험					기회 사건 위험				
0.90	0.05	0.09	0.18	0.36	0.72	0.72	0.36	0.18	0.09	0.05
0.70	0.04	0.07	0.14	0.28	0.56	0.56	0.28	0.14	0.07	0.04
0.50	0.03	0.05	0.10	0.20	0.40	0.40	0.20	0.10	0.05	0.03
0.30	0.02	0.03	0.06	0.12	0.24	0.24	0.12	0.06	0.03	0.02
0.10	0.01	0.01	0.02	0.04	0.08	0.08	0.04	0.02	0.01	0.01
영향력	0.05	0.10	0.20	0.40	0.80	0.80	0.40	0.20	0.10	0.05

■ 확률 – 영향력 매트릭스(Probability–Impact Matrix) 예

③ 수정된 이해관계자의 허용 수준(Revised Stakeholders' Tolerance) 정의

이해관계자의 허용 수준은 이해관계자의 리스크에 대한 태도에 의해 영향을 받는다. 어떤 수준까지 허용할 것인지를 1장에서 언급한 7가지 리스크 제약 모델(자원, 리스크, 품질, 고객 만족과 범위, 시간, 비용)을 활용하여 정의할 수 있다.

Tolerance Scale
Items in the scale : 3

	Color	Score
High		>23
Medium		>5
Low		≤5

- 허용 수준(Stakehoders' Tolerance) 예

④ 임계값(Thresholds) 정의

이해관계자가 받아들일 수 있는 리스크의 척도로, 특정한 범위를 말한다. 예를 들어 ± 5% 범위와 같이 정의할 수 있다.

⑤ 방법론(Methodology)

프로젝트 리스크 관리를 수행하기 위한 접근 방법, 도구, 자료 및 기준을 정의한다. 리스크 관리의 기본 프로세스는 리스크의 평가와 리스크의 통제로 구분할 수 있는데, 이러한 기본 프로세스는 프로젝트의 특성, 진행 단계, 활용할 수 있는 정보에 따라 다르게 적용된다는 것에 유의해야 한다.

⑥ 역할과 책임(Role& Responsibility)

프로젝트 리스크 관리를 위한 활동별 역할과 책임을 정의한다.

⑦ 시기(Timing)

리스크 관리 프로세스를 언제, 얼마나 자주할 것인지를 정의하고, 일정 예비비(schedule contingency reserve) 적용 규칙을 수립하며, 프로젝트 일정에 리스크 관리 활동을 포함시킨다.

⑧ 리스크 분류 체계(RBS: Risk Breakdown Structure)

많은 조직들이 리스크를 식별하는 데 있어 리스크의 범주와 하위 범주를 계층으로 나열하는 리스크 분류 체계를 사용한다. 리스크 분류 체계(RBS)는 범주에 리스크를 배치하고 그 범주에서 관리되는 프로젝트의 유형에 적용할 고유의 리스크를 정의한다.

■ 리스크 분류 체계의 예

⑨ 보고 형식(Reporting Format)

프로젝트에서 리스크 관리 활동에 대한 결과물이 어떻게 기록될 것인지, 어떻게 전달할 것인지에 대하여 정의한다. 또한 어떻게 분석할 것인지에 대해서도 정의한다.

⑩ 추적(Tracking)

리스크 관리 활동을 어떻게 기록하고 공유할 것인지, 리스크 프로세스를 어떻게 감시할 것인지, 그리고 교훈을 어떻게 관리하며 공유할 것인지를 정의한다.

---

tip 위험관리의 적

- 부정적인 사고를 하지 마라.

- 답이 없다면 문제를 제기하지 마라.

- 증명할 수 없다면 무엇이 문제라고 이야기하지 마라.

- 일을 방해하는 사람이 되지 마라.

- 책임지고 즉시 해결할 일이 아니라면 문제를 입 밖에 내지 마라.

긍정적인 사고를 강조하기 위해, 위험 감수에 따른 불행한 결과의 가능성을 무시하려 한다. 이는 소위 '무조건 할 수 있다' 식의 극단적 태도인데, 위험을 이해한다면 적어도 최소한의 '할 수 없다' 식의 태도도 가져야 한다는 것을 알아야 한다.

긍정적이기 위해 많은 부정적 측면을 고려하기를 거부해서는 안 된다.

— 톰 디마르코

---

03 리스크 식별(Identify Risks)

PMBOK의 5 Process Group 중 Planning Group에 속해 있는 리스크 식별(PMBOK 11.2)은 프로젝트 목표에 영향을 미칠 수 있는 리스크를 식별하고 그 특성을 문서화하는 프로세스이다. 리스크 식별 시 이해관계자 식별(PMBOK 13.1)에서 식별된 이해관계자가 참여해야 리스크 관리에 대한 책임자와 대응 전략에 대한 합의를 도출할 수 있다. 리스크 관리 대장에는 리스크 원인, 영향, 책임자, 종류, 초기 리스크에 대한 대응 등이 포함되어야 한다.

프로젝트와 관련된 모든 이해관계자가 참여하여 리스크를 식별하는 것이 바람직하며, 리스크 관리는 프로젝트 착수부터 종료까지 지속적으로 수행되어야 한다. 프로젝트 초기 단계에 리스크를 식별하고 대응할 경우, 적은 비용으로 리스크에 대응할 수 있기 때문에 착수 및 계획 수립 단계의 리스크 식별이 매우 중요하다. 리스크 식별에서는 리스크 등록부를 산출물로 가진다. 참고로, PMI에서 프로젝트 관리자가 효과적으로 리스크를 식별하고 설명하는 방법으로 '메타 언어(Meta Language)'를 사용한다.

Cause	Risk	Effect
•Fact •Condition •Limitation •Assumption or Situation	•Uncertainty Event	•Possible Results

■ 메타 언어

투입물(Inputs)-도구 및 기법(Tools & Techniques)-산출물(Outputs)

Input	Tools & Techniques	Output
• Risk management plan • Cost management plan • Schedule management plan • Quality management plan • Human resource management plan • Scope baseline • Activity cost estimates • Activity duration estimates • Stakeholder register • Project documents • Procurement documents • Enterprise environmental factors • Organizational process assets	• Documentation reviews • Information gathering techniques • Checklist analysis • Assumptions analysis • Diagramming techniques • SWOT analysis • Expert judgment	•Risk register

■ 리스크 식별의 투입물-도구 및 기법-산출물

Reference: A Guide to the Project Management Body of Knowledge, Fifth Edition(PMBOK®Guide) © 2013 Project Management Institute, Inc. All Rights Reserved.

❶ 리스크 관리 계획서(Risk Management Plan)

리스크 관리 계획서에 정의된 리스크 분류 체계를 활용하여 책임과 역할에 따라 리스크를 식별해야 한다.

❷ 비용 관리 계획(Cost Management Plan)

원가 실적을 모니터링하고 통제하는 계획을 참조하여 정량적으로 리스크를 식별해야 한다.

❸ 일정 관리 계획(Schedule Management Plan)

일정 실적을 모니터링하고 통제하는 계획을 참조하여 리스크를 정량적으로 식별해야 한다.

❹ 품질 관리 계획(Quality Management Plan)

품질 지표를 모니터링하고 통제하는 계획을 참조하여 리스크를 정량적으로 식별해야 한다.

❺ 인력 관리 계획(Human Resource Management Plan)

프로젝트팀 구성, 팀원 관리, 투입 해산 등에 대한 계획 대비 실적을 모니터링하여 리스크를 식별해야 한다.

❻ 범위 기준선(Scope Baseline)

범위 기준선에 정의된 가정, 작업 분류 체계(WBS)를 참조하여 식별하며, 리스크는 작업 분류 체계의 관리 수준에 따라 식별할 수 있다.

❼ 활동 원가 추정(Activity Cost Estimates)

활동 원가 추정 값의 범위를 고려하여 원가 측면에서의 리스크를 식별해야 한다.

❽ 활동 기간 추정(Activity Duration Estimates)

활동 또는 프로젝트 전체에서 일정 추정 값에 대한 범위를 고려하여 리스크를 식별해야 한다.

❾ 이해관계자 등록부(Stakeholder Register)

중요 이해관계자와의 인터뷰를 통해 리스크를 식별해야 한다.

⑩ 프로젝트 문서(Project Document)

가정 목록, 성과 보고서, 제안서, 계약서, 계획서 등을 고려하여 리스크를 식별한다.

⑪ 구매 문서(Procurement Document)

조달 문서가 프로젝트 리스크 수준과 복잡도를 반영한 수준인지를 고려하여 리스크를 식별한다.

⑫ 기업 환경 요인(Enterprise Environment Factors)

상용화된 리스크 점검 목록, 학계의 논문, 리스크에 대한 태도 등을 고려하여 리스크를 식별한다.

⑬ 조직 프로세스 자산(Organizational Process Assets)

리스크 관리 양식, 유사 프로젝트 교훈과 실적, 리스크 관리 절차 등을 참조하여 리스크를 식별한다.

도구 및 기법(Tools & Techniques)

❶ 문서 검토(Documentation Review)

구조화된 문서 검토 기법을 활용하여 계획서의 품질, 즉 정합성의 관점에서 리스크를 식별한다.

❷ 정보 수집(Information Gathering Techniques)

① 브레인스토밍(Brainstorming)

프로젝트 전체의 리스크 목록을 도출해내기 위한 방법으로, 1941년에 미국의 광고회사 BBDO(Batten, Barton, Durstineand Osbom) 부사장 알렉스 F. 오즈번이 제창하여 그의 저서 《독창력을 신장하라》(1953)를 통해 널리 소개되었다. 이 방법은 다다익선(多多益善), 비판 금지(批判禁止), 자유 분방(自由奔放), 편승 환영(便乘歡迎)의 원칙을 가지고 있다. 회의에는 리더를 두고, 구성원은 10명 내외로 한다.

② 델파이 기법(Delphi Techique)

리스크 전문가들이 참여하고 몇몇의 편견을 배제하여 리스크를 도출하는 기법으로, 특징으로는 전문가가 참여하고, 익명으로 참여하며, 반복된 토의를 거쳐 합의를 도출해내는 방법이다. '전문가 합의법'이라고도 한다.

③ 인터뷰(interviewing)

해당 프로젝트 영역에 대한 경험이 풍부한 전문가, 즉 프로젝트 참여자, 이해관계자 인터뷰를 통해 리스크를 식별하는 방법이다.

④ 원인 분석(Root Cause Analysis)

원인 분석은 문제를 식별하고, 문제를 초래하는 근본적인 원인을 파악하여 예방 조치를 개발하는 특수한 기법이다.

❸ 점검 목록 분석(Checklist Analysis)

각종 책자에 발표되어 있는 점검 목록을 활용하거나 해당 조직이 가지고 있는 점검 목록을 활용하여 식별하는 방법으로, 식별이 간단하고 빠르다는 장점이 있지만, 프로젝트 리스크를 빠짐없이 식별하는 것은 불가능하다는 단점이 있다. 그러므로 프로젝트를 종료하는 시점에는 교훈 등을 활용하여 리스크 점검 목록을 지속적으로 갱신해서 이러한 점을 보완하여야 한다. 리스크 분류 체계를 활용하여 최하위 수준의 점검 목록으로 사용하기도 한다.

❹ 가정 사항 분석(Assumption Analysis)

모든 프로젝트 계획 시 세운 가정이 현실적으로 진행되지 않을 경우, 대부분이 리스크로 변하기 때문에 가정 분석은 가정의 완전성(completeness), 일관성(consistency), 정확성(Accuracy)을 분석하는 방법이다.

❺ 다이어그래밍 기법(Diagramming Techniques)

① 인과관계도(Cause and Effect Diagram)

인과관계도란, 일의 결과(특성)와 그것에 영향을 미치는 원인(요인)을 계통적으로 정리한 그림이다. 즉, 특성에 대하여 어떤 요인이 어떤 관계로 영향을 미치고 있는지를 명확히 하여 원인을 쉽게 규명할 수 있도록 하는 기법이다.

일명 '이시카와(Ishikawa) 다이어그램' 또는 '피시본(Fishbone) 다이어그램'이라고도 하며, 리스크의 원인을 식별하는 데 유용하다.

② 흐름도(Flow Chart)

어떠한 문제를 해결하기 위한 논리적인 단계를 그림으로 표현한 것으로, 시스템 내의 연관관계와 인과관계를 파악하기에 유용하다.

③ 영향관계도(Influence Diagram)

영향관계도는 의사결정을 하기 위한 단순한 시각적 표현으로 변수와 산출물들 사이의 인과에 의한 영향, 시간 순서에 따른 사건, 기타 연관관계를 보여준다.

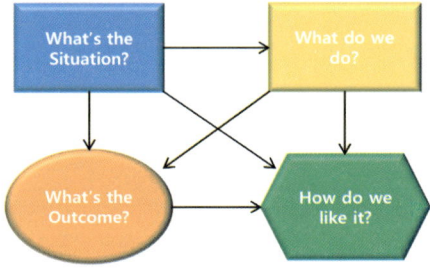

■ 영향관계도

❻ SWOT 분석(SWOT Analysis)

SWOT 분석은 외부의 환경에 의해 발생하는 해당 프로젝트의 기회와 위협을 파악하고, 이를 바탕으로 강점과 약점을 검토하는 기법이다. 이 기법은 기회와 위협을 사전에 식별하고 극복하는 전략을 세우는 방법이 된다.

S: Strength	W: Weakness
O: Opportunity	T: Threat

■ SWOT 양식의 예

> 참고 **SWOT 분석 적용사례**
>
> • SO: 강점을 찾아 기회를 획득하는 전략   • ST: 강점을 찾아 위협을 극복하는 전략
>
> • WO: 기회를 잡아 약점을 극복하는 전략   • WT: 약점과 위협을 극복하는 전략

⑦ 전문가 판단(Expert Judgment)

기존의 유사 프로젝트에 경험이 있는 전문가들의 의견을 통해 리스크를 식별하는 방법이다. 이때 전문가의 편견도 고려해서 진행해야 한다.

산출물(Outputs)

① 리스크 등록부(RiskRegister)

리스크 관리 프로세스가 수행될 때 해당 프로세스의 결과물을 기록/수정하는 문서로, 리스크 식별 프로세스에서 처음으로 작성된다.

① 파악된 리스크 목록: 리스크 발생 원인, 사건, 영향력 등 포함

② 가능한 대응책 목록: 리스크에 대한 잠재적 대응책이 리스크 식별 프로세스에서 식별되기도 하고, 이러한 대응책들은 리스크 대응 계획 수립 프로세스의 투입물로도 사용된다.

> **참고** 리스크 식별 시 유의사항
>
> 리스크를 식별할 때는 '언제 식별할 것인가?', '누가 식별할 것인가?', '어떻게 기록할 것인가?', '몇 차례 식별할 것인가?'에 대한 사항을 항상 고려해야 한다. 물론, 이 항목들은 PMBOK 11.1의 프로젝트 관리 계획서에 기술되는 것이 일반적이다.
>
> 언제 식별할 것인가?
>
> : 프로젝트 시작에서 끝까지 식별한다. 착수 및 수립 단계의 리스크 식별이 매우 중요하다.
>
> 누가 식별할 것인가?
>
> : 모든 이해당사자가 참여하고 가급적 많은 이해당사자가 참여하면 리스크 및 대응 계획에 대한 공감대(Commitment)가 높아져 리스크 관리에 대한 책임감도 높아진다.
>
> 어떻게 기록할 것인가?
>
> : 원인과 리스크를 구분하여 기록하고, 복합적인 리스크는 분류해서 기록하며, 일반적으로 고유 ID를 부여한다.
>
> 어떻게 식별할 것인가?
>
> : Tool & Technique에서 설명한 문서 검토, 델파이 기법, 가정 분석, 점검 목록 방법, SWOT 기법 등 여러 가지 방법을 활용하여 식별한다.
>
> 몇 차례 식별할 것인가?
>
> : 한 번에 수행할 수도 있고, 몇 차례에 걸쳐 수행할 수도 있다.

(04) 정성적 리스크 분석 수행(Perform Qualitative Risk Analysis)

PMBOK의 5 Process Group 중 Planning Group에 속해 있는 PMBOK 11.3 정성적 리스크 분석 수행은 리스크의 발생 가능성, 영향력을 분석하여 리스크 대응의 우선순위를 결정하는 프로세스이다. 앞서 리스크 식별 프로세스에서 식별된 리스크는 식별된 리스크 가운데 어떤 리스크에 시간과 자원을 투자하여 대응할 것인지를 결정해야 하는데, 이때 중요한 것은 바로 리스크의 우선순위를 결정하는 것이다. 리스크의 우선순위는 리스크가 실제로 발생할 가능성과 그 리스크가 프로젝트의 목표인 품질, 원가, 일정, 범위 등에 미치는 영향력을 고려하여 결정된다. 우선순위를 정하는 기준은 리스크 관리 계획서를 수립할 때 기준이 되며, 리스크 관리 계획서가 투입물이 된다. 리스크 분석 시 활용되는 데이터의 품질은 프로젝트의 리스크와 우선순위의 결정에 많은 영향을 미치기 때문에 리스크 데이터 품질 평가가 이루어진다. 또한 리스크 확률 및 영향력 평가, 확률–영향력 매트릭스, 리스크 분류, 리스크 긴급성 판단 등의 기법을 통해 리스크의 우선순위를 정하고 리스크 등록부를 갱신한다. 리스크 등록부에 갱신되는 내용으로는 리스크의 우선순위, 유형별 리스크, 리스크 대응 시기 등이 포함된다.

Input	Tools & Techniques	Output
• Risk management plan • Scope baseline • Risk register • Enterprise environmental factors • Organizational process assets	• Risk probability and impact assessment • Probability and impact matrix • Risk data quality assessment • Risk categorization • Risk urgency assessment • Expert judgment	• Project documents updates

■ 정성적 리스크 분석의 투입물 – 도구 및 기법 – 산출물

Reference: A Guide to the Project Management Body of Knowledge, Fifth Edition(PMBOK®Guide) © 2013 Project Management Institute, Inc. All Rights Reserved.

투입물(Inputs)

❶ 리스크 관리 계획서(Risk Management Plan)

리스크를 평가하기 위한 역할, 책임, 방법론 등이 포함되어 있다.

❷ 범위 기준선(Scope Baseline)

범위 기준선에는 프로젝트의 목적과 가정을 정의하고, 프로젝트 범위에 대한 상세한 내용을 제공한다. 제약 조건의 목록으로 생각할 수 있다.

❸ 리스크 관리 대장(Risk Register)

리스크를 평가하고 우선순위를 결정할 경우에 사용할 정보가 있다.

❹ 기업 환경 요인(Enterprise Environmental Factors)

상용화된 리스크 점검 목록, 학계의 논문, 리스크에 대한 태도 등을 제공한다.

❺ 조직 프로세스 자산(Organizational Process Assets)

조직이 보유하고 있는 리스크 데이터베이스, 기록 정보, 이전 유사 프로젝트에 대한 연구 자료, 그리고 교훈 등을 포함하고 있다.

> ## 도구 및 기법(Tools & Techniques)

❶ 리스크 확률–영향 평가(Risk Probability and Impact Assessment)

해당 리스크 확률과 영향력을 평가하는 것으로, 확률은 리스크 발생 가능성이고, 영향력은 리스크가 프로젝트의 목표인 일정, 원가, 품질 또는 성과 등에 미치는 긍정적·부정적 효과이다. 리스크 확률과 영향력은 해당 리스크를 잘 아는 이해관계자가 평가해야 하며, 확률과 영향력을 평가하는 기준은 리스크 관리 계획서에 정의한 내용에 따른다.

리스크 노출도(심각도)는 다음과 같이 정의할 수 있다.

리스크 노출도 = f(발생 가능성, 영향력)

리스크 노출도 = 발생 가능성 * 영향력

■ 리스크 확률 – 영향 평가의 예

리스크(Risk)	발생 가능성	영향력	리스크 노출도
Risk 001	5	4	(5×4) 20
Risk 002	3	3	(3×3) 9
Risk 003	2	3	(2×3) 6
Risk 004	2	5	(2×5) 10

❷ 확률–영향 매트릭스(Probability and Impact Matrix)

리스크 관리 계획서에서 정의된 확률–영향 매트릭스(P&I Matrix)를 활용하여 평가한 확률과 영향을 기준으로 리스크 등급을 결정한다. 리스크 관리의 우선순위를 결정하는 기준은 이해관계자들의 공감대가 이루어져야 한다.

Risk Assessment Matrix – Probability and Impact Scoring

Probability	Impact				
	Very Low [1]	Low [2]	Medium [3]	High [4]	Very High [5]
Very High [5]	Low [5]	High [10]	Very High [15]	Very High [20]	Very High [25]
High [4]	Low [4]	Low [8]	High [12]	Very High [16]	Very High [20]
Medium [3]	Very Low [3]	Low [6]	High [9]	High [12]	Very High [15]
Low [2]	Very Low [2]	Low [4]	Low [6]	Low [8]	High [10]
Very Low [1]	Very Low [1]	Very Low [2]	Very Low [3]	Low [4]	Low [5]

■ P&I Matrix 예

❸ 리스크 데이터 품질 평가(Risk Data Quality Assessment)

리스크 관련 데이터가 정확하고 편견(Bias)이 없다는 것을 검토할 때 사용된다. 리스크가 파악되는 정도, 리스크 관련 데이터의 정확성, 품질, 신뢰성, 무결성을 검토한 후 문제가 있을 경우에는 정보를 다시 수집한다.

> **참고** **편견의 유형**
>
> ① 동기부여 편견(Motivational Bias): 이해관계자가 의도적으로 등급에 대한 편견을 가질 때 발생한다.
> ② 인지 편견(Cognitive Bias): 인식에 따른 편견이다.
> ③ 추구 편견(Bias may be desired): 높은 우선순위의 리스크를 향한 편견을 생성하는 것이 바람직할 수 있다.

정성적 리스크 분석 중에서 편견을 감소시킬 수 있는 방법은 확률과 영향력의 단계를 정의하는 것이고, 결과의 객관성을 높이기 위해서는 11.1장의 리스크 관리 계획 수립에서의 확률–영향 매트릭스를 정의하는 것이 중요하다.

❹ 리스크 분류(Risk Categorization)

리스크 관리 프로세스를 진행함에 있어 불확실성의 영향에 가장 민감한 프로젝트 영역을 판별하기 위해 리스크 근원(⑩ RBS 사용), 영향을 받는 프로젝트 영역(⑩ WBS 사용) 또는 기타 유용한 범주(⑩ 프로젝트 단계)별로 프로젝트 리스크를 분류할 수 있다. 공통적인 원인별로도 리스크를 분류할 수 있다. 이렇게 리스크의 원인이 같은 경우, 대응 전략도 같을 수 있다.

❺ 리스크 긴급성 평가(Risk Urgency Assessment)

단시일 내에 대응해야 하는 리스크는 '긴급 리스크(Urgency Risk)'로 지정 관리하고 단시일 내에 대응하지 않아도 되는 리스크는 '감시 목록(Watch List)'으로 지정하여 관리한다. 우선순위 지표에는 리스크 대응에 영향을 미치는 리스크 탐지 확률, 징후 및 경고 신호, 리스크 등급이 포함될 수 있다.

❻ 전문가 판단(Expert Judgment)

유사 프로젝트 경험이 있는 전문가들의 의견으로 리스크를 식별하는 방법이다.

산출물(Outputs)

❶ 프로젝트 문서 갱신(Project Documents Updates)

리스크 관리 대장과 가정 사항 관리 대장을 갱신할 수 있다.

- 리스크 관리 대장 갱신: 정성적 리스크 평가를 통해 새로운 정보가 확보되면 리스크 관리 대장을

갱신한다. 각 리스크의 확률 및 영향 평가, 리스크 등급 또는 점수, 리스크 긴급성 정보 또는 리스크 범주, 확률이 낮은 리스크 또는 심층 분석이 필요한 리스크 감사(Risk Audits) 목록이 리스크 관리 대장 갱신에 포함될 수 있다.

- 가정 사항 관리 대장 갱신: 정성적 리스크 평가를 통해 새로운 정보가 확보되면 가정을 수정할 수 있다. 이때 새 정보가 추가되도록 가정 사항 관리 대장을 개정해야 한다. 가정 사항은 범위 기술서 또는 별도 가정 사항 관리 대장에 통합할 수 있다.

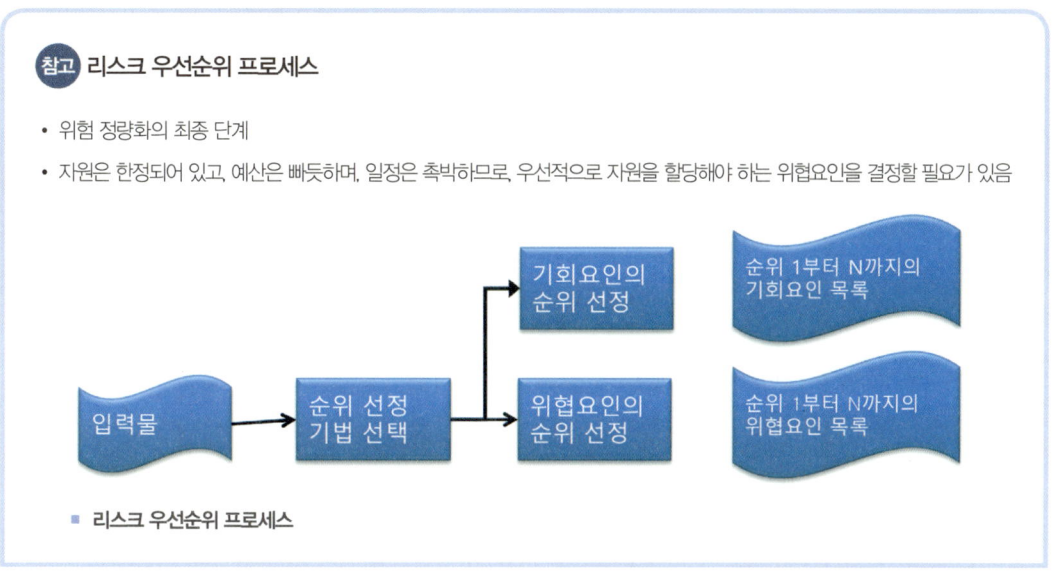

참고 리스크 우선순위 프로세스

- 위험 정량화의 최종 단계
- 자원은 한정되어 있고, 예산은 빠듯하며, 일정은 촉박하므로, 우선적으로 자원을 할당해야 하는 위협요인을 결정할 필요가 있음

■ 리스크 우선순위 프로세스

05 정량적 리스크 분석 수행(Perform Quantitative Risk Analysis)

PMBOK의 5 Process Group 중 Planning Group에 속해 있는 PMBOK 11.4 정량적 리스크 분석 수행은 확인된 리스크가 전체 프로젝트 목표에 미치는 영향을 수치로 분석하는 프로세스이다. 이 프로세스의 주요 이점은 프로젝트의 불확실성을 줄이기 위해 의사결정을 뒷받침할 정량적 리스크 정보를 생성하는 것이다. 아래 그림은 이 프로세스의 투입물, 도구 및 기법, 산출물을 나타낸 것이다. 정성적 리스크 분석 수행 프로세스에서 프로젝트의 경합적 요구에 미치는 잠재적·실질적 영향에 따라 우선순위가 매겨진 리스크에 대하여 정량적 리스크 분석을 수행한다. 정량적 리스크 분석 수행 프로세스에서는 이러한 리스크가 프로젝트 목표에 미치는 영향을 분석하고 프로젝트에 영향을 미치는 모든 리스크의 영향을 종합적으로 집계함으로써 각 리스크의 우선순위를 수치로 지정할 수 있다.

투입물(Inputs)

❶ 리스크 관리 계획서(Risk Management Plan)

리스크를 평가하기 위한 역할, 책임, 방법론 등이 포함되어 있다.

❷ 범위 기준선(Scope Baseline)

범위 기준선에는 프로젝트의 목적과 가정을 정의하고, 프로젝트 범위에 대한 상세한 내용을 제공한다. 제약 조건의 목록으로 생각할 수 있다.

❸ 리스크 관리 대장(Risk Register)

리스크를 평가하고 우선순위를 결정할 경우에 사용할 정보가 있다.

❹ 기업 환경 요인(Enterprise Environmental Factors)

상용화된 리스크 점검 목록, 학계의 논문, 리스크에 대한 태도 등을 제공한다.

❺ 조직 프로세스 자산(Organizational Process Assets)

조직이 보유하고 있는 리스크 데이터베이스, 기록 정보, 이전 유사 프로젝트에 대한 연구 자료, 그리고 교훈 등을 포함하고 있다.

도구 및 기법(Tools & Techniques)

❶ 자료 수집 및 표현 기술(Data Gathering and Representation Techniques)

① 인터뷰(Interviewing)

전문적인 경험이 있는 이해관계자들과 인터뷰하는 것은 리스크의 영향을 확인하는 일반적인 방법으로, 이때 필요한 정보는 사용할 확률분포의 종류에 따라 달라진다. 시간과 비용 추정에 대한 정보는 일반적으로 낙관치(Optimistic), 비관치(Pessimistic), 최빈치(Most likely)에 대한 3점을 가지고 PERT(Program Evaluation and Review Technique) 기법을 사용한다.

- 인터뷰 진행 시 종합적인 문제(open-ended questions)를 포함해서 진행한다면, 더욱 좋은 자료 수집이 가능할 것이다.

- 인터뷰 기법은 각각의 이해관계자들과 인터뷰를 수행하기 때문에 다른 도구 및 기법보다 많은 시간이 소요되기도 한다.

② 확률분표(Probability Distributions)

확률분포는 사전에 정의된 범위에서 발생하는 리스크 이벤트의 가능성을 추정할 수 있다. 리스크 관리 모델링과 시뮬레이션에 많이 사용되는 연속 확률분포에는 정규분포(Normal Distribution), 베타분포(Beta Distribution), 균등분포(Uniform Distribution), 삼각분포(Triangler Distribution) 등이 있다. 연속분포의 형태를 사용하지 않는 유형은 의사결정 나무(Decision Tree)와 이산분포가 있다.

■ 정규분포

정규분포(Normal Distribution)는 오류분포 또는 자연적으로 발생하는 현상을 모형화하는 확률분포로, 중심 극한 이론(Central Limit Theorum)에 의하여 일반적인 표본 평균의 분포를 정규분포로 근사시킴으로써 근사 확률 값을 계산할 수 있는 분포이다.

정규분포 곡선은 '종 모양 곡선(bell shape curve)' 또는 '가우스 분포(Gaussian Distribution)'라고도 한다. 정규분포 곡선은 주로 평균(μ)과 표준표차인 시그마(σ)라는 용어를 사용하여 표현한다.

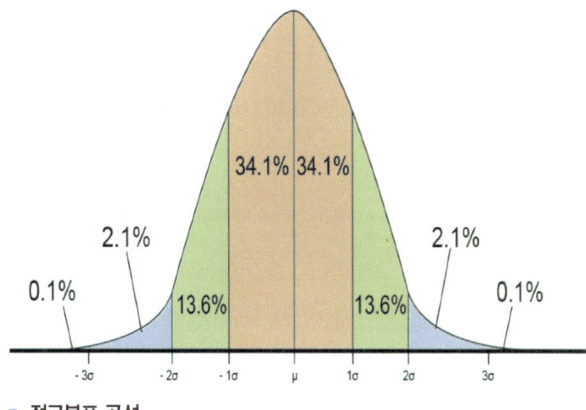

■ 정규분포 곡선

표준편차가 클수록 리스크가 높다고 말할 수 있다. 이는 같은 평균을 가지고 있더라도 범위가 넓다면 안정하지 못하다고 볼 수 있기 때문에 리스크가 높다고 볼 수 있다.

■ 편차에 따른 범위

Optimistic			Most Likely	Pessimistic		
-3σ	-2σ	-1σ	μ	1σ	2σ	3σ
21	24	27	μ=30(=3)	33	36	39
15	20	25	μ=30(=5)	35	40	45

위의 표를 보면, 평균은 같은 '30'이지만 편차에 따라 범위가 많이 달라진다는 것을 확인할 수 있다.

* ±1σ의 범위(68.23%) 이내에서 결과가 발생될 경우

- 편차가 3일 경우, 27~33의 범위 ← 편차가 5일 경우, 25~35의 범위

* ±2σ의 범위(95.46%) 이내에서 결과가 발생될 경우

- 편차가 3일 경우, 24~36의 범위 ← 편차가 5일 경우, 20~40의 범위

* ±3σ의 범위(99.67%) 이내에서 결과가 발생될 경우

- 편차가 3일 경우, 21~39의 범위 ← 편차가 5일 경우, 15~45의 범위

■ 균등분포

균등분포(Uniform Distribution)는 두 점 a와 b(a〈b) 사이에 확률 밀도 함수가 일정하게 나타나는 연속 확률분포다. 이 분포도 정량적 리스크 분석 수행에 사용된다. 일반적으로 프로젝트 초기의 설계 개념 확립 단계에서 최고치와 최저치가 결정되지 않았을 경우, 리스크는 통상적으로 균일함을 보인다. 하지만 시간이 지날수록 균등하지 않게 되는 것이 일반적이다.

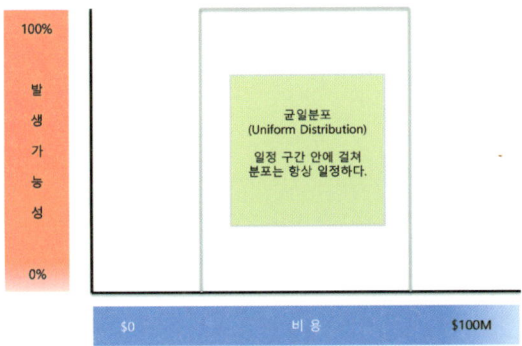

■ 균등 분포

■ 삼각분포

삼각분포(Triangle Distribution)는 평균(Mean)에서의 발생 확률이 최고 정점을 나타내고, 평균에서 양쪽으로 멀어질수록 발생 확률이 급격하게 낮아지는 형태의 분포다.

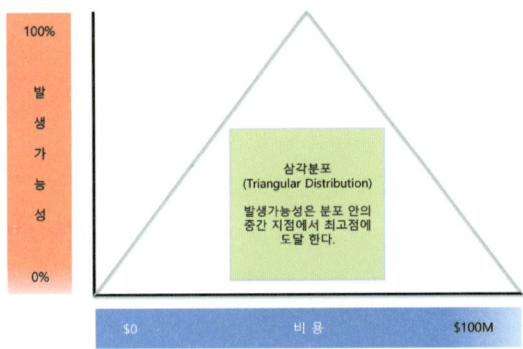

■ 삼각분포

■ 베타분포

베타분포(Beta Distribution)는 두 점 a와 b(a<b) 사이에 확률 밀도 함수가 일정하지 않게 나타나는 연속 확률분포로, 중심을 기준으로 한쪽으로 치우침을 보이는 분포이다.

PERT 기법에서 정규분포를 사용하지 않고 베타분포를 사용하는 이유는 각 활동들의 기간이 확정되어 있지 않고, 변동이 가능하여 산술평균을 사용할 수 없기 때문이다.

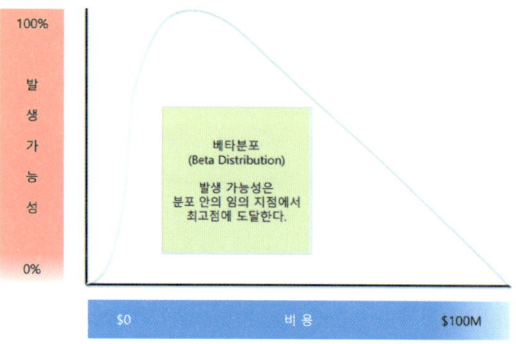

■ 베타분포

② 정량적 리스크 분석 및 모델링 기술(Quantitative Risk Analysis and Modeling Techniques)

① 민감도 분석(Sensitivity Analysis)

민감도 분석은 몇 가지의 'what if' 시나리오를 사용하여 가능한 결과를 계산하는 분석 기법으로, 해당 프로젝트에 어떤 리스크가 가장 큰 영향을 미치는지를 확인하기 쉬운 기법이다. 민감도 분석과 'what if' 시나리오는 몬테-카를로 기법을 주로 사용한다.

다음 그림은 민감도를 토네이도 다이어그램(tornado diagram)으로 분석한 결과다.

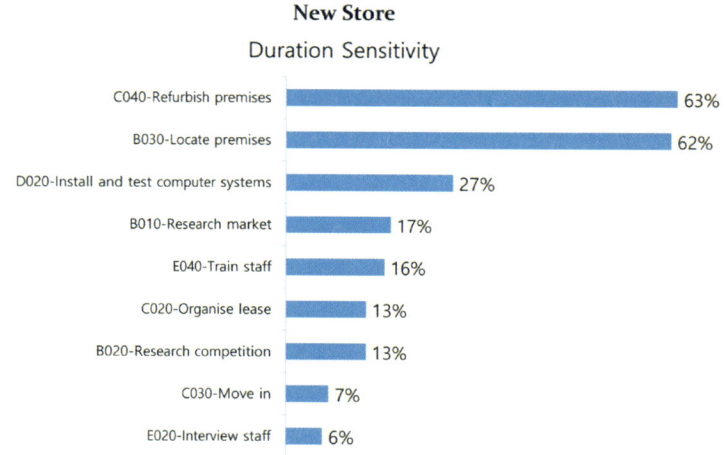

■ 민감도 분석

② 금전적 기댓값 분석(Expected Monetary Value Analysis)

금전적 기댓값 분석은 발생 여부가 불확실한 시나리오를 포함할 때 평균적인 결과를 산출하는 통계적 개념으로, 일반적으로 예산과 일정에 대한 비상 예비비를 설정하기 위해 사용하는 방법이다. 다음 표는 금전적 기댓값 분석을 설명하는 리스크 샘플 시나리오이다.

■ EVM 샘플   (단위: 원)

Risk	Risk Category	Probability	Impact	EMV
Risk 001	Threat	35%	−3,000,000	−1,050,000
Risk 002	Opportunity	45%	60,000,000	27,000,000
Risk 003	Threat	70%	−500,000	−350,000
Risk 004	Threat	40%	−300,000,000	−120,000,000
합계	Contingency Reserve를 위하여 94,400,000원을 프로젝트 예산으로 추가해야 한다.			−94,400,000

4개의 리스크가 어떠한 프로젝트에 영향을 미친다고 가정하였을 때 Risk 001~004가 존재한다. Risk 001은 35%의 발생 확률과 프로젝트에 3,000,000원의 부정적 영향을 미친다. EMV를 사용하여 계산하면 부정적 리스크이기 때문에 0.35×−3,000,000원=−1,050,000원으로 계산된다. 이와 마찬가지로 Risk 002, Risk 003, Risk 004도 계산하면 다음과 같이 나오고, 이는 금전적 기대값 분석 −94,400,000원으로 부정적인 값을 가진다는 것을 의미한다.

$$-1,050,000원+27,000,000원-350,000원-120,000,000=-94,400,000$$

즉, 프로젝트를 진행하면서 발생할 수 있는 리스크에 대응하기 위해서는 우발사태 예비비(Contingency Reserve)를 준비하여야 한다. 우발사태 예비비는 모든 부정적, 긍정적인 리스크 EMV 합계를 통해 구할 수 있으므로, 위의 샘플 프로젝트에서는 −94,400,000원을 우발사태 예비비로 준비해야 한다는 결론을 얻을 수 있다.

 참고 금전적 기댓값 분석 시나리오

다음은 몇 가지 기본 금전적 기댓값 분석의 시나리오다.

■ 리턴+리턴(return+return): 프로젝트는 $100,000의 고정 리턴이 있다. 프로젝트가 예상보다 일찍 끝날 경우 20% 확률의 추가적인 $50,000의 리턴이 있다. 값은 무엇인가?

　　[$100,000+(0.2×$50,000)]=$100,000+$10,000=$110,000

■ 리턴−비용(return−cost): 프로젝트는 보장되는 $200,000의 리턴을 가지고 있다. 비용이 초과될 경우, 프로젝트는 40%의 확률로 리턴이 $80,000될 경우의 수가 있다. 변경된 리턴 예상치는 무엇인가?

　　[$200,000−(0.4×$80,000)]=$200,000−$32,000=$168,000

■ 비용+비용(Cost+Cost): 프로젝트는 $60,000의 비용이 책정되어 있다. 프로젝트는 배송이 늦어진다는 가정하에 $40,000의 추가 비용 발생이 60% 예상된다. 비용 추정 값의 전체 값은 무엇인가?

　　[$60,000+(0.6×$40,000)]=$60,000+$24,000=$84,000

■ 일반적으로 가장 낮은 비용이나 가장 높은 리턴을 보여주는 것을 선택한다.

③ 의사결정 나무 분석(Decision Tree Analysis)

이 분석 기법은 불확실한 프로젝트 상황에서 의사결정의 내용에 따라 프로젝트의 성과가 어떤 영향을 받을 수 있는지를 분석하는 기법이다. 이 기법의 주요 목적은 전반적으로 최상의 금전적 기댓값 분석을 제공하여 가장 적합한 시나리오를 선택하는 것이다. 이 분석은 종종 의사결정권자의 리스크 선호도에 따라 변경되는 경우도 발생한다.

> **참고 유틸리티 이론(Utility theory)**
>
> 의사결정자의 리스크 선호도에 따라 의사결정이 달라질 수 있다는 이론

의사결정 나무 분석(Decision Tree Analysis)을 이용하여 'make or buy'를 결정해야 한다면, 시나리오에 따르는 금전적 기대값 분석을 계산하여 결정할 수 있다. 의사결정에 대한 시나리오에 따르면 Make 값이 $17M이고, buy 값이 $32M이라면 어떤 것을 선택할 것인가? '

 - Make 결정: $(0.3 \times \$180M) + (0.7 \times \$90M) - \$100M = \$17M$

 - Buy 결정: $(0.3 \times \$120M) + (0.7 \times \$80M) - \$60M = \$32M$

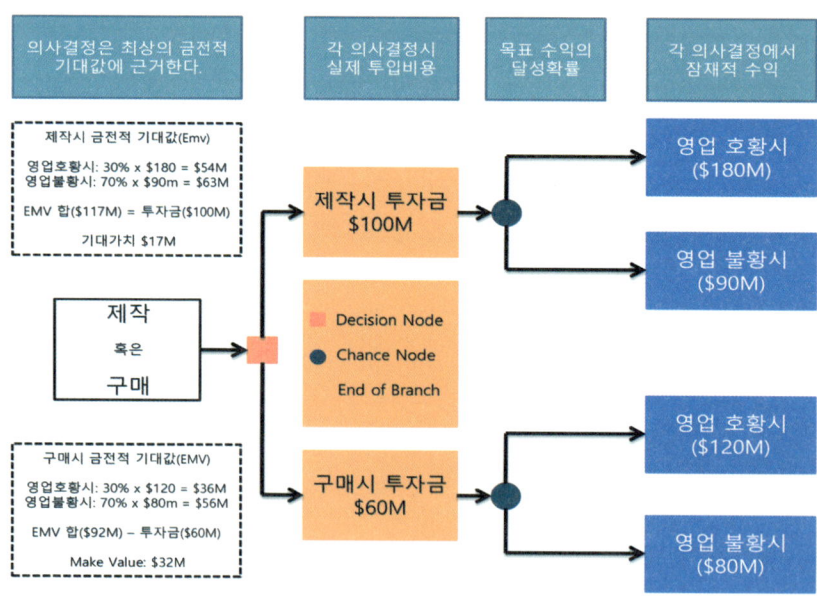

■ Decision Tree(의사결정나무)

④ 모델링 및 시뮬레이션(Modeling and Simulation)

모델링 및 시뮬레이션(Modeling and Simulation) 기법은 상세한 수준의 프로젝트 불확실성을 적용하여 프로젝트의 목표인 납기일과 원가에 미치는 잠재적인 영향을 확인하는 것으로, 주로 몬테−카를로 기법을 사용하여 시뮬레이션을 수행한다. 시뮬레이션에서는 프로젝트의 각 활동에 대한 기간의 불확실성과 원가에 대한 불확실성을 반복 적용하여 프로젝트 전체의 납기일과 원가에 대한 시뮬레이션 결과를 추정할 수 있다.

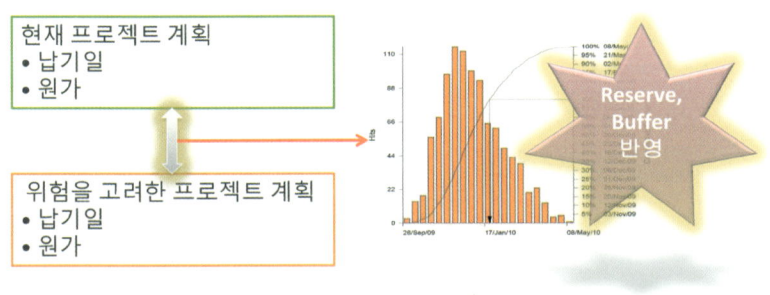

■ Risk Analysis 시뮬레이션

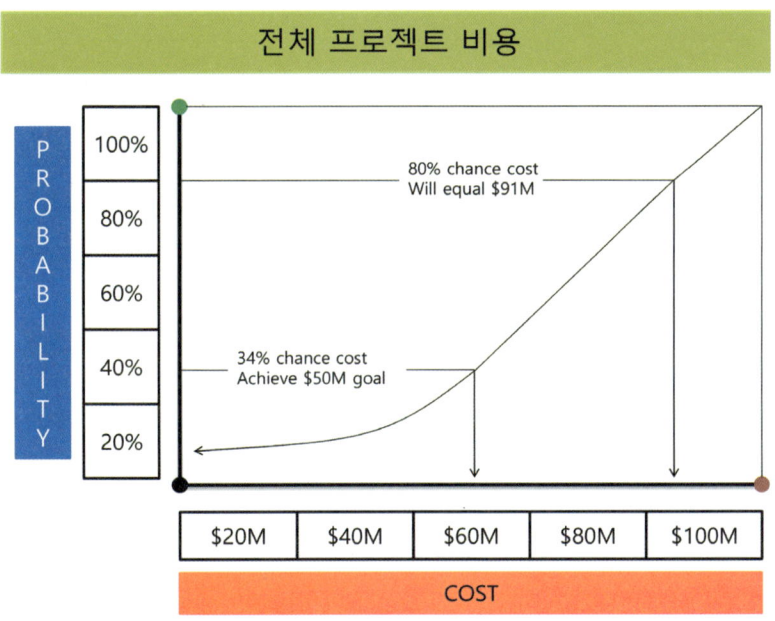

■ Risk Analysis − Cost & Probability

❸ 전문가 판단

해당 관련 분야에서 최근에 일한 전문가들을 통해 원가 및 일정에 미치는 잠재적 영향을 식별하고, 확률을 평가하고, 도구에 들어가는 투입물(확률분포 등)을 정의한다.

산출물(Outputs)

● **프로젝트 문서 갱신(Project Documents Updates)**

정량적 리스크 분석 이후에 다음과 같은 사항을 업데이트하여야 한다.

① 프로젝트의 확률론적 분석

② 원가 및 시간 목표 달성 확률

③ 정량화한 리스크의 우선순위 목록

④ 정량적 리스크 분석 결과의 추세

> **참고** **정성적 리스크 분석과 정량적 리스크 분석의 차이**
>
> 리스크 관리의 2가지 분석 방법인 정성적 리스크 분석과 정량적 리스크 분석의 차이는 다음과 같다.
>
> ■ **정성적 리스크 분석과 정량적 리스크 분석의 차이**
>
> | 구분 | 정성적 리스크 분석 | 정량적 리스크 분석 |
> | --- | --- | --- |
> | 목적 | 우선순위 산정 | 예상납기, 원가(전체 리스크의 영향력을 고려한 우선순위 → 민감도 분석) |
> | 대상 | 개별 리스크에 대한 분석 | 전체 리스크를 분석 |
> | 기법 | 확률–영향력 매트릭스 활용 | 시뮬레이션 툴 활용 |
> | 관점 | 주관적 | 객관적 |
> | 수행 여부 | 항상 수행(필수) | 효율적일 때만 수행(선택) |

06 리스크 대응 계획 수립(Plan Risk Responses)

PMBOK의 5 Process Group 중 Planning Group에 속해 있는 리스크 대응 계획(PMBOK 11.5) 수립은 프로젝트 목표에 대한 기회 증진 및 위협 감소를 위한 대책을 개발하는 프로세스이다. 리스크 대응 계획 수립의 목표는 리스크를 식별하면서 리스크 대응책과 리스크 소유자를 확인하거나 긴급 목록(Urgency List)과 리스크 소유자 할당을 위한 리스크 응답을 개발하여 대응하는 것이다. 이 프로세스의 주요 이점은 필요할 때 예산, 일정 및 프로젝트 관리 계획에 자원과 활동을 추가하면서 우선순위에 따라 리스크에 대응하는 것이다.

리스크 대응 계획 수립은 일반적으로 정성적·정량적 리스크 분석 이후에 수행한다. 리스크 대응책은 리스크의 심각도(중요도)에 따라 적합하고, 효율적이며, 실질적이어야 한다. 일반적인 리스크 대응 계획 프로세스는 다음과 같다.

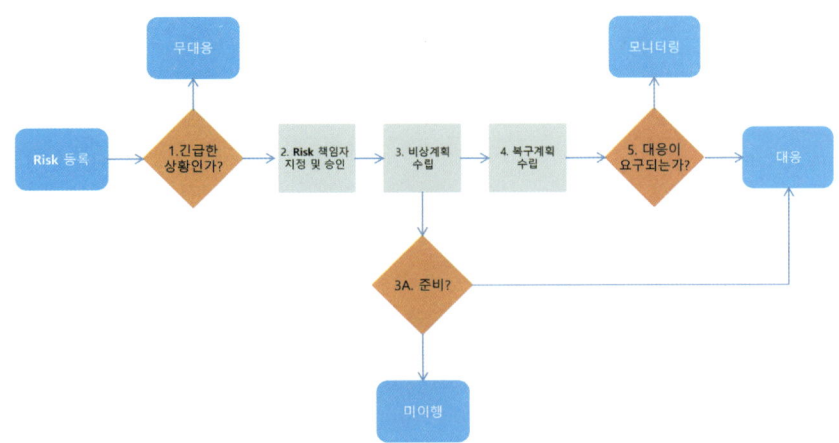

■ 리스크 대응 계획 프로세스

모든 리스크는 리스크 등록부에서 확인해야 한다. 일반적으로는 긴급 목록의 리스크부터 대응한다. 리스크 소유자는 리스크를 식별했을 때 지정하고, 리스크 대응 계획 수행 시 재확인한다.

리스크 소유자는 비상 계획 또는 리스크 대응 계획을 개발하면서 잠재적인 트리거를 식별한다. 트리거는 리스크가 발생하기 직전의 조기 경보와 같은 역할을 한다. 만약, 트리거가 발생하면 대응 계획을 실행한다. 리스크 소유자는 비상 계획이 리스크 소유자의 계획대로 진행되지 않을 경우에 대비하여 대체 계획(Fall Back Plan)을 개발한다. 리스크 소유자는 소유자로 할당된 모든 리스크에 대하여 모니터할 수 있어야 한다.

투입물(Inputs)–도구 및 기법(Tools & Techniques)–산출물(Outputs)

Input	Tools & Techniques	Output
• Risk management plan • Risk register	• Strategies for negative risks or threats • Strategies for positive risks or opportunities • Contingent response strategies • Expert judgment	• Project management plan updates • Project documents updates

■ 리스크 대응 계획의 투입물 – 도구 및 기법 – 산출물

Reference: A Guide to the Project Management Body of Knowledge, Fifth Edition(PMBOK®Guide) © 2013 Project Management Institute, Inc. All Rights Reserved.

❶ 리스크 관리 계획서(Risk Management Plan)

리스크 관리 계획의 중요한 요소에는 역할과 책임, 리스크 분석 정의, 검토 시기, 리스크 등급에 대한 기준이 포함된다.

❷ 리스트 등록부(Risk Register)

리스크 등록부는 평가되고 식별된 리스크, 리스크의 원인, 잠재적 대응책 목록, 리스크의 책임자, 징후 및 경고 신호, 프로젝트 리스크의 상대적 등급 또는 우선순위 목록, 단시일 내 대응이 필요한 리스크, 심층 분석 및 대응책이 필요한 리스크, 정성적 분석 결과의 추세, 리스크 등록부 내 우선순위가 낮은 리스크 감사 목록도 포함한다.

도구 및 기법(Tools & Techniques)

❶ 부정적 리스크에 대한 전략 또는 위협에 대한 전략(Strategies for Negative or Threats)

부정적 리스크에 대한 대응 전략은 다음과 같다.

① 회피(Avoid)

이 전략의 핵심은 리스크의 발생을 제거하는 것이다. 근본적으로 리스크가 발생하지 않도록 하는 것으로, 가장 좋은 전략이지만 매우 어려운 전략이기도 하다.

② 전가(Transfer)

이 전략의 핵심은 제3자에게 책임을 전가하는 것이다. 이 전략을 적용할 경우에는 보험과 같은 비용이 발생한다.

③ 완화(Mitigate)

이 전략의 핵심은 리스크가 일어날 확률을 낮추는 것이다. 가장 좋은 예는 교육훈련이다. 교육훈련을 통해 업무 수행 결과가 낮게 나올 확률을 감소시킬 수 있다.

④ 수용(Accept)

이 전략의 핵심은 즉각적인 조치를 취하지 않는 것이다. 이 전략은 '수동적', '적극적'의 두 가지 형식이 있다.

❷ 긍정 리스크에 대한 전략 또는 기회에 대한 전략(Strategies for Positive or Opportunity)

긍정적 리스크에 대한 대응 전략은 다음과 같다.

① 활용(Exploit)

이 전략의 핵심은 원인이 발생할 수 있도록 조치를 취하는 것이다. 리스크가 발생하도록 몇 가지 단계를 거쳐야 하기 때문에 추가 시간이나 자원이 요구될 수 있다. 회피와는 정반대의 대응 전략이다.

② 분담(Share)

이 전략의 핵심은 긍정적인 리스크를 제공하기 위해 제삼자의 참여를 제공하는 것으로, 양측 모두 혜택을 공유할 수 있다. 전가와 반대되는 대응 전략이다. 참고로, 판매자와 구매자의 장기적인 계약이 좋은 예다.

③ 증대(Enhance)

이 전략의 핵심은 리스크 발생의 확률 또는 발생 시 리스크의 영향을 증가시키는 것을 목표로 하고 있다. 일반적인 예로는 인센티브를 제공하는 전략을 들 수 있다. 이는 완화와 반대되는 전략이다. 공정관리의 공정압축법(Crashing)은 증대 또는 완화의 일반적인 형태로, 프로젝트의 비용을 증가시킬 수 있다.

④ 수용(Accept)

수용은 부정적인 측면과 긍정적인 측면 모두에서 리스크에 대해 실행 가능한 리스크 반응이다.

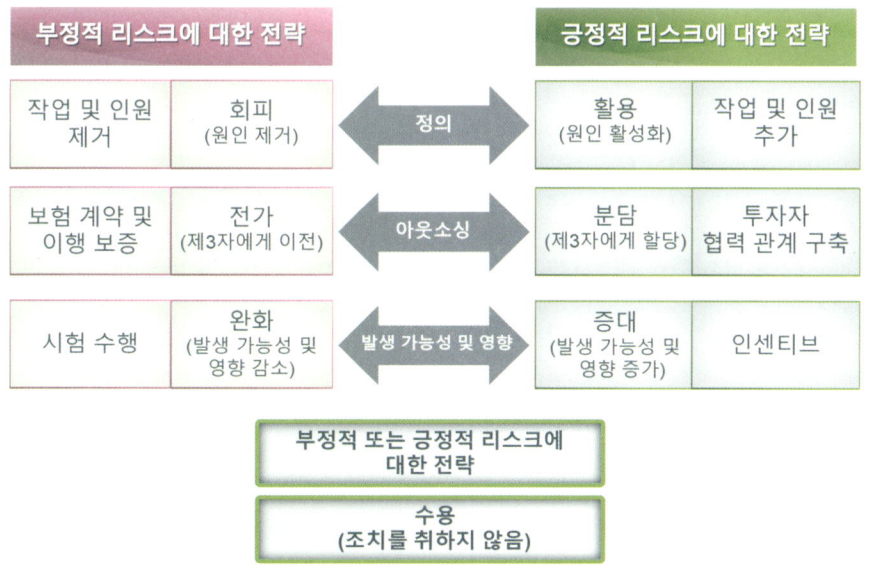

■ 리스크 대응 계획

위협은 제거하고 기회는 추구하는 것				
부정적 리스크	회피	전가	완화	수용 No Action (소극적)
긍정적 리스크	활용	분담	증대	수용 예비비 확보 (적극적)

■ 리스크 대응

❸ 우발 사태 대응 전략(Contingent Response Strategies)

이는 특정한 리스크가 발생했을 경우에만 사용하는 전략이다. 즉, 프로젝트에서 미리 정의된 리스크가 발생했을 경우에만 실행할 수 있는 대응 전략을 의미한다. 여기서 미리 정의한 경고의 현상 및 포인트를 '트리거'라 하고, 트리거가 발생했을 경우에 수행할 전략을 가지고 있어야 한다. 예를 들면, 벤더 A가 이틀 이상 교체 부품을 늦게 배송했을 경우, 벤더 B로부터 1만 개의 교체 부품을 주문한다. 여기서 벤더 A가 이틀 이상 교체 부품이 늦게 배송했을 경우가 '트리거'이고, 벤더 B로부터 1만 개의 교체 부품을 주문하는 것이 '우발사태 대응 전략'이라 할 수 있다.

❹ 전문가 판단(Expert Judgment)

전문가 판단은 특정 리스크에 대해 정통한 관련자를 투입하는 것이다. 즉, 유용한 전문 교육, 지식, 기량, 경험 또는 훈련을 쌓은 모든 집단이나 개인이 전문 지식을 통해 대응책을 찾는 것이다.

산출물(Outputs)

❶ 프로젝트 관리 계획서 갱신(Project Management Plan Update)

리스크 대응 계획에 필요한 리스크를 등록하거나 리스크 관리 계획을 갱신한다(범위, 일정, 원가, 품질, 인적자원, 의사소통, 구매, 이해관계자 계획) 그리고, 범위 기준선, 원가 기준선, 일정 기준선도 갱신될 수 있다.

❷ 프로젝트 문서 갱신(Project Documonts Updates)

리스크는 다수의 다른 많은 영역과 통합 관리되기 때문에 필요에 따라 프로젝트 문서를 갱신한다(가정 사항 관리 대장, 기술 문서, 변경 요청 등)

참고 리스크 대응 계획 수립 시 유의사항

① 리스크는 제거하는 것이 아니다.

: 제거하는 것이 아니라 일정 수준 이하로 줄이는 것이다.

② 모든 리스크에 대하여 대응하는 것이 아니다.

: 경우에 따라 일정 수준 이하의 리스크는 그대로 수용할 수 있다.

③ 리스크는 상호 연계되어 있다.

: 개별 리스크를 분리하여 관리하는 것이 아니라 프로젝트 전체의 입장에서 종합적인 리스크 대응 계획을 수립해야 한다.

④ 리스크는 변한다.

: 프로젝트 내부 상황 또는 외부 상황의 변화로 인해 변할 수 있다.

⑤ 비용 대비 효율적이어야 한다.

: 리스크에 노출되는 정도에 따라 대응 계획 및 리스크 모니터링 활동에 자원을 할당해야 한다.

⑥ 대응 계획을 수립할 시기를 놓쳐서는 안 된다.

⑦ 프로젝트의 상황에서 실현할 수 있는 현실적인 계획이어야 한다.

⑧ 대응 계획에 대한 이해당사자들의 합의를 얻어야 한다.

참고 야구로 보는 우발사태 대응 계획과 대체대안 계획

- 우발사태 대응 계획(Contingency Plan): 8회까지 3점차 이내로 앞서고 있을 경우, 9회에 특급 마무리 투수를 투입한다.
- 대체대안 계획(Fallback Plan): 선발 투수가 1회에 대량 실점을 하는 경우, 투수를 교체한다.

참고 리스크 대응 계획서에 포함되어야 할 사항

일반적으로 리스크 대응 계획서에는 다음과 같은 항목을 포함해야 한다.

① 식별된 리스크의 특성(내용, 원인, 유형 등)

② 리스크에 대한 조치 계획(책임자, 활동, 일정)

③ 정량적·정성적인 리스크의 분석 결과(리스크 우선순위, 리스크 노출도)

④ 리스크 대응 후 예상되는 잔여 리스크

⑤ 리스크 대응이 예상대로 되지 않을 경우의 계획(복구 계획)

⑥ 공기 지연 리스크에 대응하기 위해 공기중첩 단축법(Fast Tracking)을 할 경우, 재작업의 리스크

⑦ 여유 일정 및 원가(예비비)

07 리스크 통제(Control Risks)

PMBOK의 5 Process Group 중 Monitoring & Controlling Group에 속해 있는 리스크 통제에서는 리스크 관리의 반복적인 프로세스로, 프로젝트 전반에 걸쳐 리스크 대응 계획의 구현, 기식별된 리스크의 노출도에 대한 지속적인 추적, 잔존 리스크 감사, 새로운 리스크의 식별, 리스크 처리의 평가를 수행한다. 리스크 통제 프로세스의 궁극적인 목표는 프로젝트의 현재 리스크에 대한 유지 관리이다. 이 프로세스의 주요 이점은 최적화된 리스크 대응을 프로젝트 생애주기에 걸쳐 지속적으로 수행함으로써 리스크에 대한 접근 방식의 효율을 개선하는 것이다.

- 프로젝트 리스크 관리 프로세스의 효율성 확보

- 식별된 리스크 추적

- 리스크 및 보조 2차 리스크 모니터링

- 식별, 분석 및 새로운 리스크에 대한 계획

- 리스크 레지스터의 '감시 목록'에 등재되어 있는 리스크 추적

- 상태 변경으로 기존 리스크 재분석

- 모니터링 리스크 트리거 조건

- 필요에 따라 리스크 대응 계획의 구현, 평가, 리스크 등록부 갱신

- 비상 계획을 업데이트할 때 필요한 형식적인 변화의 제출

부정적인 위협이 발생했을 때 대응 계획이 없었거나, 설사 있었더라도 효과가 좋지 못한 경우, 이에 대한 대응을 'Workaround'라고 한다. 이는 계획 프로세스 그룹의 일부가 아닌 리스크 통제 프로세스에 속한다.

투입물(Inputs) - 도구 및 기법 (Tools & Techniques) - 산출물 (Outputs)

Input	Tools & Techniques	Output
• Project management plan • Risk register • Work performance data • Work performance report	• Risk reassessment • Risk audit • Variance and trend analysis • Technical performance measurement • Reserve analysis • Meeting	• Work performance information •Change requests •Project management plan updates •Project document updates •Organization process assets updates

■ 리스크 통제의 투입물 – 도구 및 기법 – 산출물

Reference: A Guide to the Project Management Body of Knowledge, Fifth Edition(PMBOK®Guide) © 2013 Project Management Institute. Inc. All Rights Reserved.

투입물(Inputs)

❶ 프로젝트 관리 계획서(Risk Management Plan)

리스크 관리 계획서에는 위험 감시 및 통제의 방법, 역할 등의 절차를 제공한다.

❷ 위험관리 대장(Risk Register)

위험관리 대장은 평가될 위험의 초기 목록을 제공하고, 위험 통제 프로세스를 진행하면서 갱신된다.

❸ 작업 성과 자료(Work Performance Data)

인도물의 상태, 일정 진행 및 발생 비용 등과 같은 위험에 의해 영향을 받았을 가능성이 있는 작업 성과 자료다.

❹ 작업 성과 보고서(Work Performance Reports)

작업 성과 보고서에는 '일정', '비용 상태'와 같은 진척 기술 데이터가 포함되어 있다. 성과 측정치의 정

보를 수집하여 분석함으로써 차이 분석, 획득 가치 데이터 및 예측 데이터를 포함한 프로젝트 작업 성과 정보를 제공한다. 이러한 데이터는 성과 관련 위험을 통제하는 데 영향을 미칠 수 있다.

도구 및 기법(Tools & Techniques)

❶ 리스크 재평가(Risk Reassessment)

리스크 통제 과정에서는 새로운 리스크가 식별되거나 현재의 리스크가 재평가되거나 시기가 지난 리스크는 종결되는 경우가 자주 발생한다. 그러므로 리스크 재평가(Risk Reassessment)는 주기적으로 실시해야 한다.

① 리스크 검토는 식별 관리되고 있는 리스크의 잠재적인 리스크 대응을 분석하는 데 사용되며, 리스크 재평가의 일부이다. 리스크 재평가는 리스크의 순서나 우선순위를 변경하거나, 리스크의 정도를 조절하거나, 잔여 리스크를 감사하는 것을 포함할 수 있다.

② 많은 이벤트가 리스크 재평가에 대한 필요성을 요구할 수 있다. 리스크의 재평가에 대한 요구사항은 리스크 관리 계획에 포함된다.

"위험의 발생 확률과 파급 효과는 재평가 과정에서 대폭 변경될 수 있다."

■ 리스크 재평가

---

❷ 리스크 감사(Risk Audits)

리스크 감사에서는 식별된 리스크와 그 원인을 처리함에 있어 리스크 대응책의 효과와 리스크 관리 프로세스 효과를 평가하여 문서화하는 것이다. 리스크 감사는 리스크 관리 프로세스의 전반적인 효과를 측정한다. 주기적인 리스크 감사는 전반적인 리스크 관리 프로세스의 강점과 약점을 평가하기 위해 수행하여야 하며, 리스크 감사 요구사항은 리스크 관리 계획에서 식별할 수 있다.

❸ 차이 및 추세 분석(Variance and Trend Analysis)

리스크 통제를 위한 프로젝트 실행의 추이는 성과 정보를 토대로 검토되어야 한다. 전체적인 프로젝트의 성과를 감시하기 위하여 획득 가치 관리(EVM), 차이 분석, 추이 분석 등의 방법을 사용할 수 있다. 이러한 분석 결과는 프로젝트 종료 시점을 기준으로 원가 및 일정에 대한 기존의 목표 값과 예상 값의 차이를 보여줄 수 있다.

❹ 기술적 성과 측정(Technical Performance Measurement)

기술적 성과 측정(Technical Performance Measurement)은 프로젝트 실행 중 달성한 기술적 성과를 기술적 성취 일정과 비교하는 것이다. 이때 객관적이고 수치적인 기술적 성과 척도를 정의하여 목표와 실적을 비교하는 데 사용할 수 있도록 해야 한다. 이러한 기술적 성과 척도는 중량, 거래 횟수, 결함이 있는 인도물 수, 저장 용량 등을 사용할 수 있다.

❺ 예비 분석(Reserve Analysis)

프로젝트 예비비는 '관리 예비비(Management Reserve)'와 '우발사태 예비비(Contingency Reserve)'로 나눌 수 있다. 프로젝트를 수행하는 동안 예산이나 일정에 대한 비상 예비비에 긍정적 또는 부정적 영향을 미치는 리스크가 발생할 수 있다. 예비비 분석은 임의의 시점에 잔여 비상 예비비와 잔여 리스크의 수를 비교하여 남아 있는 예비비가 적정한지를 측정한다.

❻ 회의(Meetings)

프로젝트 리스크 관리는 정기적인 회의 의제 항목에 항상 포함되어야 하고, 프로젝트의 모든 이해관계자가 참여하고 수행 빈도가 잦을수록 리스크와 기회를 식별할 가능성도 높아진다.

산출물(Outputs)

❶ 작업 성과 정보(Work Performance Information)

리스크 통제의 산출물인 작업 성과 정보는 의사소통의 방법을 제공하고, 프로젝트 의사결정을 하는 데 도움을 준다.

❷ 변경 요청(Change Requests)

비상사태에 대한 계획이나 임기응변 대응의 실행 결과로 변경 요청이 발생하는 경우가 있다. 변경 요청이 준비되면 통합 변경 통제 과정에 제출된다. 이에는 권장하는 시정 조치와 예방 조치가 포함되기도 한다.

① 권장하는 시정 조치: 시정 조치는 프로젝트 작업의 성과가 프로젝트 관리 계획서와 일치하도록 재조정하는 활동이다. 비상사태 계획과 임기응변 대응이 시정 조치에 포함된다. 임기응변 대응은 초기에 계획하지 않았지만 사전에 식별되지 않았거나 수동적으로 수용된 리스크를 처리하기 위해 필요한 대응 조치다(Workaround).

② 권장하는 예방 조치: 예방 조치는 프로젝트 작업의 향후 성과가 프로젝트 관리 계획서와 일치하도록 조정하는 활동이다.

❸ 프로젝트 관리 계획서 갱신(Project Management Plan Updates)

변경 요청이 승인되고 리스크 관리 프로세스에 영향을 미치게 되면, 프로젝트 관리 계획서에 해당 내용을 반영하고 개정하여 재발행한다. 프로젝트 관리 계획서에서 갱신될 수 있는 구성 요소는 리스크 대응 계획 수립 프로세스와 같다.

❹ 프로젝트 문서 갱신(Project Document Updates)

리스크 통제 과정을 통해 다음의 내용을 포함한 리스크 등록부를 갱신할 수 있다.

① 리스크 재평가, 리스크 감사 및 주기적 리스크 검토 결과: 이 결과물에는 새로 식별된 리스크 정보, 확률, 영향, 우선순위, 대응 계획, 책임자 및 리스크 등록부의 기타 요소에 대한 갱신이 포함될 수 있다. 더 이상 적용되지 않는, 종결된 리스크와 그에 따른 예비비 해제에 대한 내용도 포함될 수 있다.

② 프로젝트 리스크 및 리스크 대응에 대한 실제 결과물: 이 정보는 프로젝트 관리자가 조직 전체에 대한 리스크 및 향후 프로젝트 리스크에 대한 계획을 수립하는 데 유용할 수 있다.

❺ 조직 프로세스 자산 갱신(Organizational Process Assets Updates)

리스크 관리 프로세스에서는 향후 프로젝트에서도 사용될 수 있거나 조직 프로세스 자산으로 수집해야 하는 정보들이 만들어진다. 다음은 갱신될 수 있는 조직 프로세스 자산의 일부 예다.

- 확률–영향 매트릭스와 리스크 등록부를 포함한 리스크 관리 계획용 템플릿
- 리스크 분류 체계
- 프로젝트 리스크 관리 활동을 통해 습득한 교훈

이러한 문서들은 리스크 등록부, 리스크 관리 계획 템플릿, 체크리스트, 리스크 분류 체계들의 최종 버전이 포함되어야 하고 필요한 시점마다, 그리고 프로젝트 종료 시점에 갱신되어야 한다.

 **참고** **성공적으로 리스트 통제를 하는 방법**

① 통합(Integration)

리스크 관리 계획에는 프로젝트 리스크 관리에 대한 통제 활동을 정의하기 때문에, 리스크 통제 프로세스는 승인/허용된 프로젝트 관리 계획에 포함되어 있는지를 확인해야 한다.

② 의사소통(Communication)

리스크 책임자와 리스크 실행 소유자들 사이에 개방적이고 정직한 의사소통이 유지되어야 한다.

- 리스크에 대한 상황 정보는 모든 이해관계자와 의사소통해야 한다.
- 프로젝트 리스크 등록 대장은 모든 이해관계자들과 공유해야 한다.
- 리스크의 발생을 알려주는 트리거를 주시해야 한다. 또한 트리거가 식별될 때마다 추가하고, 비상 대응 전략도 개발해야 한다.

③ 인식(Awareness)

프로젝트 상황 회의 시 현재 리스크 상황이 중요 안건에 포함시켜야 한다. 또한 리스크 관리 활동의 결과들이 모든 이해관계자들과의 신뢰를 유지하는 데 도움이 되는지를 확인해야 한다.

④ 예비비 관리(Reserve Management)

비상 예비비 및 관리 예비비의 상태를 항상 추적 관리해야 한다. 예비비의 적절한 목적이 유지되고 있는지를 확인해야 하고, 필요한 경우 추가로 요청하거나 리스크가 해결될 경우에는 취소할 수도 있다.

⑤ 지속적 갱신(Updates)

모든 변경 사항이 리스크 등록 대장에 반영되어 있는지 지속적으로 확인하여 신규 리스크는 추가하고, 기존의 리스크 우선순위는 재정리하며, 더 이상 해당 사항이 없는 리스크는 제거해야 한다.

⑥ 교훈(Lessons learned)

향후 프로젝트 관리자를 위하여 '교훈'을 등록하고 기록한다. 교훈은 긍정적인 것과 부정적인 것을 모두 기록한다.

02 리스크 관리 외 영역

이번에는 리스크 관리 지식 영역(PMBOK 11장)과 더불어 PMI-RMP 자격시험에 필요한 다른
지식 영역의 프로세스 및 이론을 이해할 수 있다.

01 PMBOK의 이해

이번에는 PMBOK에서 설명하고 있는 PMI Framework을 이해하고, 통합된 변경 관리, 조직의 유
형, 프로젝트 환경의 이해 등에 대한 전반적인 내용을 이해할 수 있다.

가. 프로세스 그룹과 지식 영역

PMI에서는 프로젝트를 '고유한 제품, 서비스 또는 결과물을 창출하기 위해 한시적으로 투입하는 노
력'으로 정의하고 있다. 다른 각도에서 접근하면 When과 What의 관점으로 바라볼 수 있다.

When의 관점에서는 착수한 프로젝트를 끊임없이 기획하고 그 기획에 근거해서 실행하며, 프로젝트
의 진행 상황과 성과에 대한 감시 및 통제를 통해 실행과 계획의 편차를 확인한다. 그리고 분석을 통
해 실행을 변경하거나 계획을 변경한다. 마지막으로 착수, 기획, 실행, 감시 및 통제에서 배운 교훈을
정리하여 다음 프로젝트에 반영한다.

■ 5 Project Process Group에서 When의 관점 ㅣ

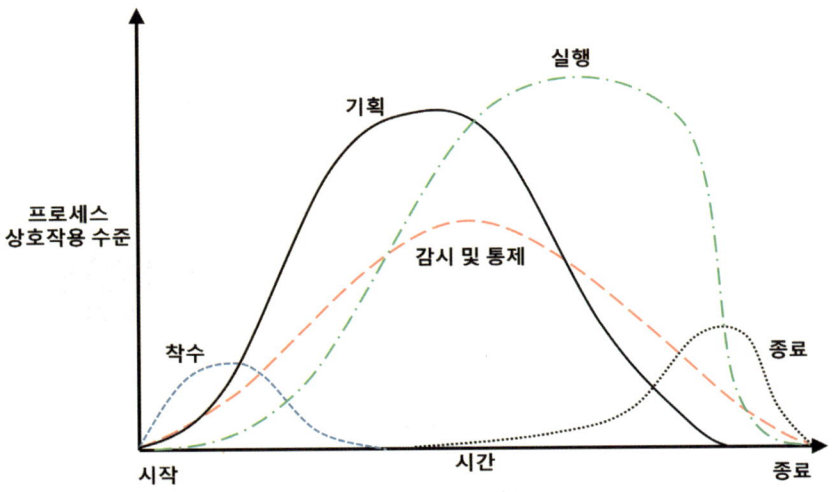

■ 5 Project Process Group에서 When의 관점 II

What의 관점에서는 프로젝트의 목적이기도 한 범위, 시간, 원가, 품질을 달성하기 위해 프로젝트의
수단인 인적자원, 리스크, 조달과 관련된 내용을 이해관계자들과 의사소통해 통합 관리하는 것으로
설명하고 있다.

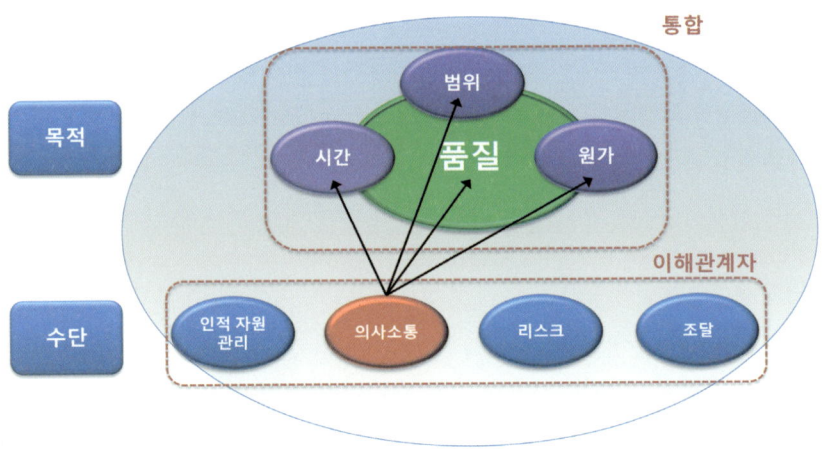

■ 10 Project Knowledge Area에 대한 What의 관점

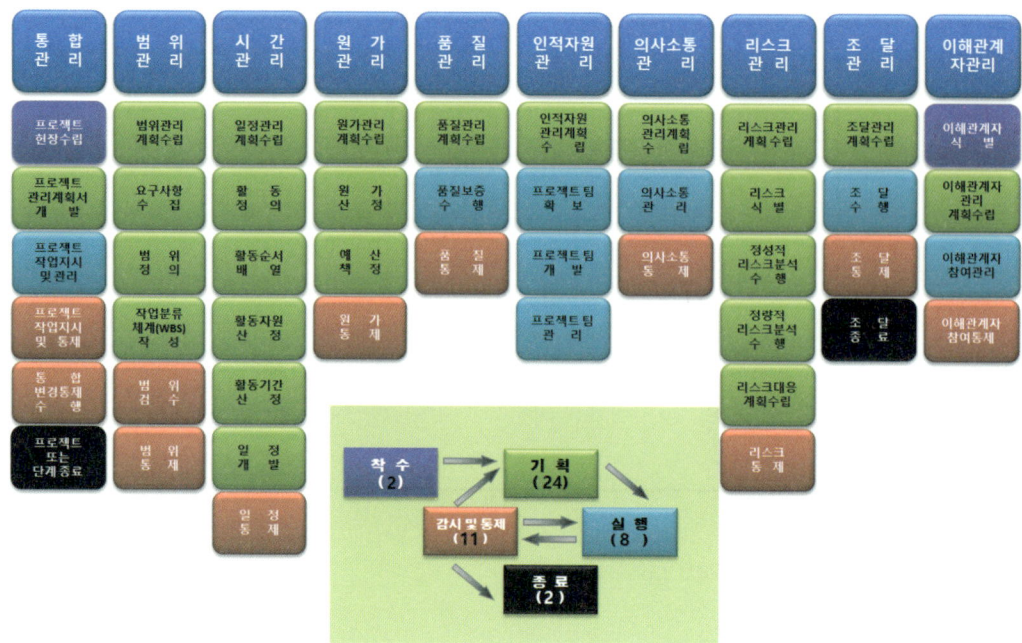

■ 5 Project Group과 10Knowledge Area

나. 조직의 영향력

❶ 조직 구조(Organizational Structures)

PMI에서의 조직 구조(Organizational Structures)는 프로젝트의 수행 방식에 영향을 미치는 기업 환경 요인과 자원의 가용성을 고려해서 기능 조직, 매트릭스 조직, 프로젝트 전담 조직으로 분류한다. 또한 이러한 조직이 혼합되어 있는 복합 조직도 있다.

① 기능 조직(Functional Organization)

현업 중심의 기능 조직(영업 조직, 법무 조직, 기술 조직 등)으로, 프로젝트는 각 부서에서 독립적으로 수행하는 조직이다. 프로젝트 매니저는 약간의 코디네이션 역할을 수행한다. 즉, 기능 부서 중심의 전통적인 조직 구조로, 타 조직에 비해 프로젝트 관리자의 권한이 상대적으로 적은 특징을 가지고 있다. 각 직원들은 한 명의 직속 상관이 있는 계층 구조이고, 해당 구성원들은 전문 영역(영업, 마케팅, 설계 등)에 따라 그룹화된다. 전문성이 높고, 작업 범위가 명확하다는 장점을 가지고 있으며, 프로젝트 문제 발생 시 사일로(Silo) 현상이 발생하는 단점을 가지고 있다.

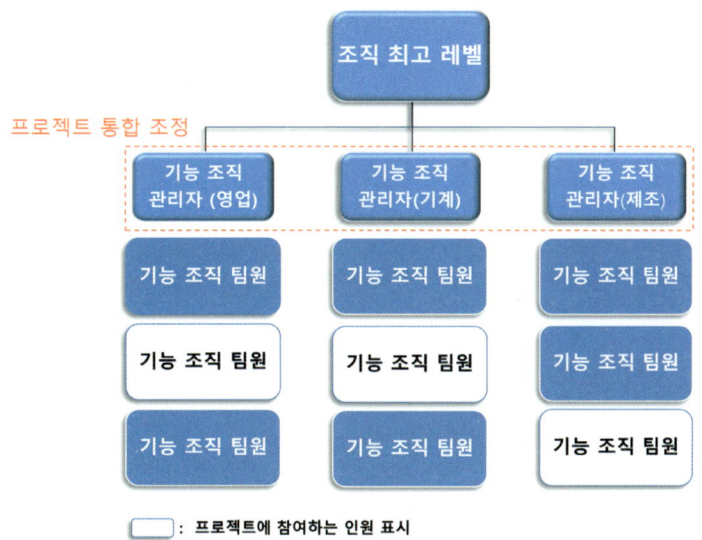

: 프로젝트에 참여하는 인원 표시

■ 기능 조직

② 매트릭스 조직(Matrix Organization)

매트릭스 구조로 기능 조직의 각 프로젝트 인원이 할당되어 프로젝트를 수행하는 조직 형태이다. 기능 관리자와 프로젝트 관리자 간의 상대적 권력에 따라 약한 매트릭스, 균형 매트릭스, 강한 매트릭스로 분류한다. 여기서 강한 매트릭스 조직이 프로젝트 매니저에게 많은 권한을 주는 형태다.

이러한 매트릭스 조직(Matrix Organization)은 프로젝트팀 구성 시, 인력 관리 계획을 잘 수행해야 하는 조직 형태다. 촉진자 역할을 수행하는 대부분은 약한 매트릭스 구조에서 수행된다. 특히, 위 조직에서의 프로젝트 관리자는 향후 프로젝트의 지속적인 지원 보장을 위해 기능 관리자와 원만한 관계를 형성해야 한다. 자원에 대한 활용 극대화, 각종 장비들을 공유하여 자본 비용 절감, 기능 조직 구조에 비해 의사소통이 원활하게 이루어지고 수직, 수평의 정보를 공유할 수 있는 장점을 가지고 있지만, 두 명의 관리자(프로젝트 관리자, 기능 관리자)로 인한 문제, 평가 및 보상 체계 문제, 동기부여 및 프로젝트에 몰입하기 어려운 분위기 등과 같은 단점을 가지고 있다.

약한 매트릭스 조직(Weak Matrix Organization)

기능 조직의 특성을 많이 가지고 있으며, 프로젝트 관리자는 조정자 또는 촉진자의 역할을 수행한다.

· 프로젝트 조정자(Coordinator): 의사결정 권한 있음

· 프로젝트 촉진자(Expediter): 의사결정 권한 없음

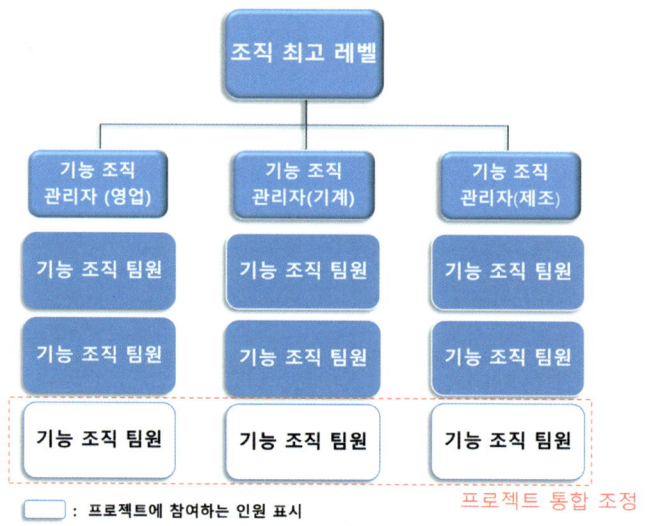

- 약한 매트릭스 조직

균형 매트릭스 조직(Balanced Matrix Organization)

프로젝트 관리자에 대한 필요성은 인식하지만, 프로젝트나 프로젝트 자금 조달에 대한 권한은 프로젝트 관리자에게 제공하지 않는 조직이다.

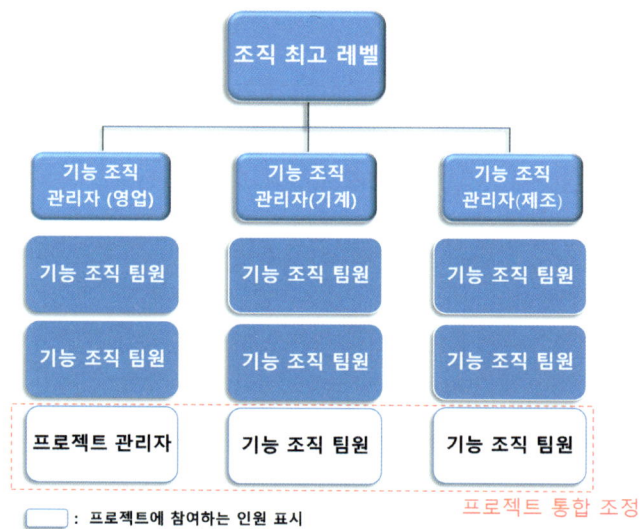

- 균형 매트릭스 조직

강한 매트릭스 조직(Strong Matrix Organization)

프로젝트 전담 조직의 특성을 많이 가지고 있으며, 상당한 권한을 가진 전임 프로젝트 관리자와 프로젝트 행정 업무를 전담하는 직원들로 구성되어 있다.

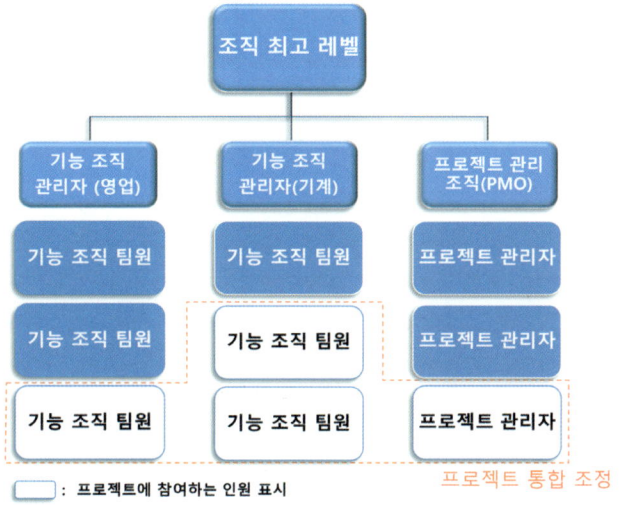

■ 강한 매트릭스 조직

③ 프로젝트 전담 조직(Projectized Organization)

프로젝트 전담 조직(Projectized Organization)은 처음부터 프로젝트 매니저가 조직의 매니저를 같이 수행하는 완전 프로젝트 중심의 조직이다. 즉, 프로젝트 권한을 프로젝트 관리자가 가지고 있는 조직이다. 의사소통과 보고 체계가 단순하고 효율적이므로, 신속한 의사결정 및 집행이 가능하다는 장점을 가지고 있다. 여러 프로젝트 조직이 운영 중인 경우, 자원의 낭비가 발생할 수 있으며 프로젝트 완료 시 팀원의 배치 문제가 발생한다는 단점이 있다.

■ 프로젝트 전담 조직

④ 복합 조직(Composite Organization)

대부분의 조직은 다양한 수준에서 모든 조직을 포함하고 있는데, 이러한 조직을 '복합 조직(Composite Organization)'이라고 한다. 예를 들어 기본은 기능 조직이지만 중요한 프로젝트를 수행하기 위해 다양한 부서로부터 한시적으로 'Task Force Team'을 구성하는 경우를 들 수 있다. 강한 매트릭스 조직으로 대다수의 프로젝트들을 관리하는 조직이지만, 작은 프로젝트들은 기능 부서에서 관리하도록 하는 조직이다.

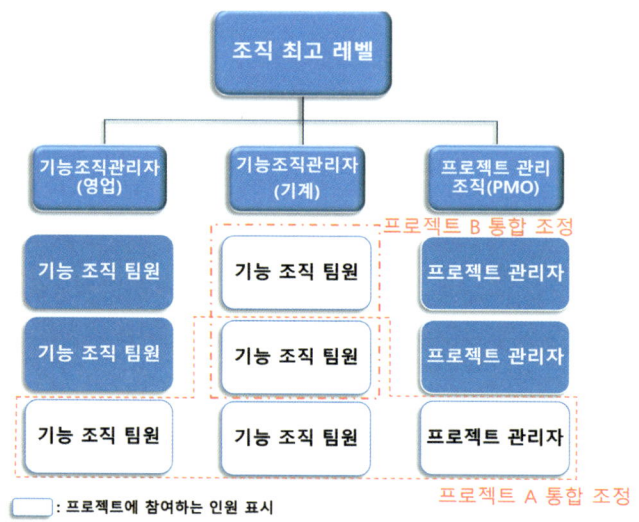

■ 복합 조직

⑤ 조직 구조가 프로젝트에 미치는 영향

■ 조직 구조가 프로젝트에 미치는 영향

기능 중심 ⟷ 프로젝트 중심

조직 구조 프로젝트 특성 비교	기능 조직	매트릭스 조직			프로젝트 조직
		약한 매트릭스	균형 매트릭스	강한 매트릭스	
프로젝트 관리자 권한	거의 없음	제한적(Expeditor)	제한적~보통	보통~높음	높음~전체 보유
인력 가용 능력	거의 없음	제한적	낮음~보통	보통~높음	높음~전체 보유
프로젝트 예산 관리	Functional Manager	Functional Manager	Functional / Project Manager Mixed	Project Manager	Project Manager
프로젝트 관리자 시간 투자	일부 시간 투자	일부 시간 투자	전체 시간 할당	전체 시간 할당	전체 시간 할당
프로젝트 팀원 시간 투자	일부 시간 투자	일부 시간 투자	일부 시간 투자	전체 시간 할당	전체 시간 할당

❷ 조직 프로세스 자산(Organizational Process Assets)

조직 프로세스 자산(Organizational Process Assets)은 프로젝트 수행 조직에서 사용하는 조직 특유의 계획, 프로세스, 정책, 절차 및 기반 지식 일체를 포함한다. 프로젝트에 참여하는 모든 조직 또는 일부 조직에 속하면서 프로젝트를 수행하거나 관리하는 데 사용될 수 있는 품목, 실무 사례 또는 지식을 포함한다. 교훈, 선례 정보와 같은 조직 기반 지식도 프로세스 자산에 포함된다. 또한 완료한 일정, 리스크 데이터, 획득 가치 데이터도 조직 프로세스 자산에 포함될 수 있다. 조직 프로세스 자산은 대부분의 기획 프로세스에 대한 투입물이다. 프로젝트 전반에서 프로젝트 팀원이 조직 프로세스 자산을 갱신하고 필요한 자산을 추가할 수 있다. 조직 프로세스 자산은 프로세스와 절차, 조직 기반 지식의 두 가지 범주로 분류할 수 있다.

① 프로세스 및 절차

■ 프로세스 및 절차

프로세스	OPA
착수 및 기획	• 프로젝트의 특정 요구사항을 충족하도록 조직의 표준 프로세스 및 절차를 조정하는 데 적용하는 지침과 기준 • 정책, 제품 및 프로젝트 생애주기, 품질 정책 및 절차 등과 같은 조직 고유의 표준 • 템플릿
실행, 감시 및 통제	• 수행 조직 표준, 정책, 계획 및 절차 혹은 기타 프로젝트 문서 개정 절차와 변경 승인 및 확인되는 방법을 포함한 변경 통제 절차 • 재무 관리 절차 • 이슈 및 결함 통제, 이슈 및 결함 식별과 해결, 조치 항목 추적 방식을 정의하는 이슈 및 결함 관리 절차 • 조직의 의사소통 요구사항 • 작업 우선순위 지정, 승인 및 작업 권한 발행 절차 • 리스크 범주, 리스크 기술 템플릿, 확률 및 영향 정의, 확률 및 영향 매트릭스를 포함하는 리스크 통제 절차 • 표준화된 지침, 작업 지시, 제안서 평가 기준 및 성과측정 기준
종료	• 프로젝트 종료 지침 또는 요구사항

② 조직 기반 지식

• 모든 수행 조직 표준, 정책, 절차, 프로젝트 문서의 다양한 버전과 기준선을 포함하는 형상 관리 기반 지식

• 근로 시간, 발생한 비용, 예산, 프로젝트 원가 초과액 등의 정보가 저장된 회계 데이터 베이스

• 선례 정보와 교훈 기반 지식

• 이슈 및 결함 상태, 통제 정보, 이슈 및 결함 해결, 조치 항목 결과가 저장된 이슈 및 결함 관리 데이터베이스

• 프로세스 및 제품 관련 측정 데이터를 수집하고 지원하는 데 사용되는 프로세스 측정 데이터베이스

• 과거 프로젝트에서 생성된 프로젝트 파일(범위, 원가, 일정, 성과 측정 기준선, 프로젝트 달력, 프로젝트 일정 네트워크 다이어그램, 리스크 관리 대장, 계획된 대응 조치 등)

❸ 기업 환경 요인(Enterprise Environment Factors)

기업 환경 요인(Enterprise Environmental Factors)이란, 프로젝트팀의 통제력 아래에 있지 않지만 프로젝트에 영향을 미치고, 프로젝트에 제약을 가하거나 방향을 제시하는 여건을 가리킨다. 기업 환경 요인은 대부분의 기획 프로세스의 투입물로 사용되며, 프로젝트 관리 옵션을 강화하거나 제한하기도 하고, 결과물에 긍정적 혹은 부정적인 영향을 미치기도 한다.

다음은 기업 환경 요인의 예다.

- 조직의 문화, 구조 및 거버넌스

- 시설과 자원의 지리적 분포

- 정부 또는 산업 표준

- 기반 시설

- 보유 인적자원

- 인사 행정

- 회사의 작업 승인 시스템

- 시장 여건

- 이해관계자 리스크 허용 한도

- 정치 풍토

- 조직에 확립된 의사소통 채널

- 상용 데이터베이스

- 프로젝트 관리 정보 시스템

02 프로젝트 통합 관리(Project Integration Management)

이번에는 다양한 프로젝트 관리 프로세스와 프로젝트 관리 활동들을 식별, 정의, 결합, 통합 및 조정하는 데 필요한 프로세스와 활동들을 이해할 수 있다.

Project Integration Management		
4.1 Develop Project Charter	**4.2 Develop Project Management Plan**	**4.3 Direct and Manage Project Work**
Inputs - Project Statement of Work - Business Case - Agreements - Enterprise Environmental Factors - Organizational Process Assets **Tools & Techniques** - Expert Judgment - Facilitation Techniques **Outputs** - Project Charter	**Inputs** - Project Charter - Outputs from Other Processes - Enterprise Environmental Factors - Organizational process assets **Tools & Techniques** - Expert Judgment - Facilitation Techniques **Outputs** - Project Management Plan	**Inputs** - Project Management Plan - Approved Change Requests - Enterprise Environmental Factors - Organizational Process Assets **Tools & Techniques** - Expert Judgment - Project Management Information System - Meetings **Outputs** - Deliverables - Work performance Data - Change Requests - Project Management Plan Updates - Project Documents Updates

Project Integration Management		
4.4 Monitor and Control Project Work	**4.5 Perform Integrated Change Control**	**4.6 Close Project or Phase**
Inputs - Project Management Plan - Schedule Forecasts - Cost Forecasts - Validated Changes - Work Performance Information - Enterprise Environmental Factors - Organizational Process Assets **Tools & Techniques** - Expert Judgment - Analytical Techniques - Project Management Information System - Meetings **Outputs** - Change Requests - Work Performance Reports - Project Management Plan Updates - Project Documents Updates	**Inputs** - Project Management Plan - Work Performance Reports - Change Requests - Enterprise Environmental Factors - Organizational Process Assets **Tools & Techniques** - Expert Judgment - Meetings - Change Control Tools **Outputs** - Approved Change Requests - Change Log - Project Management Plan Updates - Project Documents Updates	**Inputs** - Project Management Plan - Accepted Deliverables - Organizational Process Assets **Tools & Techniques** - Expert Judgment - Analytical Techniques - Meetings **Outputs** - Final Product, Service, or Result Transition - Organizational Process Assets Updates

- 통합 관리의 개요

Reference: A Guide to the Project Management Body of Knowledge, Fifth Edition(PMBOK®Guide) © 2013 Project Management Institute, Inc. All Rights Reserved.

가. 통합 관리의 개요

통합 관리는 프로젝트 생애주기 동안 프로젝트 실행을 통제하는 데 필수적이고, 이해관계자의 기대치를 성공적으로 관리하여, 요구사항을 충족시키는 데 필수적인 단일화, 합병, 의사소통 및 통합 조치를 포함한다. 또한 자원 할당 선택, 상충하는 목표와 대안들 간의 균형 유지, 프로젝트 관리 지식 영역들 간의 상호 의존 관계 관리 등을 포함한다.

통합 관리 프로세스는 다른 지식 영역의 프로세스와 다양한 방법으로 상호 작용한다.

나. 통합 관리 프로세스의 이해

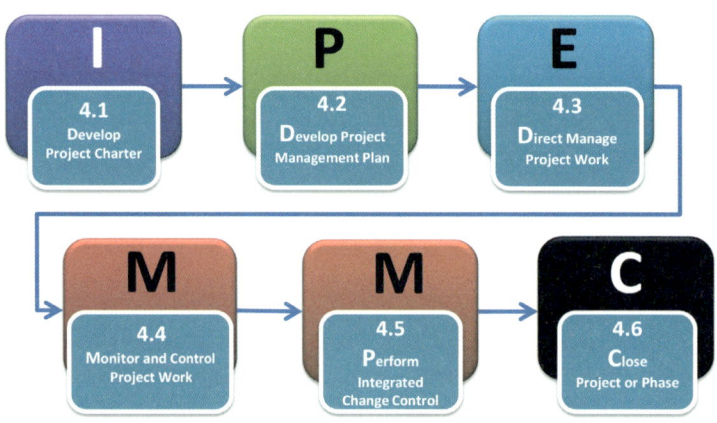

■ 통합 관리 프로세스

프로젝트 헌장 개발(PMBOK 4.1)은 착수 프로세스 그룹으로, 프로젝트의 존재를 공식적으로 승인하고 프로젝트 관리자에게 조직의 자원을 프로젝트 활동에 적용할 수 있는 공식적인 권한을 제공하는 문서를 개발한다. 명확한 프로젝트의 시작과 프로젝트의 범위를 제공하고, 상위 경영진에게 프로젝트를 공식적으로 승인받는 프로세스이다.

프로젝트 관리 계획서 개발(PMBOK 4.2)은 기획 프로세스 그룹으로 모든 보조 계획서들을 정의하고 작성 및 조정하여 프로젝트 관리 계획서에 통합하는 프로세스이다. 프로젝트 관리 계획서를 산출물로 가진다. 프로젝트 작업 지시 및 관리(PMBOK 4.3)는 실행 프로세스 그룹으로 프로젝트 목표를 달성하기 위해 프로젝트 관리 계획서에 정의된 작업을 수행하며, 승인된 변경 사항들을 실행 및 운영하는 프로세스이다.

프로젝트 작업 감시 및 통제(PMBOK 4.4)는 감시 및 통제 프로세스 그룹으로 프로젝트 관리 계획서에 정의된 성과 목표를 달성하기 위해 프로젝트의 진행 사항을 추적하고 검토 및 보고하는 프로세스이다. 프로젝트 관리 계획과 실제 프로젝트 성과를 비교하여 변경 요청 및 리스크 관리와 의사결정과 관련된 예측치를 생성한다. 이해관계자들이 프로젝트의 현재 상태와 시정 조치 및 원가, 일정, 범위에 대한 예측치를 공유하도록 하는 프로세스이다. 통합 변경 통제 수행(PMBOK 4.5)에서는 프로젝트 수행 중 발생하는 변경 요청을 검토하고, 변경 사항을 승인 및 관리한다. 프로젝트 목표 또는 계획에 대한 종합적인 검토 없이 임의 변경으로 발생할 수 있는 프로젝트 리스크를 줄이고, 문서화된 변경 사항들을 통합된 방식으로 고려할 수 있도록 한다. 승인된 변경 사항들만이 기준선에 통합되도록 보장한다.

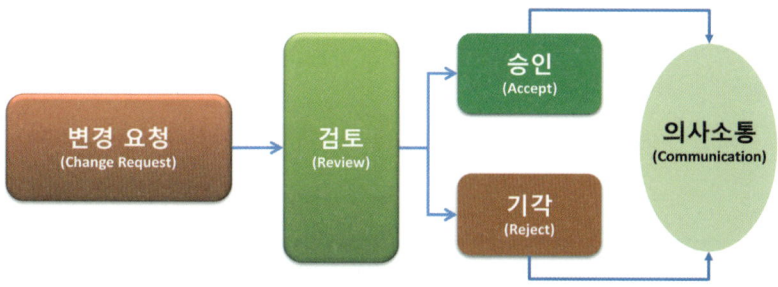

■ 통합 변경 통제 수행 흐름도

참고 **변경 요청(Change Request)**

변경은 구두 또는 문서로 요청할 수 있지만, 프로젝트팀은 문서화를 기본으로 해야 한다. 프로젝트 관리자, 프로젝트 팀원, 변경 통제 위원회(CCB: Change Control Board) 등 변경 요청을 진행하는 담당자들은 변경 통제 절차에 준하여 업무를 처리해야 한다. 통제에는 기준선을 변경하는 '변경 통제'와 제품, 서비스, 결과물의 구성 요소들에 대한 변경을 통제하는 '형상 통제'가 있다.

참고 **영향력 검토(Impact Review)**

변경 요청 시 변경 통제 위원회를 공개적으로 구성하여 변경 요청을 검토한 후, 이를 승인 또는 기각한다. 결정된 사항들은 정보 제공 및 후속 조치를 위해 이해관계자들에게 적기에 제공되어야 하며, 변경 관리 계획서에는 변경 통제 위원회의 구성, 권한 및 역할을 포함하여 위원회에서 결정된 모든 사항들을 문서화해야 한다.

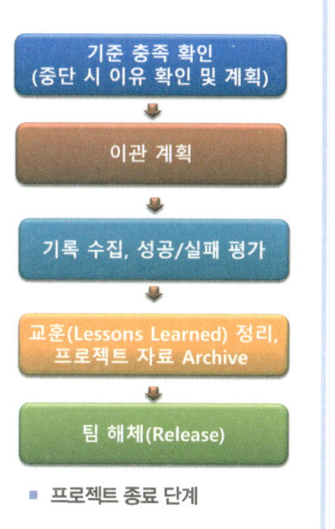

■ 프로젝트 종료 단계

프로젝트 또는 단계 종료(PMBOK 4.6)는 종료 프로세스 그룹으로 프로젝트 또는 단계를 공식적으로 완료하기 위해 프로젝트 관리 프로세스 그룹에 속한 모든 활동을 종료하는 프로세스이다.

03 프로젝트 범위 관리(Project Scope Management)

이번에는 프로젝트의 목적 중 하나인 범위 관리(PMBOK 5장)를 설명하며, 프로젝트를 성공적으로 완료하는 데 반드시 필요한 작업만 빠짐없이 프로젝트에 포함시키기 위한 프로세스를 이해할 수 있다.

Project Scope Management		
5.1 Plan Scope Management	**5.2 Collect Requirements**	**5.3 Define Scope**
Inputs - Project Management Plan - Project Charter - Enterprise Environmental Factors - Organizational Process Assets **Tools & Techniques** - Expert Judgment - Meetings **Outputs** - Scope Management Plan - Requirements Management Plan	**Inputs** - Scope Management Plan - Requirements Management Plan - Stakeholder Management Plan - Project Charter - Stakeholder Register **Tools & Techniques** - Interviews - Focus Groups - Facilitated Workshops - Group Creativity Techniques - Group Decision-making Techniques - Questionnaires and Surveys - Observations - Prototypes - Benchmarking - Context Diagrams - Document Analysis **Outputs** - Requirements Documentation - Requirements Traceability Matrix	**Inputs** - Scope Management Plan - Project Charter - Requirements Documentation - Organizational Process Assets **Tools & Techniques** - Expert Judgment - Product Analysis - Alternatives Generation - Facilitated Workshops **Outputs** - Project Scope Statement - Project Documents Updates

Project Scope Management		
5.4 Create WBS	**5.5 Validate Scope**	**5.6 Control Scope**
Inputs - Scope Management Plan - Project Scope Statement - Requirements Documentation - Enterprise Environmental Factors - Organizational Process Assets	**Inputs** - Project Management Plan - Requirements Documentation - Requirements Traceability Matrix - Verified Deliverables - Work Performance Data	**Inputs** - Project Management Plan - Requirements Documentation - Requirements Traceability Matrix - Work Performance Data - Organizational Process Assets

Tools & Techniques	Tools & Techniques	Tools & Techniques
- Decomposition - Expert Judgment	- Inspection - Group Decision-making Techniques	- Variance Analysis
Outputs		**Outputs**
- Scope Baseline - Project Documents Updates	**Outputs**	- Work Performance Information - Change Requests - Project Management Plan Updates - Project Documents Updates - Organizational Process Assets Updates
	- Accepted Deliverables - Change Requests - Work Performance Information - Project Documents Updates	

■ 범위 관리의 개요

Reference: A Guide to the Project Management Body of Knowledge, Fifth Edition(PMBOK®Guide) © 2013 Project Management Institute, Inc. All Rights Reserved.

가. 범위 관리의 개요

프로젝트를 성공적으로 완료하는 데 반드시 필요한 작업을 빠짐없이 프로젝트에 포함시키기 위한 프로세스로, 프로젝트에 포함시킬 사항과 제외시킬 사항을 정의하고 통제한다.

프로젝트 범위는 특정한 제품/서비스/결과물을 제공하기 위해 완수해야 하는 작업으로, 완료 여부는 프로젝트 관리 계획서를 기준으로 측정한다. 제품 범위(Product Scope)는 제품, 서비스, 결과물에 대해 기술하는 특징 및 기능을 의미하고, 제품 범위의 완료 여부는 제품 요구사항을 기준으로 측정한다.

나. 범위 관리 프로세스의 이해

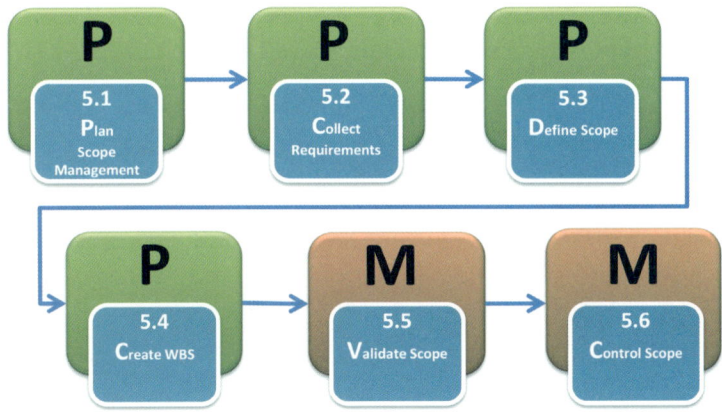

■ 범위 관리 프로세스

범위 관리 계획 수립(PMBOK 5.1)은 기획 프로세스 그룹으로 프로젝트 범위를 정의, 확인, 통제하는 방법을 기술하는 범위 관리 계획서를 생성하는 프로세스이다.

요구사항 수집(PMBOK 5.2)은 프로젝트 목표를 달성하기 위해 이해관계자의 요구사항을 파악하여 문서화하고 관리하는 프로세스이다. 요구사항 문서를 산출물로 가진다. 요구사항은 작업 분류 체계의 기반이 되며 일정, 원가, 품질 계획은 물론, 경우에 따라서는 조달 계획도 이러한 요구사항을 근거로 수립하게 된다. 요구사항 개발은 프로젝트 헌장, 이해관계자 등록부, 이해관계자 관리 계획서에 포함되어 있는 관리 계획서를 분석하면서 시작된다.

> **tip 요구사항 문서(Requirements Documentation)**
>
> 개별 요구사항이 어떻게 프로젝트의 비즈니스 요구를 충족하는지를 설명한 문서다. 프로젝트 초기에는 상위 수준에서 시작되어 파악되는 요구사항이 늘어남에 따라 점진적으로 구체화된다.

범위 정의(PMBOK 5.3)는 프로젝트와 제품에 대한 상세 설명서를 개발하는 프로세스로, 프로젝트에 포함시킬 요구사항과 제외시킬 요구사항을 정의하는 것이다. 여기에서는 프로젝트 범위 기술서(Project Scope Statement)를 생성한다.

> **tip 프로젝트 범위 기술서**
>
> 프로젝트의 범위, 주요 인도물, 가정 및 제약사항을 기술한 문서다. 제품 범위와 프로젝트 범위를 기술하며, 인도물과 인도물을 만들기 위해 필요한 작업을 상세히 기술한다. 실행 단계에서는 프로젝트팀의 작업 방향을 안내하고, 변경 요청에 대해 프로젝트 범위에 포함되는지의 여부를 판단하는 근거가 된다.

WBS 작성(PMBOK 5.4)은 프로젝트 인도물과 프로젝트 작업(Work)을 더 작고 관리 가능한 상태로 세분화하는 프로세스이다. 이때 작업은 활동의 개념이 아니라 활동의 결과물을 의미한다. WBS는 프로젝트팀이 프로젝트의 목표를 달성하고, 필요한 인도물을 산출하기 위해 전체 작업 범위를 계층 구조로 세분해 놓은 계통도이다. WBS의 하위 수준으로 내려갈수록 점차 상세하게 정의된다.

> **tip 범위 기준선(Scope Baseline)**
>
>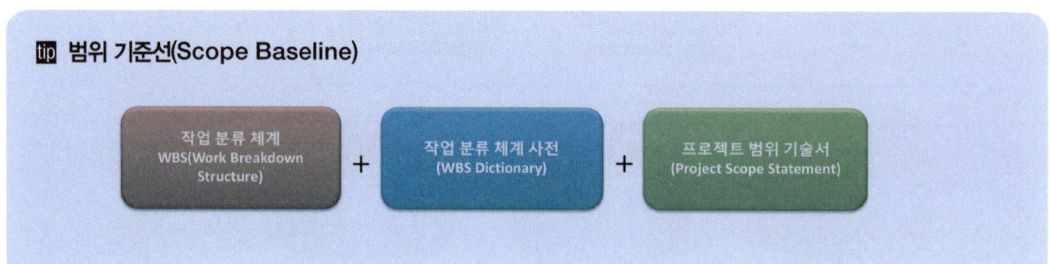

■ 용어 설명

구분	특징 및 설명
작업 패키지(Work Package)	• 작업 분류 체계의 최하위 수준을 의미
기획 패키지(Planning Package)	• 작업 내용은 파악되었지만 세부 일정은 가지고 있지 않은 상세 미분류 패키지
통제 단위(Control Account)	• 성과 측정을 위해 범위, 예산, 원가, 일정이 통합되고, 획득 가치와 비교되는 관리 통제 지점

분할(Decomposition)	• 프로젝트 범위와 프로젝트 인도물을 더 작고, 관리 가능한 수준으로 세분화하는 기법
작업 분류 체계 사전 (WBS Dictionary)	• 작업 분류 체계의 각 구성요소인 통제 단위, 작업 패키지에 대한 상세한 인도물, 활동, 일정 정보를 제공하는 문서
연동 기획(Rolling Wave Planning)	• 빠른 시일 내에 완료할 작업은 상세히 계획하고, 먼 미래의 작업은 상위 수준에서만 계획하는 기법
MECE (Mutually Exclusive Collectively Exhaustive)	• 서로 중복되지 않고, 전체를 모을 경우 누락이 없는 상태를 의미

범위 검증(PMBOK 5.5)은 감시 및 통제 프로세스 그룹으로 완료된 프로젝트 인도물의 인수를 공식화하는 프로세스이다. 고객 또는 스폰서는 검증된 인도물이 만족스러운 수준으로 완료되었는지를 검토하고, 공식적으로 인수하게 된다. 인수 프로세스에 대한 객관적 타당성을 제시하고, 각 인도물을 확인함으로써 최종 제품, 서비스, 결과물 인수의 가능성을 높일 수 있다.

범위 통제(PMBOK 5.6)는 감시 및 통제 프로세스 그룹으로 프로젝트 범위와 제품 범위의 상태를 감시하고, 범위 기준선을 변경, 관리하는 프로세스이다. 범위 기준선은 프로젝트 전반에 걸쳐 유지 및 관리되어야 하며, 범위 추가(Scope Creep)는 지양하여야 한다.

> **tip 범위 추가(Scope Creep)**
> 제품이나 프로젝트 범위에 대한 통제되지 않은 변경(Uncontrolled Change)으로, 공식적인 변경 절차 없이 계약 범위 이상의 작업을 요구하는 것을 의미한다.

04 프로젝트 일정 관리(Project Time Management)

이번에는 시간 관리 지식 영역(PMBOK 6장)의 일정 관리 계획 수립, 활동 정의, 활동 순서 배열, 활동 자원 산정, 활동 기간 산정, 일정 개발, 일정 통제의 프로세스를 설명하고, 일정 자료, 일정 모델, 프로젝트 일정의 의미를 이해할 수 있다.

이 장은 PMBOK의 5가지 프로세스 그룹 중 기획 프로세스 그룹과 감시 및 통제 프로세스 그룹으로 구성되어 있다.

가. 일정 관리의 개요

일정 관리란, 프로젝트를 적시에 완료하도록 프로젝트를 관리하는 데 필요한 프로세스이다. 넓은 의미로는 고객과 공식적으로 약속한 범위, 비용, 품질, 시간 안에 프로젝트가 완료될 수 있도록 일정에 인적자원, 리스크, 조달을 반영하고 이해관계자와 의사소통을 원활하게 진행하여 일정을 관리하는 것이다.

기획 프로세스 그룹의 일정 관리 계획 수립, 활동 정의, 활동 순서 배열, 활동 자원 산정, 활동 기간 산정, 일정 개발과 감시 및 통제 프로세스 그룹의 일정 통제로 구성되어 있다.

Project Time Management		
6.1 Plan Schedule Management	**6.3 Define Activities**	**6.3 Sequence Activities**
Inputs - Project Management Plan - Project Charter - Enterprise Environmental Factors - Organizational Process Assets **Tools & Techniques** - Expert Judgment - Analytical Techniques - Meetings **Outputs** - Schedule Management Plan	**Inputs** - Schedule Management Plan - Scope Baseline - Enterprise Environmental Factors - Organizational Process Assets **Tools & Techniques** - Decomposition - Rolling Wave Planning - Expert Judgment **Outputs** - Activity List - Activity Attributes - Milestone List	**Inputs** - Schedule Management Plan - Activity List - Activity Attributes - Milestone List - Project Scope Statement - Enterprise Environmental Factors - Organizational Process Assets **Tools & Techniques** - Precedence Diagramming Method(PDM) - Dependency Determination - Leads and Lags **Outputs** - Project Schedule Network Diagrams - Project Documents Updates

Project Time Management			
6.4 Estimate Activity Resources	**6.5 Estimate Activity Durations**	**6.6 Develop Schedule**	**6.7 Control Schedule**
Inputs - Schedule Management Plan - Activity List - Activity Attributes - Resource Calendars - Risk Register - Activity Cost Estimates - Enterprise Environmental Factors - Organizational Process Assets	**Inputs** - Schedule Management Plan - Activity List - Activity Attributes - Activity Resource Requirements - Resource Calendars - Project Scope Statement - Risk Register - Resource Breakdown Structure - Enterprise Environmental Factors - Organizational Process Assets	**Inputs** - Schedule Management Plan - Activity List - Activity Attributes - Project Schedule Network Diagrams - Activity Resource Requirements - Resource Calendars - Activity Duration Estimates - Project Scope Statement - Risk Register - Project Staff Assignments - Resource Breakdown Structure - Enterprise Environmental Factors - Organizational Process Assets	**Inputs** - Project Management Plan - Project Schedule - Work Performance Data - Project Calendars - Schedule Data - Organizational Process Assets

Tools & Techniques	**Tools & Techniques**	**Tools & Techniques**	**Tools & Techniques**

- Expert Judgment
- Alternative Analysis
- Published Estimating Data
- Bottom - up Estimating
- Project Management Software
 	
Outputs
- Activity Resource Requirements
- Resource Breakdown Structure
- Project Documents Updates
	- Expert Judgment
	- Analogous Estimating
	- Parametric Estimating
	- Three - point Estimating
	- Group Decision - making
	  Techniques
	- Reserve Analysis
	
	Outputs
	- Activity Duration Estimates
	- Project Documents Updates
		- Schedule Network Analysis
		- Critical Path Method
		- Critical Chain Method
		- Resource Optimization
		  Techniques
		- Modeling Techniques
		- Leads and Lags
		- Schedule Compression
		- Scheduling Tool
		
		Outputs
		- Schedule Baseline
		- Project Schedule
		- Schedule Data
		- Project Calendars
		- Project Management Plan
		  Updates
		- Project Documents Updates
			- Performance Reviews
			- Project Management Software
			- Resource Optimization
			  Techniques
			- Modeling Techniques
			- Leads and Lags
			- Schedule Compression
			- Scheduling Tool
			
			Outputs
			- Work Performance Information
			- Schedule Forecasts
			- Change Requests
			- Project Management Plan
			  Updates
			- Project Documents Updates
			- Organizational Process Assets
			  Updates

■ 일정 관리의 개요

Reference: A Guide to the Project Management Body of Knowledge, Fifth Edition(PMBOK®Guide) © 2013 Project Management Institute, Inc. All Rights Reserved.

나. 일정 관리 프로세스의 이해

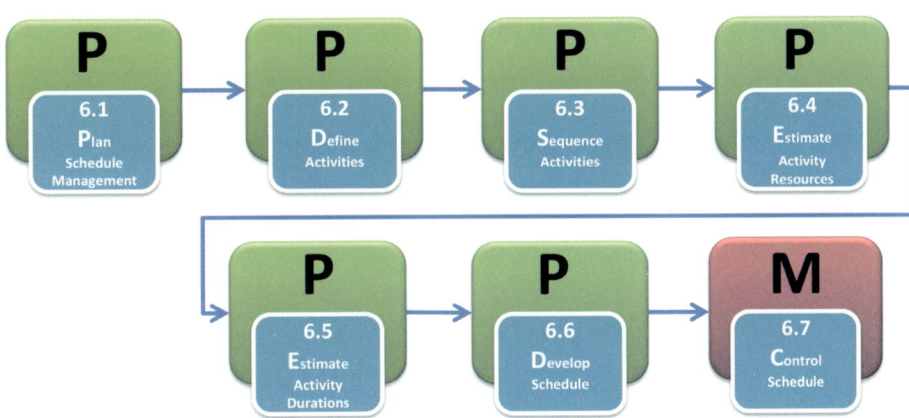

■ 일정 관리 프로세스

❶ 일정 관리 계획 수립(Plan Schedule Management)

PMBOK의 5가지 프로세스 그룹 중 기획 프로세스 그룹에 속해 있는 일정 관리 계획 수립(PMBOK6.1)은 프로젝트에 적용할 일정 관리 계획을 수립하는 프로세스이다. 일정 관리 계획은 전사적 표준 프로세스에서 제공할 수도 있지만, 구체적으로 누가, 언제, 어떤 리스크 관리 활동을 통해 일정 관리를 수행할 것인지는 프로젝트팀에서 정의해야 한다. 일정 관리 계획 수립은 일정 관리 절차만 정의하고, 일정 관리 계획서를 산출물로 가진다.

구분	특징 및 설명
프로젝트 일정 모델 개발(ProjectSchedule Model Development)	프로젝트 일정 모델 개발에 사용되는 일정 수립 방법론과 도구를 명시
정확도 수준(Level of Accuracy)	실제 활동 기간 산정치를 결정하는 데 사용되는 허용 가능한 범위를 지정하며, 우발사태에 대한 기간을 포함
측정 단위(Units of Measure)	각 자원의 측정치에 사용할 단위를 정의
조직 절차 연계(Organizational Procedures Links)	작업 분류 체계가 일정 관리 계획서의 바탕이 되므로 산정치 및 생성된 일정들은 조직의 절차와 일관성을 유지
통제 한계선(Control Thresholds)	일정 성과 감시에 필요한 편차(Variance) 한계선 지정
성과 측정 규칙(Rulesof Performance Measurement)	성과 측정에 사용할 규칙을 설정 EVM, Percent Complete(0/100,50/50), 마일스톤
보고서 형식(Report Formats)	보고서의 형식과 주기를 정의
프로세스 설명(Process Descriptions)	각 일정 관리 프로세스에 대한 설명

❷ 활동 정의(Define Activities)

PMBOK의 5가지 프로세스 그룹 중 기획 프로세스 그룹에 속해 있는 활동 정의(PMBOK 6.2)는 프로젝트 인도물을 산출하기 위해 수행할 활동 등을 파악하는 프로세스이다. 작업 분류 체계 작성(PMBOK 5.4) 프로세스에서는 작업 분류 체계 최하위 수준에 해당하는 인도물을 작업 패키지(Work Package)로 분할한다. 반면, 활동 정의 프로세스에서는 작업 패키지들을 각각의 활동으로 분할한다. 활동 정의에서는 활동 목록(Activity List), 활동 속성(Activity Attributes), 마일스톤 목록(Milestone List)을 산출물로 가진다.

> **tip 가정사항(Assumptions)**
> 현재 시점에 실제로 발생하지는 않았지만, 사실과 같이 인정해야 할 상황을 정의한 것

> **tip 제약사항(Constraints)**
> 프로젝트에 연관된 모든 이해관계자가 인정하고 해결해야 할 경계를 의미

> **tip '관리 가능하다(Manageable)'라는 의미**
> 계획을 세울 수 있고, 감시 및 통제가 가능한 상태를 의미한다. 계량화, 계수화가 필수적이며, 측정 가능해야 한다.

❸ 활동 순서 배열(Sequence Activities)

PMBOK의 5가지 프로세스 그룹 중 기획 프로세스 그룹에 속해 있는 활동 순서 배열(PMBOK 6.3)은 프로젝트 인도물을 산출하기 위한 활동들 사이의 관계를 파악하여 문서화하는 프로세스이다. 프로젝트의 제약사항을 고려하여 최대의 효율성을 확보할 수 있도록 작업의 논리적 순서를 정의한다. 활동 순서 배열에서는 프로젝트 일정 네트워크도(Project Schedule Network Diagram)와 프로젝트 문서 갱신(Project Document Updates)을 산출물로 가진다.

❹ 활동 자원 산정(Estimate Activity Resources)

PMBOK의 5가지 프로세스 그룹 중 기획 프로세스 그룹에 속해 있는 활동 자원 산정(PMBOK 6.4)은 프로젝트를 수행하는 데 필요한 자원의 종류와 수량을 산정하는 프로세스이다. 이 프로세스는 원가 산정(PMBOK 7.2) 프로세스와 긴밀한 연관관계가 있다. 활동을 완료하기 위해 필요한 자원의 유형, 수량 및 특성 등을 파악하여 원가 및 기간 산정치의 정확도를 향상시킬 수 있다. 활동 자원 산정에서는 활동 자원 요구사항(Activity Resource Requirements)과 자원 분류 체계(Resource Breakdown Structure), 프로젝트 문서 갱신(Project Document Updates)을 산출물로 가진다.

■ 상향식 추정 vs 하향식 추정

구분	상향식 산정(Bottom-up Estimating)	하향식 산정(Top-down Estimating)
단계	계획이 완성되어 가는 시점	프로젝트초반
방식	각 작업별 공수, 필요 자원, 기간을 추정	전체 프로젝트 관점에서 공수, 필요 자원, 기간을 추정
과정	복잡하고 시간이 많이 소요됨	비교적 간단함
정확도	정확도 높음	정확도 낮음
담당자	개별 작업 담당자	경험자, 전문가, 프로젝트 관리자

❺ 활동 기간 산정(Estimate Activity Durations)

PMBOK의 5가지 프로세스 그룹 중 기획 프로세스 그룹에 속해 있는 활동 기간 산정(PMBOK 6.5)은 활동 자원 산정(PMBOK 6.4)에서 산정된 자원을 바탕으로 개별 활동을 완료하는 데 필요한 작업 기간을 산정하는 프로세스이다. 프로젝트 팀원의 참여를 통해 활동 기간 산정의 정확도 및 공감대를 향상시킬 수 있다. 활동 기간 산정은 투입되는 데이터의 품질이 기간 산정의 정확도에 많은 영향을 미친다. 활동 기간 산정은 활동 기간 산정치(Activity Duration Estimates)와 프로젝트 문서 갱신(Project Document Updates)을 산출물로 가진다.

❻ 일정 개발(Develop Schedule)

PMBOK의 5가지 프로세스 그룹 중 기획 프로세스 그룹에 속해 있는 일정 개발(PMBOK 6.6)은 활동 정의(PMBOK 6.2), 활동 순서 배열(PMBOK 6.3), 활동 자원 산정(PMBOK 6.4), 활동 기간 산정(PMBOK 6.5)에서 산출된 활동 순서, 활동 기간, 자원 요구사항 및 일정 제약사항을 분석하여 프로젝트 일정 모델을 수립하는 프로세스이다. 일반적으로 일정 개발은 반복적인 프로세스이며, 승인된 프로젝트 일정은 프로젝트 진행을 추적하기 위한 기준선으로 활용된다. 일정 개발에서는 일정 기준선(Schedule Baseline)과 프로젝트 일정(Project Schedule), 일정 자료(Schedule Data), 프로젝트 달력(Project Calendar), 프로젝트 관리 계획서 갱신(Project Management Plan Updates), 프로젝트 문서 갱신(Project Document Updates)을 산출물로 가진다.

> **tip 경로 수렴(Path Convergence)**
> 프로젝트 일정 네트워크 다이어그램에서 동일한 노드에 여러 개의 병렬 네트워크 경로가 병합 또는 결합되는 것으로, 선행 활동이 두 개 이상인 활동에서 경로 수렴이 나타난다. 하나의 활동에 여러 선행 활동이 모이는 경우를 말함.

> **tip 경로 분기(Path Divergence)**
> 프로젝트 일정 네트워크 다이어그램에서 동일한 노드로부터 여러 개의 병렬 네트워크 경로가 확장 또는 생성되는 것으로, 후행 활동이 두 개 이상인 활동에서 경로 분기가 나타난다. 한 활동에서 후행 활동이 여러 개로 나뉘는 경우를 말함.

❼ 일정 통제(Control Schedule)

PMBOK의 5가지 프로세스 그룹 중 감시 및 통제 프로세스 그룹에 속해 있는 일정 통제(PMBOK 6.7)는 일정 개발(PMBOK 6.6)에서 개발된 일정 기준선을 기준으로 프로젝트 상태를 감시하여, 프로젝트의 진척 상황을 갱신하고, 일정 기준선에 대한 변경을 관리하는 프로세스이다. 일정 통제의 핵심은 일정 기준선 대비 실적의 현상 파악을 통해 원인을 분석하고, 미래에 대한 예측을 고려하여 현재 시점의 시정 조치(Corrective Action)와 미래에 대한 예방 조치(Preventive Action)를 취하는 것이다. 일정 기준선에 대한 변경은 통합 변경 통제 수행 프로세스를 통해 이루어진다. 일정 통제에서는 작업 성과 정보(Work Performance Information), 일정 예측치(Schedule Forecasts), 변경 요청(Change Requests), 프로젝트 관리 계획서 갱신(Project Management Plan Updates), 프로젝트 문서 갱신(Project Document Updates), 조직 프로세스 자산 갱신(OPA Updates)을 산출물로 가진다.

■ 성과 검토 유형

구분	특징 및 설명
추세 분석(Trend Analysis)	시간 경과에 따른 프로젝트 성과 추세를 분석
주 공정법(Critical Path Method)	주 공정 경로를 따라 진척 정도를 비교
주 공정 연쇄법(Critical Chain Method)	일정을 준수하기 위해 필요한 완충의 양과 잔여 완충의 양을 비교
획득 가치 관리(Earned Value Management)	일정 차이, 일정 성과 지수와 같은 지표를 활용하여 일정 성과를 파악

이번에는 프로젝트의 목적 중 하나인 원가 관리(PMBOK 7장)를 설명하며, 프로젝트를 승인된 예산 내에 완료할 수 있도록 원가를 기획 및 산정하고, 예산을 책정하고, 자금을 조달하며, 원가를 통제하는 프로세스를 이해할 수 있다.

Project Cost Management			
7.1 Plan Cost Management	7.2 Estimate Costs	7.3 Determine Budget	7.4 Control Costs
Inputs - Project Management Plan - Project Charter - Enterprise Environmental Factors - Organizational Process Assets **Tools & Techniques** - Expert Judgment - Analytical Techniques - Meetings **Outputs** -Cost Management Plan	**Inputs** - Cost Management Plan - Human Resource Management Plan - Scope Baseline - Project Schedule - Risk Register - Enterprise Environmental Factors - Risk Register - Organizational Process Assets **Tools & Techniques** - Expert Judgment - Analogous Estimating - Parametric Estimating - Bottom-up Estimating - Three-point Estimating - Reserve Analysis - Cost of Quality - Project Management Software - Vendor Bid Analysis - Group Decision-making Techniques **Outputs** -Activity Cost Estimates -Basis of Estimates -Project Documents Updates	**Inputs** - Cost Management Plan - Scope Baseline - Activity Cost Estimate - Basis of Estimates - Project Schedule - Resource Calendars - Risk Register - Agreements - Organizational Process Assets **Tools & Techniques** - Cost Aggregation - Reserve Analysis - Expert Judgment - Historical Relationships - Funding Limit Reconciliation **Outputs** - Cost Baseline - Project Funding Requirements - Project Documents Updates	**Inputs** - Project Management Plan - Project Funding Requirements - Work Performance Data - Organizational Process Assets **Tools & Techniques** - Earned Value Management - Forecasting - To-complete Performance Index(TCPI) - Performance Reviews - Project Management Software - Reserve Analysis **Outputs** - Work Performance Information - Cost Forecasts - Change Requests - Project Management Plan Updates - Project Documents Updates - Organizational Process Assets Updates

■ 원가 관리 개요

Reference: A Guide to the Project Management Body of Knowledge, Fifth Edition(PMBOK®Guide) © 2013 Project Management Institute, Inc. All Rights Reserved.

가. 원가 관리의 개요

프로젝트 관리에서 원가가 미치는 영향력은 프로젝트 초기 단계에 가장 크기 때문에 초기 범위 정의 작업이 매우 중요하다. 또한 프로젝트 원가 관리는 프로젝트 활동을 완료하는 데 필요한 자원과 결과물을 운영 및 유지보수에 필요한 추가 자원을 모두 고려해야 하는데, 이러한 개념을 'Life Cycle Costing'이라고 한다.

나. 원가 관리 프로세스의 이해

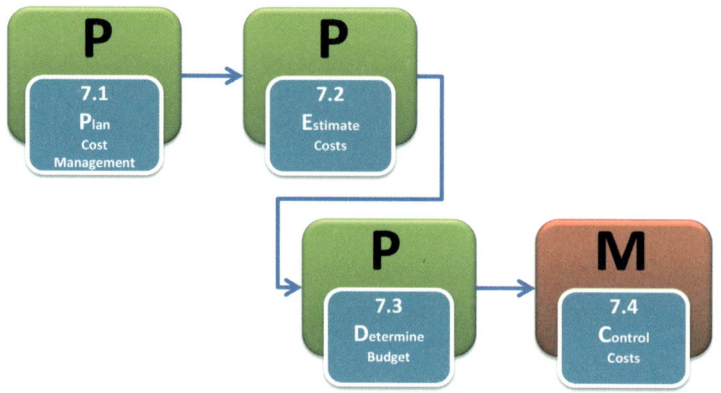

- 원가 관리 프로세스

원가 관리 계획 수립, 원가 산정, 예산 책정은 기획 프로세스 그룹이고, 원가 통제는 감시 및 통제 프로세스 그룹이다.

원가 관리 계획 수립(PMBOK 7.1)은 기획 프로세스 그룹으로 프로젝트 원가를 계획, 관리, 지출, 통제하기 위한 방침과 절차를 수립하고, 이를 문서화하여 원가 관리 계획서를 생성하는 프로세스이다. 프로젝트에서 원가를 관리하는 방법에 대한 지침 및 방향을 제공한다. 통제 한계선과 성과 측정 규칙 등을 산출물로 가진다.

---

tip 산정치의 정확도

프로젝트 생애주기를 거치면서 원가 산정치의 정확도가 높아짐.

구분	오차 범위
개략적 산정(Rough Order of Magnitude Estimates)	• 산정치의 정확도: −25% ∼+75%
예산 산정(Budget Estimates)	• 산정치의 정확도: −10% ∼+25%
확정적 산정(Definitive Estimates)	• 산정치의 정확도: −5% ∼+10%

원가 산정(PMBOK 7.2)은 프로젝트 활동을 완료하는 데 필요한 금전적 자원의 근사치를 산정하는 프로세스이다. 활동 원가 산정치를 산출물로 가진다. 자원 유형, 수량, 기간, 시기를 알아야 정확한 원가 산정이 가능하며, 산정치의 정확도는 일반적으로 프로젝트가 진행될수록 증가한다.

원가 산정(PMBOK 7.2) 프로세스에서는 유사 산정, 모수 산정, 상향식 산정, 3점 산정, 전문가 판단, 예비 분석, 집단 의사결정 기법, 품질 비용, 공급 업체 입찰 분석, 프로젝트 관리 소프트웨어를 도구 및 기법으로 활용한다.

■ 원가 산정 기법

구분	특징 및 설명
유사 산정(Analogous Estimating)	• 과거 유사 프로젝트의 실제 원가가 향후 원가 산정의 기준이 됨 • 단시간 내에 원가 산정 가능 • 프로젝트 초기에 프로젝트 상세 정보가 부족한 경우 사용 • 다른 기법에 비해 시간과 비용이 적게 들지만, 정확도가 떨어짐
모수 산정(Parametric Estimating)	• 선례 데이터와 기타 변수 사이의 통계적 관계를 이용하여 프로젝트 작업에 대한 원가 산정치를 계산 • 투입된 기초 데이터의 정교한 정도에 따라 정확도 높은 결과 산출 가능 • 유사 산정보다는 정확함
상향식 산정(Bottom-up Estimating)	• 작업 패키지의 원가를 추정한 후, 이를 합산하여 상위 레벨의 원가를 추정하는 방식 • 작업 패키지의 규모와 복잡성에 따라 정확도가 달라짐 • 시간이 많이 소요되지만 정확한 원가 산정이 가능
3점 산정(Three-Point Estimating)	• 최빈치, 낙관치, 비관치를 이용한 프로그램 평가 및 검토 기법 기반의 산정 기법 • 산정의 불확실성과 리스크를 고려한 기법 • 세 가지 산정치를 이용하여 원가에 대한 대략적인 범위를 정의 • 단일 지점 원가 산정치의 정확도를 높일 수 있음
전문가 판단	• 과거 유사 프로젝트 수행 경험을 통한 하향식 산정 기법 • 인건비, 자재 원가, 물가 상승, 리스크 등에 대해 경험 기반의 정보를 제공 • 세부 활동별 개별 원가 산정은 어려움

예산 책정(PMBOK 7.3)은 개별 활동 또는 작업 패키지로 산정된 원가를 합산하여 승인된 원가 기준선을 설정하는 프로세스이다. 프로젝트 예산은 원가 기준선과 관리 예비비로 구성된다.

예산 책정 프로세스에서는 원가 합산, 자금 한도 조정, 전문가 판단, 선례 관계, 예비 분석을 도구 및 기법으로 활용한다.

■ 예산 책정 프로세스의 도구 및 기법

구분	특징 및 설명
원가 합산(Cost Aggregation)	• 작업 분류 체계에 따라 작업 패키지별 원가 산정치를 합산
자금 한도 조정(FundingLimit Reconciliation)	• 총 자금 요구 사항 = 원가 기준선 + 관리 예비비 • 자금 지출은 자금 한도에 맞춰 조정
전문가 판단	• 전문가의 판단을 예산 책정에 활용
선례 관계(Historical Relationships)	• 전체 프로젝트 원가를 예측하기 위해 수학적 모델을 개발
예비 분석(Reserve Analysis)	• 예비 분석을 통해 프로젝트에 대한 우발사태 예비비와 관리 예비비를 수립

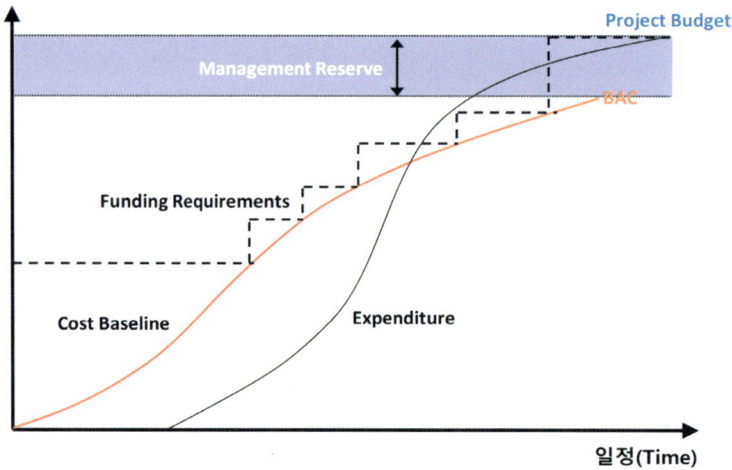

누적원가(Cumulative Value)

- 프로젝트 예산

7.4장의 원가 통제는 감시 및 통제 프로세스 그룹으로 프로젝트 상태를 감시하면서 프로젝트 예산을 갱신하고 원가 기준선에 대한 변경을 관리하는 프로세스이다. 원가 통제 프로세스에서는 획득 가치 관리 방식을 이용하여 계획 대비 실적의 편차를 바탕으로 완료 시점의 추정치를 예측한다.

원가 통제 프로세스에서는 획득 가치 관리, 예측, 완료 성과 지수, 성과 검토, 프로젝트 관리 소프트웨어, 예비 분석을 도구 및 기법으로 활용한다.

프로젝트 누적 원가

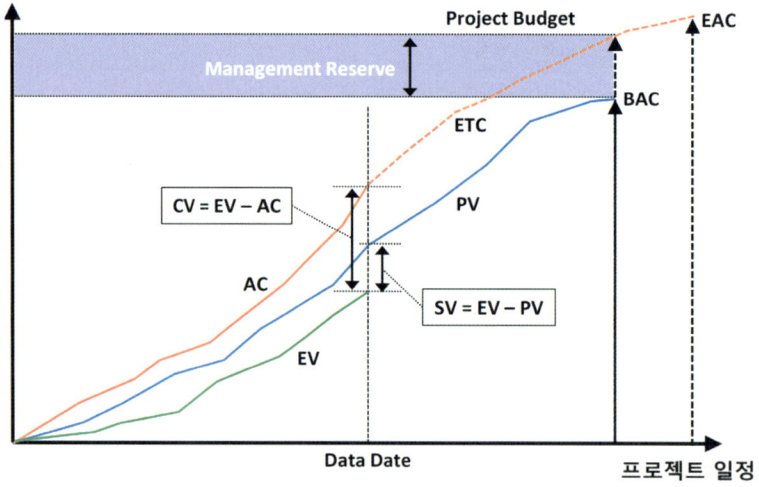

- 획득 가치 관리

■ 획득 가치 관리의 측정 요소

구분	특징 및 설명
계획 가치(PV: Planned Value)	• BCWS(Budgeted Cost of Work Scheduled) • 특정 시점까지 완료해야 할 작업의 가치
실제 원가(AC: Actual Cost)	• ACWP(Actual Cost of Work Performed) • 특정 시점까지 완료한 작업에 투입된 원가
획득 가치(EV: Earned Value)	• BCWP(Budgeted Cost of Work Performed) • 특정 시점까지 실제로 완료한 작업의 가치

■ 획득 가치 관리의 분석 요소

구분	특징 및 설명
원가 차이 (CV: Cost Variance)	• CV = EV ﹣AC • 특정 시점까지 완료된 작업의 가치와 투입된 원가의 차이 • 음수인 경우 원가가 초과되고 있음을 의미
일정 차이 (SV: Schedule Variance)	• SV = EV ﹣PV • 특정 시점까지 완료된 작업과 완료해야 할 작업의 차이 • 음수인 경우 일정이 지연되고 있음을 의미
원가 성과 지수 (CPI: Cost Performance Index)	• CPI = EV / AC • 작업에 대한 원가 생산성(원가 효율성) • 1보다 작은 경우 완료된 작업이 원가를 초과함을 의미
일정 성과 지수 (SPI: Schedule Performance Index)	• SPI = EV / PV • 작업에 대한 일정 생산성(일정 효율성) • 1보다 작은 경우 계획보다 적은 작업이 수행되었음을 의미

■ 획득 가치 관리의 예측 요소

구분	특징 및 설명
잔여 분산 정치(ETC: Estimate to Complete)	• 남아 있는 작업을 완료하기 위해 예상되는 원가 • ETC = BAC ﹣EV • 현재까지의 CPI가 향후에도 지속될 것으로 예상되는 경우 ETC = (BAC ﹣EV) / CPI • CPI와 SPI를 모두 고려하는 경우 • ETC = (BAC ﹣EV) / (CPI X SPI)남아 있는 작업을 완료하기 위해 예상되는 원가 • ETC = BAC ﹣EV • 현재까지의 CPI가 향후에도 지속될 것으로 예상되는 경우 ETC = (BAC ﹣EV) / CPI • CPI와 SPI를 모두 고려하는 경우 ETC = (BAC ﹣EV) / (CPI X SPI)
완료 시점 산정치(EAC: Estimate at Completion)	• EAC = AC + ETC • 모든 작업을 완료하기 위해 예상되는 총 원가 • 실제 원가와 잔여분 산정치를 합산하여 계산
완료 성과 지수(TCPI: To Complete Performance Index)	• 프로젝트 목표를 달성하기 위해 잔여 작업에서 유지해야 하는 생산성(효율성) • 계획 원가를 유지할 수 있는 경우 TCPI = (BAC − EV) / (BAC − AC) • 계획 원가를 유지하기 어려운 경우 TCPI = (BAC − EV) / (EAC − AC)

프로젝트 품질 관리(Project Quality Management)

이번에는 프로젝트의 목적 중 하나인 품질 관리(PMBOK 8장)를 설명하며, 프로젝트의 요구사항을 충족할 수 있도록, 품질 정책, 품질 목표, 품질 책임사항을 결정하고 관리하는 프로세스를 이해할 수 있다.

Project Quality Management		
8.1 Plan Quality Management	**8.2 Perform Quality Assurance**	**8.3 Control Quality**
Inputs - Project Management Plan - Stakeholder Register - Risk Register - Requirements Documentation - Enterprise Environmental Factors - Organizational Process Assets **Tools & Techniques** - Cost-benefit Analysis - Cost of Quality - Seven Basic Quality Tools - Benchmarking - Design of Experiments - Statistical Sampling - Additional Quality Planning Tools - Meetings **Outputs** - Quality Management Plan - Process Improvement Plan - Quality Checklists - Project Documents Updates	**Inputs** - Quality Management Plan - Process Improvement Plan - Quality Metrics - Quality Control Measurements - Project Documents **Tools & Techniques** - Quality Management and Control Tools - Quality Audits - Process Analysis **Outputs** - Change Requests - Project Management Plan Updates - Project Documents Updates - Organizational Process Assets Updates	**Inputs** - Project Management Plan - Quality Metrics - Quality Checklists - Work Performance Data - Approved Change Requests - Deliverables - Project Documents - Organizational Process Assets **Tools & Techniques** - Seven Basic Quality Tools - Statistical Sampling - Inspection - Approved Change Requests Review **Outputs** - Quality Control Measurements - Validated Changes - Verified Deliverables - Work Performance Information - Change Requests - Project Management Plan Updates - Project Documents Updates - Organizational Process Assets Updates

■ 품질 관리 개요

Reference: A Guide to the Project Management Body of Knowledge, Fifth Edition(PMBOK®Guide) © 2013 Project Management Institute, Inc. All Rights Reserved.

가. 품질 관리의 개요

품질 관리는 프로젝트와 프로젝트 인도물의 품질 관리를 모두 의미하며, 품질 관리는 조직 전체에 많은 영향을 미친다.

품질(Quality)과 등급(Grade)은 서로 다른 개념이다. 품질은 기본 특성이 요구사항을 충족하는 정도를 의미하고, 등급은 기능 상 용도는 같지만, 기술적 특성은 다른 인도물에 지정된 범주를 의미한다. 일반적으로 낮은 품질 수준은 문제가 되지만, 낮은 품질 등급은 문제가 되지 않을 수도 있다.

프로젝트 관리자와 프로젝트팀은 인도물을 인도하는 데 요구되는 품질과 등급 수준의 절충점(Trade-off)을 관리할 책임이 있다.

나. 품질 관리 프로세스의 이해

■ **품질 관리 프로세스**

품질 관리 계획 수립은 기획 프로세스 그룹이고, 품질 보증 수행은 실행 프로세스 그룹이며, 품질 통제는 감시 및 통제 프로세스 그룹이다.

품질 관리 계획 수립(PMBOK 8.1)은 기획 프로세스 그룹으로 프로젝트와 인도물에 대한 품질 요구 사항 및 품질 표준을 식별하고, 프로젝트에서 이를 준수하는 방법을 문서화하는 프로세스이다. 품질 표준은 제품의 표준과 프로세스의 표준으로 구분되며, 품질 정책은 경영진의 품질 관리 방법 구현에 대한 회사의 추진 방향을 설정해 놓은 것이다. 품질 관리 계획 수립의 핵심은 프로젝트의 품질을 관리하고 확인하는 방법에 대한 방향 및 지침을 제공하는 것이다.

품질 관리 계획 수립 프로세스에는 품질 관리 계획서, 프로세스 개선 계획서, 품질 지표, 품질 체크리스트, 프로젝트 문서 갱신을 산출물로 생성한다.

품질 관리 계획 수립에서는 품질 비용, 비용—편익 분석, 실험 계획법, 통계적 표본 추출, 7개 기본 품질 도구, 품질 기획 부가적 도구, 벤치마킹, 회의를 도구 및 기법으로 활용한다.

💡 품질 비용(Cost of Quality)

품질 목표를 달성하기 위해 필요한 비용으로 준수 비용과 비준수 비용으로 구분할 수 있다.

준수 비용(Conformance Cost)	• 실패를 피하기 위해 사용되는 비용 • 예방 비용, 평가 비용
비 준수 비용(Nonconformance Cost)	• 실패로 인해 사용되는 비용 • 내부 실패 비용, 외부 실패 비용

💡 비용—편익 분석(Cost—Benefit Analysis)

각 품질 활동에 소요되는 비용과 기대되는 편익을 분석하여 최적의 품질 수준을 계획하는 기법이다. 품질 요구사항을 충족할 경우 발생하는 편익으로는 재작업 감소, 생산성 향상, 원가 절감, 이해관계자 만족도 증가, 수익성 증대 등이 있다.

💡 실험 계획법(Design of Experiments)

제품이나 프로세스의 특정 변수에 영향을 미칠 수 있는 요인들을 식별하는 데 사용하는 통계적 기법이다. 성과에 영향을 미치는 여러 요소들을 조합하여 실험하고, 결과를 통해 변수들의 영향력을 분석한다.

💡 7대 기본 품질 도구(Seven Basic Quality Tools)

관리도 (Control Charts)	• 프로세스가 안정적인지, 성과 예측이 가능한지를 판단
인과관계도 (Cause—and—effect Diagrams)	• Fish Bone Diagram, Ishikawa Diagram이라고도 불림 • 관리도에서 찾아낸 변이에 대한 시정 조치를 찾아낼 때 유용
파레토도 (Pareto Diagrams)	• 문제를 발생시키는 주요 원인을 식별하는데 사용 • 전체 결과의 80%가 전체 원인의 20%에 의해 발생
점검표 (Check Sheets)	• 데이터를 수집하고 그룹화하는 데 사용하는 점검 목록 • 수집된 결함의 빈도 또는 결과를 파레토도로 표현 가능
산점도 (Scatter Diagrams)	• 두 변수 간의 상관관계를 보여주는 도표 • 양의 상관관계, 음의 상관관계, 제로 상관관계로 구분
히스토그램 (Histograms)	• 통계 분포의 모양, 중심 집중 경향, 분산을 보여주는 막대 차트 • 관리도와는 달리 발생 시간 순서를 고려하지 않음
흐름도 (Flow Charts)	• 프로세스의 흐름을 표시 • '프로세스 맵'이라고도 함

품질 보증 수행(PMBOK 8.2)은 실행 프로세스 그룹으로 품질 요구사항과 품질 통제의 측정 결과를 감시하여 해당하는 품질 표준과 운영 상의 정의를 사용하고 있는지를 확인하는 프로세스이다. 품질 관리 계획 수립과 품질 통제 프로세스에서 만들어진 데이터를 사용하여 심사하고 확인하는 실행 프로세스이며, 품질 보증 활동의 핵심은 품질 관리 프로세스들의 개선을 촉진하는 것이다.

품질 보증 프로세스에서는 품질 감사, 프로세스 분석, 품질 관리 및 통제 도구를 도구 및 기법으로 활용한다.

품질 통제(PMBOK 8.3)는 감시 및 통제 프로세스 그룹으로 품질 활동의 실행 결과를 감시하고 기록하면서, 성과를 평가하고 필요한 변경 권고안을 제시하는 프로세스이다. 빈약한 프로세스 또는 제품 품질의 원인을 파악하여 이를 제거하기 위한 조치를 권고하거나 실행한다.

품질 통제에서는 7대 기본 품질 도구, 검사, 통계적 표본 추출, 승인된 변경 요청 검토를 도구 및 기법으로 활용한다.

다. 현대적 품질 관리 접근법의 이해

➊ 고객 만족

* 고객 만족을 위해서는 요구사항에 대한 일치성과 용도에 대한 적합성이 모두 실현되어야 한다.

* 요구사항에 대한 일치성(Conformance to Requirements): 프로젝트가 요구하는 목표를 산출한다는 의미

* 용도에 대한 적합성(Fitness for Use): 제품 또는 서비스가 실제 필요성을 충족시킨다는 의미

➋ 검사보다 예방(Prevention over Inspection)

품질은 검사의 대상이 아니라 계획, 설계, 구축의 대상이라는 것을 명심해야 한다. 예방을 통해 발생되는 비용이 시정하는 비용보다 훨씬 적게 발생되기 때문이다.

❸ 지속적 개선(Continuous Improvement)

슈와트(Shewhart)가 정의하고 데밍(Deming)이 보완한 PDCA(Plan-Do-Check-Act) 주기가 품질 개선의 기본이다. 현재의 품질이 향후에도 보장되는 것이 아니라 고객의 기대 품질이 향상되기 때문에 지속적인 품질 개선이 필요하다는 의미이다.

❹ 경영진 책임(Management Responsibility)

프로젝트의 성공을 위해서는 성공에 적합한 능력을 가진 자원을 제공해야 하는 경영층의 책임이 필수적이다.

❺ 품질 비용(Cost of Quality)

품질 목표를 달성하기 위해 필요한 비용을 말하며, 준수 비용(Conformance Cost)과 비준수 비용(Nonconformance Cost)으로 나눌 수 있다.

07 프로젝트 인적자원 관리(Project Human Resource Management)

이번에는 프로젝트의 목적을 달성하기 위한 수단 중 하나인 인적자원 관리(PMBOK 9장)를 설명하며 프로젝트팀을 구성, 관리하고 프로젝트팀을 리드하기 위한 프로세스를 이해할 수 있다.

Project Human Resource Management			
9.1 Plan Human Resource Management	9.2 Acquire Project Team	9.3 Develop Project Team	9.4 Manage Project Team
Inputs - Project Management Plan - Activity Resource Requirements - Enterprise Environmental Factors - Organizational Process Assets **Tools & Techniques** - Organization Charts and Position Descriptions - Networking - Organizational Theory - Expert Judgment - Meetings	**Inputs** - Human Resource Management Plan - Enterprise Environmental Factors - Organizational Process Assets **Tools & Techniques** - Pre-assignment - Negotiation - Acquisition - Virtual Teams - Multi-criteria Decision Analysis	**Inputs** - Human Resource Management Plan - Project Staff Assignments - Resource Calendars **Tools & Techniques** - Interpersonal Skills - Training - Team-building Activities - Ground Rules - Colocation - Recognition and Rewards - Personnel Assessment Tools	**Inputs** - Human Resource Management Plan - Project Staff Assignments - Team Performance Assessments - Issue Log - Work Performance Reports - Organizational Process Assets **Tools & Techniques** - Observation and Conversation - Project Performance Appraisals - Conflict Management - Interpersonal Skills

Outputs	Outputs	Outputs	Outputs
- Human Resource Management Plan	- Project Staff Assignments - Resource Calendars - Project management Plan Updates	- Team Performance Assessments - Enterprise Environmental Factors Updates	- Change Requests - Project Management Plan Updates - Project Documents Updates - Enterprise Environmental Factors Updates - Organizational Process Assets Updates

■ 인적자원 관리의 개요

Reference: A Guide to the Project Management Body of Knowledge, Fifth Edition(PMBOK®Guide) © 2013 Project Management Institute. Inc. All Rights Reserved.

가. 인적자원 관리의 개요

프로젝트 인적자원 관리에서는 프로젝트를 완료하기 위해 프로젝트팀을 확보하고, 프로젝트팀을 개발 및 관리하는 것이 중요하다.

나. 인적자원 관리 프로세스의 이해

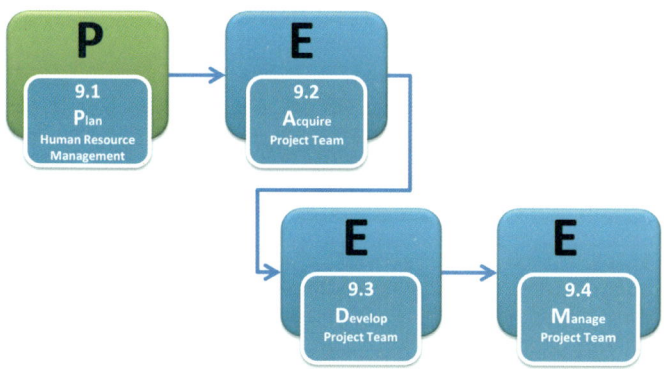

■ 인적자원 관리 프로세스

인적자원 관리 계획 수립은 기획 프로세스 그룹이고, 프로젝트팀 확보, 프로젝트팀 개발, 프로젝트팀 관리는 모두 실행 프로세스 그룹이다.

인적자원 관리 계획 수립(PMBOK 9.1)은 기획 프로세스 그룹으로 프로젝트 역할, 책임, 필요한 기량, 보고 관계를 식별하여 문서화하고, 인적자원 관리 계획서를 작성하는 프로세스이다. 프로젝트 성공을 위해 희소 자원들의 가용성 및 경쟁사항을 고려하여 인적자원 관리 계획을 수립하여야 한다.

인적자원 관리 계획 수립은 전문가 판단, 회의, 네트워킹, 조직론, 조직도와 직무 기술서를 도구 및 기법으로 활용한다.

프로젝트팀 확보(PMBOK 9.2)는 실행 프로세스 그룹으로 가용 인적자원을 확인하여 프로젝트 활동

을 완료하는 데 필요한 팀을 구성하는 프로세스이다. 팀 선정과 책임 배정을 명확히 하고, 성공적인
팀을 구성해야 한다.

프로젝트팀 확보는 사전 배정, 협상, 획득, 가상팀, 다기준 의사결정 분석을 도구 및 기법으로 활용
한다.

... 될 수 있다.

... 한다(예 개인 컨설턴트 고용, 작

... 가상팀 환경에서는 의사소

... 력, 지식, 기량, 태도, 국제적

... 상시키기 위해 팀원들
... 부터 지속적인 노력이
... 과 역량 향상, 동기부

프로젝트팀 개발에서는 대인관계 기술, 인정과 보상, 교육, 동일 장소 배치, 기본 규칙, 팀 구성 활동,
인사 평가 도구를 도구 및 기법으로 활용한다.

■ Trukman의 팀 발달 5단계

구분	특징 및 설명	
Forming(형성기)	• 서먹서먹 • 개방적이지 않음 • 역할/책임 파악	• 서로 이해하는 시간 가지기 • Directing(Telling)
Storming(혼돈기)	• 행동 방식 및 프로젝트 관리 방식 결정 • 갈등 표출	• 상호의존성이 증대
Performing(성취기)	• 신뢰 구축 시작 • 서로의 행동 조정	• 의사결정에 팀원 참여 • Participating
Norming(규범기)	• 문제 발생 시협 력적 해결 • 상호 의존적	• 팀원 • 원활하고 효과적인 이유 해결
Adjourning(휴회기)	• 작업을 완료 • 다른 프로젝트로 이동	• 프로젝트가 종료되고 팀 해산 • 프로젝트 종료

프로젝트팀 관리(PMBOK 9.4)는 실행 프로세스 그룹으로 프로젝트 성과를 최적화하기 위해 팀원의 성과를 추적하고, 피드백을 제공하며, 이슈를 해결하고 팀 변경 사항을 관리하는 프로세스이다.

• 갈등 관리: 개인 책임 → 프로젝트 관리자 지원 → 공식 절차(징계 등)

• 갈등 발생 원인: 일정 우선순위 → 희소 자원 → 개인의 작업 방식

프로젝트팀 관리에서는 관찰과 대화, 갈등 관리, 대인관계 기술, 프로젝트 성과 평가를 도구 및 기법으로 활용한다.

■ 갈등 해결 기법

구분	특징 및 설명
철회/회피(Withdrawal/Avoid)	• 다른 사람이 준비하거나 해결하도록 이슈를 연기하는 것 • 갈등 상황에서 물러나는 것 • Lose-Lose
원만한 해결/수용(Smooth/Accommodate)	• 조화와 관계를 유지하기 위해, 다른 사람의 Needs에 맞춰주는 것 • 차이를 보이는 영역보다 일치를 보이는 영역을 강조하는 것
타협/화해(Compromise/Reconcile).	• 임시적으로 혹은 부분적으로 갈등을 해결하기 위해, 모든 당사자가 어느 정도 만족할 수 있는 해결책을 모색하는 것
강요/지시(Force/Direct)	• 단지 Win-Lose 해결만 제시하는 것 • 일반적으로 비상 상황을 해결하기 위해 직급으로 강요하는 것
협력/문제해결(Collaborate/ProblemSolve)	• 여러 관점에서 다양한 통찰력과 견해를 통합하는 것 • 일반적으로 협의와 헌신을 이끌어 내기 위해서는 합리적인 태도와 솔직한 대화가 요구된다. • Win-Win

을 완료하는 데 필요한 팀을 구성하는 프로세스이다. 팀 선정과 책임 배정을 명확히 하고, 성공적인 팀을 구성해야 한다.

프로젝트팀 확보는 사전 배정, 협상, 획득, 가상팀, 다기준 의사결정 분석을 도구 및 기법으로 활용한다.

---

tip 사전 배정(Pre-assignment)

프로젝트 팀원이 미리 선정되는 경우, 사전 배정으로 간주되며, 다음의 경우에 팀원이 미리 선정될 수 있다.
- 경쟁 입찰의 일환으로 특정인의 배정이 요청되는 경우
- 프로젝트가 특정 전문가의 기술에 의존해야 하는 경우
- 프로젝트 헌장에 미리 정의되어 있는 경우

---

tip 획득(Acquisition)

조직 내부에서 필요한 인력을 공급받을 수 없을 때, 이를 외부 공급처로 부터 조달하는 것을 의미한다(예 개인 컨설턴트 고용, 작업을 외주 처리).

---

tip 가상팀(Virtual Teams)

직접 대면하는 일이 극히 적거나 없지만, 공통의 목표를 달성하기 위한 팀원들로 구성된 팀을 말한다. 가상팀 환경에서는 의사소통 계획의 중요성이 높아 진다.

---

tip 다기준 의사결정 분석(Multi-Criteria Decision Analysis)

선정 기준을 바탕으로 잠재 팀원의 순위와 점수를 산정하여 팀원을 선정한다. 가용성, 원가, 경험, 능력, 지식, 기량, 태도, 국제적 요인 등을 고려할 수 있다.

프로젝트팀 개발(PMBOK 9.3)은 실행 프로세스 그룹으로 프로젝트 성과를 향상시키기 위해 팀원들의 역량, 협력 관계, 전반적인 팀 환경을 개선하는 프로세스이다. 프로젝트 초기부터 지속적인 노력이 필요하며, 프로젝트 관리자의 역할이 매우 중요하다. 팀워크 개선, 개인의 기량과 역량 향상, 동기부여를 통해 팀의 성과를 개선시켜야 한다.

프로젝트팀 개발에서는 대인관계 기술, 인정과 보상, 교육, 동일 장소 배치, 기본 규칙, 팀 구성 활동, 인사 평가 도구를 도구 및 기법으로 활용한다.

■ Trukman의 팀 발달 5단계

구분	특징 및 설명	
Forming(형성기)	• 서먹서먹 • 개방적이지 않음 • 역할/책임 파악	• 서로 이해하는 시간 가지기 • Directing(Telling)
Storming(혼돈기)	• 행동 방식 및 프로젝트 관리 방식 결정 • 갈등 표출	• 상호의존성이 증대
Performing(성취기)	• 신뢰 구축 시작 • 서로의 행동 조정	• 의사결정에 팀원 참여 • Participating
Norming(규범기)	• 문제 발생 시 협력적 해결 • 상호 의존적	• 팀원 • 원활하고 효과적인 이유 해결
Adjourning(휴회기)	• 작업을 완료 • 다른 프로젝트로 이동	• 프로젝트가 종료되고 팀 해산 • 프로젝트 종료

프로젝트팀 관리(PMBOK 9.4)는 실행 프로세스 그룹으로 프로젝트 성과를 최적화하기 위해 팀원의 성과를 추적하고, 피드백을 제공하며, 이슈를 해결하고 팀 변경 사항을 관리하는 프로세스이다.

• 갈등 관리: 개인 책임 → 프로젝트 관리자 지원 → 공식 절차(징계 등)

• 갈등 발생 원인: 일정 우선순위 → 희소 자원 → 개인의 작업 방식

프로젝트팀 관리에서는 관찰과 대화, 갈등 관리, 대인관계 기술, 프로젝트 성과 평가를 도구 및 기법으로 활용한다.

■ 갈등 해결 기법

구분	특징 및 설명
철회/회피(Withdrawal/Avoid)	• 다른 사람이 준비하거나 해결하도록 이슈를 연기하는 것 • 갈등 상황에서 물러나는 것 • Lose–Lose
원만한 해결/수용(Smooth/Accommodate)	• 조화와 관계를 유지하기 위해, 다른 사람의 Needs에 맞춰주는 것 • 차이를 보이는 영역보다 일치를 보이는 영역을 강조하는 것
타협/화해(Compromise/Reconcile).	• 임시적으로 혹은 부분적으로 갈등을 해결하기 위해, 모든 당사자가 어느 정도 만족할 수 있는 해결책을 모색하는 것
강요/지시(Force/Direct)	• 단지 Win–Lose 해결만 제시하는 것 • 일반적으로 비상 상황을 해결하기 위해 직급으로 강요하는 것
협력/문제해결(Collaborate/ProblemSolve)	• 여러 관점에서 다양한 통찰력과 견해를 통합하는 것 • 일반적으로 협의와 헌신을 이끌어 내기 위해서는 합리적인 태도와 솔직한 대화가 요구된다. • Win–Win

다. 동기부여 이론

❶ 맥그리거(Mcgregor)의 X이론과 Y이론(Theory X and Y)

인간을 X이론(Theory X: 성악설)과 Y이론(Theory Y: 성선설)으로 구분하는 이론으로, 성악설은 사람은 항상 관리 및 통제가 필요하다는 부정적인 개념으로 접근하고, 성선설은 사람은 스스로 관리 없이도 자신의 일을 달성하기 위해 노력하며 스스로 관리할 수 있다는 긍정적인 개념으로 접근한다.

❷ 매슬로우(Maslow)의 욕구 계층제 이론(Hierarchy of Needs Theory)

인간의 욕구는 5계층으로 이루어져 있다는 이론으로, 하위 단계의 욕구가 충족되어야 다음 단계의 욕구를 추구하게 된다는 이론이다.

■ 매슬로우의 욕구 계층제 이론

❸ 허즈버그(Herzberg)의 동기/위생 요인 이론(Motivation/Hygiene Factor Theory)

Maslow의 이론에서 발전한 형태로, 만족과 불만족의 2차원적인 형태를 가지고 있다는 이론이다. 만족을 주는 요인을 동기 요인, 불만족을 주는 요인을 위생 요인으로 구분한다. 만족의 반대는 불만족이 아니며, 불만족을 야기시키는 요인과 만족을 야기시키는 요인은 서로 다르다고 주장하는 이론이다.

동기 요인(Motivation Factor): 인정, 성과, 책임감 등

위생 요인(Hygiene Factor): 회사 정책, 대인관계, 작업 환경, 급여 등

❹ 맥클렌드(McClelland)의 3가지 욕구 이론(Three Needs Theory)

3가지 종류의 욕구가 인간의 행동의 80%를 설명한다는 이론으로, 매슬로우의 5가지 욕구 중 상위 욕구에 해당한다.

- 성취 욕구(Need for Achievement)

- 권력 욕구(Need for Power)

- 친교 욕구(Need for Affiliation)

■ McClelland의 3가지 욕구 이론

구분	특징 및 설명
성취 욕구(Need for Achievement)	• 높은 목표를 설정한 후 그것을 달성하려고 노력하는 욕구로, 사회 활동을 통해 습득되는 욕구다.
권력 욕구(Need for Power)	• 사람들을 통제하고 싶어하는 욕구로 일반적으로, 권력 욕구가 높은 사람은 성취 욕구도 높다고 알려져 있다.
친교 욕구(Need for Affiliate)	• 사람과의 관계를 중요시하며 관계가 좋지 못할 경우 심한 스트레스를 받기도 한다. • 의사소통이 많은 집단적 과업에 적당하다.

❺ 기대 이론(Expectancy Theory)

기대 이론이 일반적으로 팀원들이 성과를 달성할 것이라 믿고, 그 성과에 대해 정당한 보상을 받을 것이라고 믿는다면, 그들이 기대한 대로 그들이 달성하려고 하는 결과물을 산출할 것이라는 이론이다.

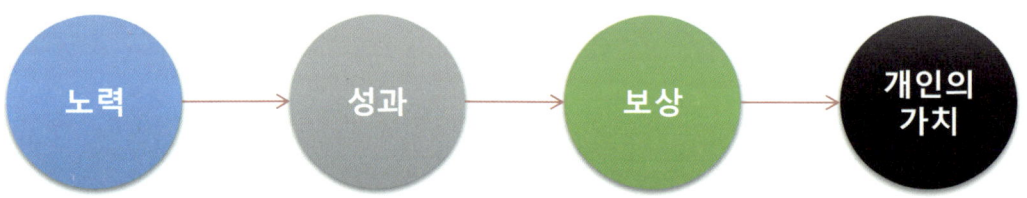

■ 기대 이론

구분	특징 및 설명
성취욕구(Need for Achievement)	• 높은 목표를 설정한 후, 그것을 달성하려고 노력하는 욕구로 사회 활동을 통해 습득되는 욕구다.
권력욕구(Needfor Power)	• 사람들을 통제하고 싶어하는 욕구로, 일반적으로 권력욕구가 높은 사람은 성취욕구도 높다고 알려져 있다.
친교욕구(Need for Affiliate)	• 사람과의 관계를 중요시하며 관계가 좋지 못할 경우 심한 스트레스를 받기도 한다. • 의사소통이 많은 집단적 과업에 적당하다.

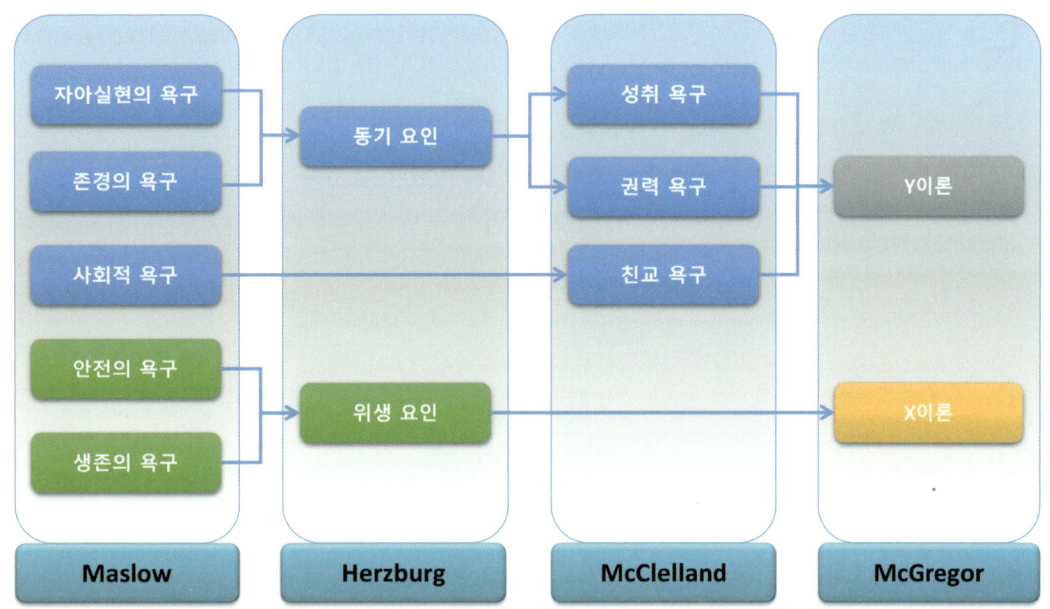

■ 동기부여 이론의 상관관계

라. 프로젝트 관리자의 권력

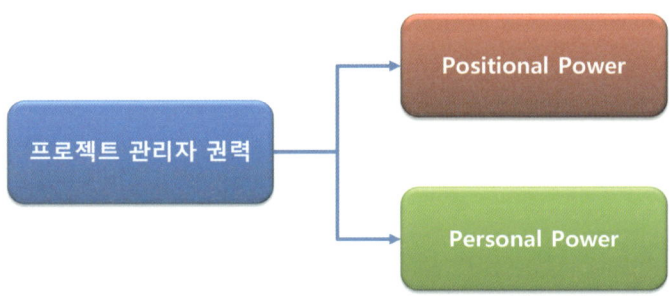

■ 프로젝트 관리자의 권력

구분		내용
Positional Power	Formal(Legitimate)	업무 분장 작업 지시
	Reward	인센티브, 해외교육
	Penalty(Coercive)	부정적 보상
Personal Power	Expert	기술적 전문성
	Referent(Role Model)	인간적인 호감, 신뢰

이번에는 의사소통 관리(PMBOK 10장)를 설명하며, 프로젝트 정보 관리를 통해 이해관계자들과의 원활한 의사소통을 이끌어 나갈 수 있는 프로세스를 이해할 수 있다.

Project Communication Management		
10.1 Plan Communications Management	10.2 Manage Communications	10.3 Control Communications
Inputs - Project Management Plan - Stakeholder Register - Enterprise Environmental Factors - Organizational Process Assets	**Inputs** - Communications Management Plan - Work Performance Reports - Enterprise Environmental Factors - Organizational Process Assets	**Inputs** - Project Management Plan - project Communications - Issue Log - Work Performance Data - Organizational Process Assets
Tools & Techniques - Communication Requirements Analysis - Communication Technology - Communication Models - Communication Methods - Meetings	**Tools & Techniques** - Communication Technology - Communication Models - Communication Methods - Information Management Systems - Performance Reporting	**Tools & Techniques** - Information Management Systems - Expert Judgment - Meetings
Outputs - Communications Management Plan - Project Documents Updates	**Outputs** - Project Communications - Project Management Plan Updates - Project Documents Updates - Organizational Process Assets Updates	**Outputs** - Work Performance Information - Change Requests - Project Management Plan Updates - Project Documents Updates - Organizational Process Assets Updates

■ 의사소통 관리의 개요

Reference: A Guide to the Project Management Body of Knowledge, Fifth Edition(PMBOK®Guide) © 2013 Project Management Institute, Inc. All Rights Reserved.

가. 의사소통 관리의 개요

의사소통 관리는 프로젝트의 성공적인 완료를 위해 이해관계자들과 프로젝트 정보의 기획, 수집, 생성, 배포, 저장, 검색, 관리, 통제, 감시를 통해 이해관계자 간 의사소통이 가능하도록 관리하는 것이다. 의사소통 활동은 다음과 같은 다양한 특성들을 가지고 있다.

① 내부(Internal) 및 외부(External)

② 수직(Vertical) 및 수평(Horizontal)

③ 공식(Formal) 및 비공식(Informal)

④ 공식(Official) 및 비공식(Unofficial)

⑤ 언어적(Verbal) 및 비언어적(Nonverbal)

⑥ 서면(Written) 및 구두(Oral)

프로젝트 관리자는 80~90%의 시간을 의사소통에 소비한다.

$$의사소통\ 채널의\ 수 = \frac{N(N-1)}{2}$$

N : 전체 이해관계자 수

나. 의사소통 관리 프로세스의 이해

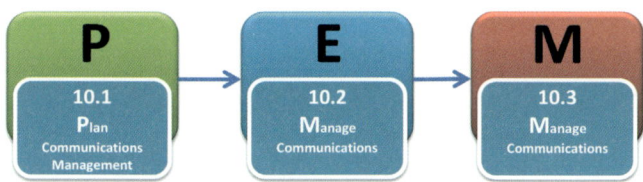

■ 의사소통 관리 프로세스

의사소통 관리 계획 수립은 기획 프로세스 그룹이고, 의사소통 관리는 실행 프로세스 그룹이며, 의사소통 통제는 감시 및 통제 프로세스 그룹이다.

의사소통 관리 계획 수립(PMBOK 10.1)은 기획 프로세스 그룹으로 이해관계자들의 정보 요구 사항 그리고 이용 가능한 조직 프로세스 자산을 기반으로 프로젝트 의사소통에 적합한 방법과 계획을 개발하는 프로세스이다. 이 프로세스의 핵심은 가장 효과적이고 효율적으로 이해관계자와 의사소통하는 방법을 파악하여 문서화하는 것이다.

- 효과적인 의사소통(Effective Communication): 적합한 이해관계자에게 올바른 정보를 적시에 제공하는 것

- 효율적인 의사소통(Efficient Communication): 필요한 정보만을 제공하는 것

프로젝트 의사소통 관리 계획 수립에서는 의사소통 요구사항 분석, 회의, 의사소통 기술, 의사소통 방법, 의사소통 모델을 도구 및 기법으로 활용한다.

■ 의사소통 기술

구분	특징 및 설명
정보 요구의 긴급성	• 의사소통되어야 하는 정보의 긴급성, 빈도, 형식을 고려
기술의 가용성	• 프로젝트 전체 기간 동안 이해관계자와 사용 가능한 기술인지 확인
사용의 용이성	• 의사소통 기술의 선택은 프로젝트 참여자에게 적합해야 함
프로젝트 환경	• 팀원들이 직접 대면하는지 가상 환경인지에 따라 기술 선택
정보의 기밀성	• 의사소통 되는 정보가 기밀이며 추가 보안 조치 필요 여부 고려

■ 의사소통 방법

구분	특징 및 설명	예시
대화식 의사소통 (Interactive Communication)	• 둘 이상의 대화 당사자가 정보 교환을 수행하는 방식 • 모든 참여자의 이해를 이끌어 낼 때 효과적	• 미팅/전화 통화/화상회의 등이 포함
전달식 의사소통 (Push Communication)	• 특정 수신자들에게 전송하는 방식 • 수신자들에게 도달했는지, 이해했는지 분명하지 않음	• 편지/메모/이메일/팩스/음성 메일 등이 포함
유인식 의사소통 (Pull Communication)	• 수신자들이 의사소통 내용에 접근 • 대규모 수신자 그룹에 사용하는 방식	• 게시판/인트라넷 사이트/지식 저장소/온라인 도구 등이 포함

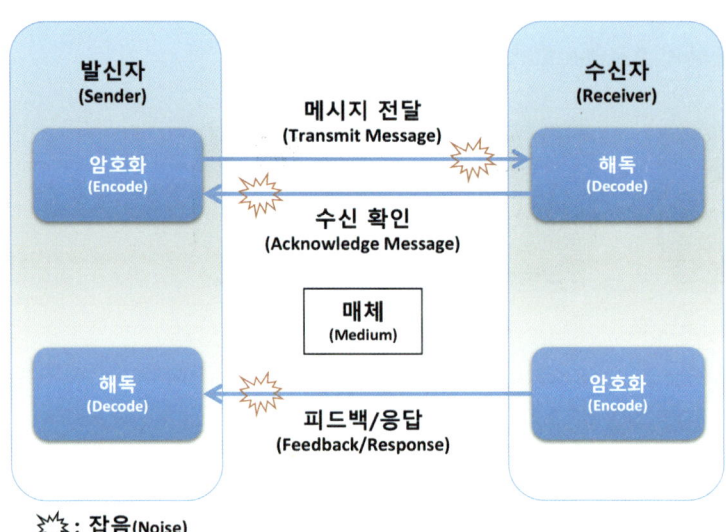

■ 의사소통 모델

의사소통 관리(PMBOK 10.2)는 실행 프로세스 그룹으로 의사소통 관리 계획서에 계획된 대로, 프로젝트 정보를 생성, 수집, 배포, 저장, 검색, 최종 처리하는 프로세스이다. 관련된 정보를 배포하는 것뿐만 아니라 이해관계자가 전달된 정보를 잘 수신하고 이해했는지 확인하는 것을 포함한다. 또한 이해관계자들의 추가적인 정보 요청에 즉각적으로 대처하는 것도 포함한다.

의사소통 관리에서는 의사소통 기술, 의사소통 방법, 의사소통 모델, 성과 보고, 정보 관리 시스템을 도구 및 기법으로 활용한다.

의사소통 통제(PMBOK 10.3)는 감시 및 통제 프로세스 그룹으로 프로젝트 생애주기 동안 프로젝트 이해관계자들의 정보 요구사항을 충족시키기 위해 의사소통을 감시 및 통제하는 프로세스이다. 모든 의사소통 참가자들 간 항상 최적의 정보 흐름이 유지되도록 해야 한다.

의사소통 통제에서는 전문가 판단, 회의, 정보 관리 시스템을 도구 및 기법으로 활용한다.

09 프로젝트 조달 관리(Project Procurement Management)

이번에는 프로젝트에서의 조달 관리(PMBOK 12장)에 대한 개념과 프로젝트 작업에 필요한 제품, 서비스, 결과물을 프로젝트팀 외부로부터 구매하거나 획득하기 위해 필요한 프로세스를 이해할 수 있다.

Project Procurement Management			
12.1 Plan Procurement Management	**12.2 Conduct Procurements**	**12.3 Control Procurements**	**12.4 Close Procurements**
Inputs - Project Management Plan - Requirements Documentation - Risk Register - Activity Resource Requirements - Project Schedule - Activity Cost Estimates - Stakeholder Register - Enterprise Environmental Factors - Organizational Process Assets **Tools & Techniques** - Make-or-buy Analysis - Expert Judgment - Market Research - Meetings **Outputs** - Procurement Management Plan - Procurement statement of Work - Procurement Documents - Source Selection Criteria - Make-or-buy Decisions - Change Requests - Project Documents Updates	**Inputs** - Procurement Management Plan - Procurement Documents - Source Selection Criteria - Seller Proposals - Project Documents - Make-or-buy Decisions - Procurement Statement of Work - Organizational Process Assets **Tools & Techniques** - Bidder Conference - Proposal Evaluation Techniques - Independent Estimates - Expert Judgment - Advertising - Analytical Techniques - Procurement Negotiations **Outputs** - Selected Sellers - Agreements - Resource Calendars - Change Requests - Project management Plan Updates - Project Documents Updates	**Inputs** - Project Management Plan - Procurement Documents - Agreements - Approved Change Requests - Work Performance Reports - Work Performance Data **Tools & Techniques** - Contract Change Control System - Procurement Performance Reviews - Inspections and Audits - Performance Reporting - Payment Systems - Claims Administration - Records Management System **Outputs** - Work Performance Information - Change Requests - Project Management Plan Updates - Project Documents Updates - Organizational Process Assets Updates	**Inputs** - Project Management Plan - Procurement Documents **Tools & Techniques** - Procurement Audits - Procurement Negotiations - Records Management System **Outputs** - Closed Procurements - Organizational Process Assets Updates

> ■ 조달 관리의 개요

Reference: A Guide to the Project Management Body of Knowledge, Fifth Edition(PMBOK®Guide) © 2013 Project Management Institute. Inc. All Rights Reserved.

가. 조달 관리의 개요

조달 관리란, 프로젝트 작업 수행에 필요한 제품, 서비스, 결과물을 외부로부터 구매하거나 획득하는데 필요한 프로세스이며, 조달 관리 영역은 구매자의 관점에서 설명하고 있다. 모든 조달이 조직의 정책을 준수하면서 프로젝트 특정 요구 조건을 충족하도록 관리하는 책임은 프로젝트 관리팀에 있다.

나. 계약 유형

■ 계약 유형

구분	적용 경우	특징 및 설명
고정가 계약(FixedPrice Contracts)	• 작업 범위가 명확한 경우	• 구매자에게 유리함 • 공급자의 원가 리스크 증대
원가 정산 계약(Cost Reimbursable Contracts)	• 작업 범위가 불명확한 경우 • 계약 이행에 리스크가 존재할 경우	• 공급자에게 유리함 • 구매자의 원가 리스크 증대
시간 자재 계약(Time & Material Contracts)	• 작업 범위 확정이 곤란한 경우 • 신속한 계약이 필요할 경우	• 과도한 원가 상승을 피하기 위해 가격 상한을 설정할 수 있음

■ 세부 계약 유형

구분	적용 경우	특징 및 설명
고정가 계약 (FixedPrice Contracts)	확정 고정가 계약(Firm Fixed Price Contracts)	• 가장 일반적인 계약 유형 • 공급자의 원가 리스크 가장 높음 • 성과 미달로 인한 원가 상승은 공급자의 책임
	성과급 가산 고정 가계약(Fixed Price Incentive Fee Contracts)	• 확정 가격에 더하여 금전적 성과급을 지불 • FPIF 계약에서는 가격 상한이 설정됨 • 가격 상한을 초과하는 원가는 공급자 책임
	가격 조정 조건부 고정가 계약(FP-EPA: Fixed Price with Economic Price Adjustment Contracts)	• 판매자의 계약 이행이 장기간일 경우 적합 • 공급자와 구매자의 통제를 벗어난 외적 조건으로부터 쌍방 보호
원가 정산 계약 (Cost Reimbursable Contracts)	고정 수수료 가산 원가 계약(CPFF: Cost Plus Fixed Fee Contracts)	• 허용되는 모든 비용을 초기 산정된 프로젝트의 백분율로 계산된 고정 수수료를 지불 • 실제 원가+고정 수수료 • 구매자의 원가 리스크 가장 높음
	성과급 가산 원가 계약(CPIF: Cost Plus Incentive Fee Contracts)	• 허용되는 모든 비용과 계약에 명시된 대로 일정한 성과 목표를 달성할 경우, 사전 정의된 성과급을 지불 • 실제 원가+고정 수수료+성과급
	보상금 가산 원가 계약(CPAF: Cost Plus Award Fee Contracts)	• 공급자가 계약 작업을 수행하기 위해 허용된 모든 비용을 지불하지만, 수수료의 대부분은 계약서에 명시된 일정 수준의 주관적 성과 기준을 충족시켰을 때에만 지불 • 실제 원가+보상금
시간 자재 계약(Time & Material Contracts)	시간 자재 계약(Time &Material Contracts)	• 원가정산 계약과 고정가 계약의 두 측면을 모두 고려 • 원가의 무제한 상승을 방지하기 위해 모든 시간 자재 계약에는 가격 상한과 기한을 지정

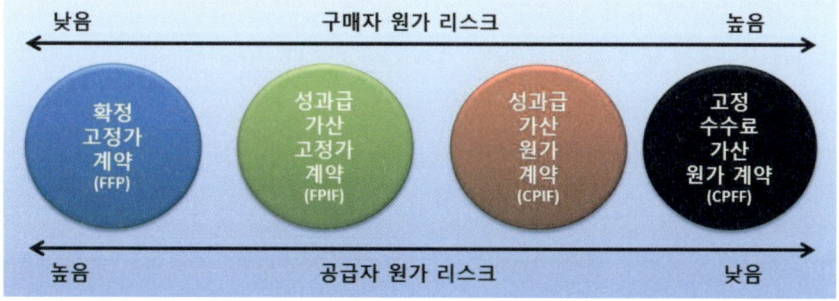

낮음 ←── 구매자 원가 리스크 ──→ 높음

확정
고정가
계약
(FFP)

성과급
가산
고정가
계약
(FPIF)

성과급
가산
원가
계약
(CPIF)

고정
수수료
가산
원가 계약
(CPFF)

높음 ←── 공급자 원가 리스크 ──→ 낮음

■ 계약 유형과 원가 리스크

다. 조달 관리 프로세스의 이해

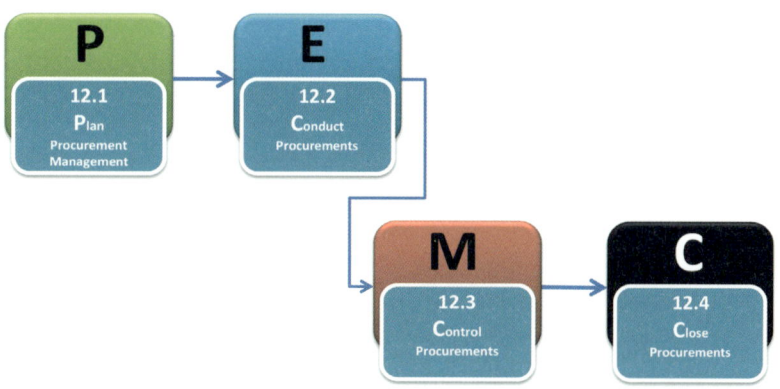

P
12.1
Plan
Procurement
Management

E
12.2
Conduct
Procurements

M
12.3
Control
Procurements

C
12.4
Close
Procurements

■ 조달 관리 프로세스

조달 관리 계획 수립(PMBOK 12.1)은 기획 프로세스 그룹으로 프로젝트 조달 결정 사항을 문서화하고, 조달 방식을 규정하며, 참여 자격을 갖춘 판매자를 식별하는 프로세스이다. 이 프로세스에는 참여 자격을 갖춘 판매자를 평가하는 일도 포함되며, 특히 구매자가 조달 결정에 어느 정도의 영향력을 행사하려는 경우에 중요하다.

조달 관리 계획 수립에서는 제작–구매 분석, 전문가 판단, 시장조사, 회의를 도구 및 기법으로 활용한다.

조달 수행(PMBOK 12.2)은 실행 프로세스 그룹으로 대상 판매자를 모집하여, 판매자를 선정하고 계약을 체결하는 프로세스이다. 프로젝트팀은 입찰서, 제안서를 받고 사전에 정의된 선정 기준을 적용하여 작업 수행 능력과 자격을 갖춘 판매자를 하나 이상 선정한다.

조달 수행에서는 광고, 입찰자 회의, 제안서 평가 기법, 분석 기법, 전문가 판단, 독립 산정, 조달 협상을 도구 및 기법으로 활용한다.

조달 통제(PMBOK 12.3)는 감시 및 통제 프로세스 그룹으로 조달 관계를 관리하고, 계약의 이행을 감시하며, 계약에 필요한 변경 및 시정 조치를 수행하는 프로세스이다. 계약 당사자는 쌍방의 계약상

의무를 준수해야 하며, 각자의 법적 권한이 보호되고 있는지 확인해야 한다.

프로젝트 조달 통제에서는 계약 변경 통제 시스템, 기록 관리 시스템, 지불 시스템, 조달 성과 검토, 검사 및 감사, 성과 보고, 클레임 행정 관리를 도구 및 기법으로 활용한다.

조달 종료(PMBOK 12.4)는 종료 프로세스 그룹으로 프로젝트 조달 작업을 완료하는 프로세스이다. 미결 클레임의 종결, 최종 결과를 반영하기 위한 기록 갱신, 향후 사용을 목적으로 관련 정보를 보관하는 활동들도 조달 종료에 포함된다. 조달 약관 및 조건을 기초로 정당한 사유 또는 편의에 따라 구매자는 언제든지 전체계약 또는 계약 일부를 중단할 수 있는 권리를 가진다.

조달 종료에서는 조달 감사, 기록 관리 시스템, 조달 협상을 도구 및 기법으로 활용한다.

미결 이슈, 클레임 및 분쟁을 협상을 통해 공정하게 최종 타결하는 것

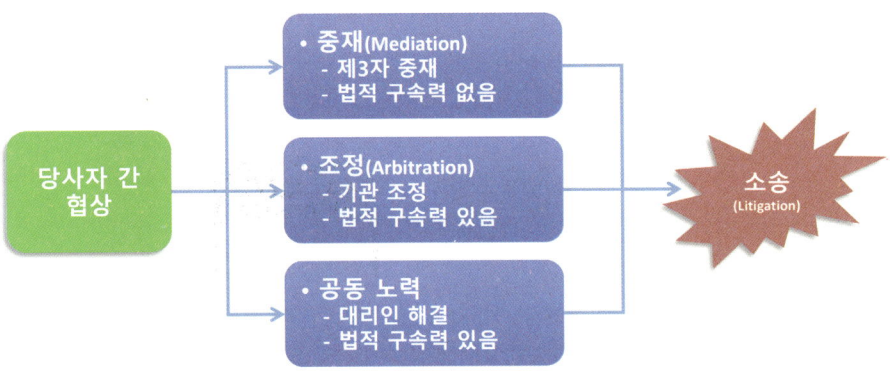

■ 조달 협상

⑩ 프로젝트 이해관계자 관리(Project Stakeholder Management)

이번에는 프로젝트 성공의 핵심 요소 중 하나인 이해관계자 관리(PMBOK 13장)에 대한 프로세스를 이해할 수 있다. 이해관계자 식별, 이해관계자 관리 계획 수립, 이해관계자 참여 관리, 이해관계자 참여 통제의 프로세스로 구성되어 있다.

Project Stakeholder Management			
13.1 Identify Stakeholders	**13.2 Plan Stakeholder Management**	**13.3 Manage Stakeholder Engagement**	**13.4 Control Stakeholder Engagement**
Inputs - Project Charter - Procurement Documents - Enterprise Environmental Factors - Organizational Process Assets	**Inputs** - Project Management Plan - Stakeholder Register - Enterprise Environmental Factors - Organizational Process Assets	**Inputs** - Stakeholder Management Plan - Communications Management Plan - Change Log - Organizational Process Assets	**Inputs** - Project Management Plan - Issue Log - Work Performance Data - Procurement Documents
Tools & Techniques - Stakeholder Analysis - Expert Judgment - Meetings	**Tools & Techniques** - Expert Judgment - Meetings - Analytical Techniques	**Tools & Techniques** - Communication Methods - Interpersonal Skills - Management Skills	**Tools & Techniques** - Information Management Systems - Expert Judgment - Meetings
Outputs - Stakeholder Register	**Outputs** - Stakeholder Management Plan - Project Documents Updates	**Outputs** - Issue Log - Change Requests - Project Management Plan Updates - Project Documents Updates - Organizational Process Assets Updates	**Outputs** - Work Performance Information - Change Requests - Project Management Plan Updates - Project Documents Updates - Organizational Process Assets Updates

■ 이해관계자 관리의 개요

Reference: A Guide to the Project Management Body of Knowledge, Fifth Edition(PMBOK®Guide) © 2013 Project Management Institute. Inc. All Rights Reserved.

가. 이해관계자 관리의 개요

이해관계자 관리에서는 프로젝트에 영향을 미치거나 영향을 받는 사람, 조직 등을 파악하고 프로젝트에 대한 이해관계자의 기대사항 및 영향력을 분석하여, 프로젝트 의사결정과 실행에 효과적으로 이해관계자를 참여시키기 위한 관리 전략을 개발하는 프로세스이다. 프로젝트 관리자의 이해관계자 관리 능력은 프로젝트 성공과 실패에 상당한 영향을 미친다. 또한 프로젝트 생애주기에 걸쳐 이해관계자 참여는 프로젝트 성공의 핵심 요소이다.

■ 이해관계자 관리의 핵심 사항

이해관계자 관리의 핵심 사항
핵심 사항
이해관계자의 기대 및 요구사항을 이해하기 위해 지속적인 의사소통이 필요함.
이슈가 발생했을 때 이슈를 빠르고 바르게 처리하는 것.
이해관계를 균형 있게 관리하는 것.
이해관계자와의 관계, 참여를 적절히 강화 및 조율 하는 것.

나. 이해관계자 관리 프로세스의 이해

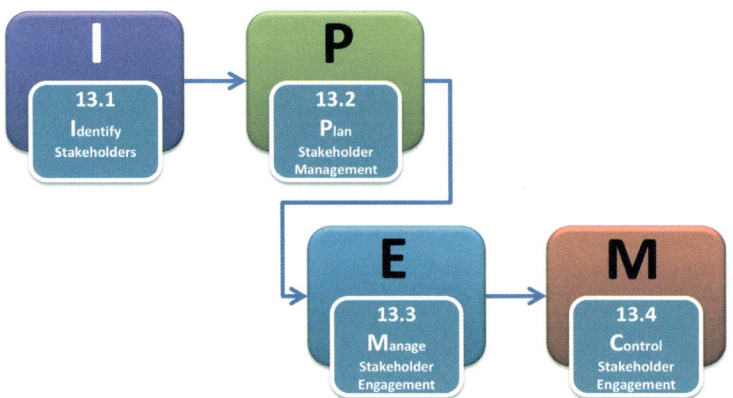

■ 이해관계자 관리 프로세스

이해관계자 식별(PMBOK 13.1)은 착수 프로세스 그룹으로 프로젝트의 의사결정, 활동 또는 결과에 영향을 미치거나 영향을 받는 개인, 집단 또는 조직 등을 파악하고, 이해관계자가 프로젝트 성공에 미치는 잠재적 영향력, 이해관계, 참여도, 상호 의존 관계에 관한 정보를 분석하여 문서화하는 프로세스이다.

이해관계자 식별에서는 이해관계자 분석, 전문가 판단, 회의를 도구 및 기법으로 활용한다.

■ 이해관계자 분류 모델

구분	특징 및 설명
권력/이해관계도(Power/Interest)	권력(Power)과 프로젝트 결과물에 대한 관심 수준(Interest)에 따라 그룹으로 분류
권력/영향도(Power/Influence)	권력(Power)과 영향력(Influence) 그룹으로 분류
영향/충격도(Influence/Impact)	영향력(Influence)과 프로젝트의 계획 수립 또는 실행 관련 변경에 충격(Impact)에 따라 그룹으로 분류
현저성 모델(SalienceModel)	의도한 바를 강행하는 능력(Power), 즉각적인 주의 필요성(Urgency), 참여의 적절성(Legitimacy)을 바탕으로 이해관계자를 분류

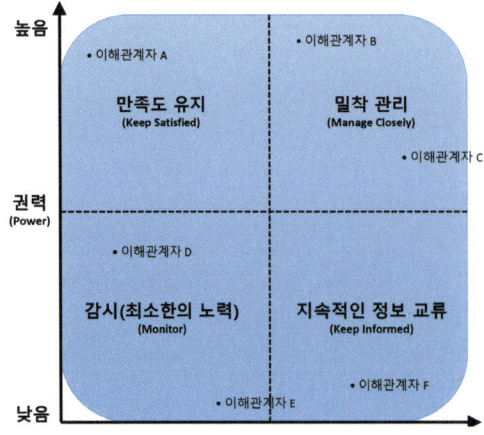

■ 권력/이해관계도

이해관계자 관리 계획 수립(PMBOK 13.2)은 기획 프로세스 그룹으로 이해관계자들의 요구사항과 프로젝트 성공에 미치는 잠재적 영향에 대한 분석을 바탕으로, 프로젝트 생애주기 전반에서 이해관계자들의 효율적인 참여를 유도하는 관리 전략을 개발하는 프로세스이다. 이해관계자 관리 계획 수립을 통해 이해관계자와 프로젝트 관리자의 관계를 강화하고, 이해관계자의 기대사항을 관리하여 궁극적으로 프로젝트를 성공적으로 마무리하기 위한 다양한 방법을 개발할 수 있다.

이해관계자 관리 계획 수립에서는 분석 기법, 회의, 전문가 판단을 도구 및 기법으로 활용한다.

■ 이해관계자 참여 수준

구분	특징 및 설명
비인지형(Unaware)	• 프로젝트와 잠재적 영향에 대해 인지하지 못하는 참여 수준
저항형(Resistant)	• 프로젝트와 잠재적 영향을 인지하고, 변화에 저항하는 참여 수준
중립형(Neutral)	• 프로젝트를 인지하고 있으나, 지원도 반대도 표명하지 않는 참여 수준
지원형(Supportive)	• 프로젝트와 잠재적 영향을 인지하고 있으며, 변화를 지지하는 참여 수준
주도형(Leading)	• 프로젝트와 잠재적 영향력을 인지하고 있으며, 프로젝트 성공을 위해 적극적으로 참여하는 정도의 참여 수준

이해관계자 참여 관리(PMBOK 13.3)는 실행 프로세스 그룹으로, 프로젝트 생애주기에 걸쳐 이해관계자들과의 의사소통 및 협력을 통해, 이해관계자의 요구사항 및 기대사항을 충족시키고, 발생하는 이슈를 처리하며, 프로젝트 활동에 이해관계자의 참여를 촉진하는 프로세스이다. 프로젝트 관리자는 다양한 이해관계자를 프로젝트에 참여시키고, 이들을 관리할 책임이 있다.

이해관계자 참여 관리에서는 의사소통 방법, 대인관계 기술, 관리 기술을 도구 및 기법으로 활용한다.

이해관계자 참여 통제(PMBOK 13.4)는 감시 및 통제 프로세스 그룹으로, 전체 프로젝트 이해관계자의 관계를 감시하고, 이해관계자 참여 전략 및 계획을 조정하는 프로세스이다. 프로젝트 진행 및 환경 변화에 맞춰 이해관계자 참여 활동의 효율과 효과를 유지하거나 증가시키는 것이 핵심이다.

프로젝트 이해관계자 참여 통제에서는 정보 관리 시스템, 회의, 전문가 판단을 도구 및 기법으로 활용한다.

PART 04

연습문제

chapter

01 연습문제 1회

01 A project manager is preparing to examine the effectiveness of the risk management processes. The objective is to document lessons learned and to help improve projects in the future. What tool and technique should the project manager use?

A. Status Meetings

B. Variance and trend analysis

C. Quality Audit

D. Risk Audit

02 A state government has just initiated the urban development project. The project team plans to design how to manage the risk management activities. What documents should they have to refer to?

A. Project charter, Risk register

B. Risk management plan, Risk register

C. Stakeholder register, Risk register

D. Project charter, Project management plan

03 This is one of the countermeasures applied to eliminate the risk from schedule extension and scope reduction. What is this strategy called?

A. Accept   B. Avoid

C. Mitigate   D. Transfer

04 This is an uncertain event or condition, and this has a potential positive or negative effect on project when occurred. What is this called?

A. Workaround　　　　　　B. Risk

C. Issue　　　　　　　　　D. Trigger

05 Which of the following distributions often shows the 3-point estimation?

A. Uniform distributions

B. Log normal distributions

C. Beta distributions

D. Discrete distributions

06 In the project of developing new programs, the project team plans to launch the software in various language versions. Currently, the process is in the risk management planning stage. During the translation task, the team has discovered a potential risk that the keyboards in different language settings may not be able to utilize all functions of the software. The team is going to run additional tests to prevent the known-unknowns. What is the risk strategy that this team is going to apply called?

A. Accept　　　　　　　　B. Avoid

C. Mitigate　　　　　　　D. Transfer

07 One of the important project stakeholders wants to avoid any risk that is either positive or negative. Which of the following attitude does he have toward the risk?

A. Risk avoidance　　　　B. Risk tolerant

C. Risk neutral　　　　　D. Risk seeking

08 Currently you are in progress of the control risk process of a project. In this stage, you are particularly interested in detecting risks or any signs of risk. What is the sign of risk called?

A. Triggers

B. Warning signs

C. Risk symtoms

D. Triggers, warning signs and risk symptoms

09 Which of the following correctly describes the Contingency Reserve and the Management Reserve?

A. Contingency Reserve is to account for the 'unknown−unknowns'.

B. Management Reserve is to account for the 'known−unknowns'.

C. Contingency Reserve is estimated within the baseline.

D. Management Reserve is not included in the project budget.

10 The project manager has prepared the report of risk analysis for a meeting with the key stakeholder. The most crucial stakeholder is known to be extremely conservative in making decisions, and other stakeholders tend to follow his decisions. Two outcomes from the positive risk may be missed out due to their decision making style. The project manager has ordered the team to prepare the intensive analysis for convincing stakeholders to change their decision. Which of the following risk attitude does the project manager face?

A. Risk Avoidance

B. Risk Tolerant

C. Risk Neutral

D. Risk Seeking

11 Which of the following is not used in the Risk Register when establishing the Risk Response Plan?

A. Relative ranking of risks

B. Potential risk responses

C. Watch list

D. Contingency reserves

12 A project manager is in the process of performing qualitative risk analysis. All risks are assessed, the data qualities are analyzed, and the risks requiring urgent response are documented. The project manager is now getting ready to perform quantitative risk analysis. Which of the following did the project manager forget to perform?

A. Assign an overall risk rating

B. Determine the risk probability and impact

C. Perform risk urgency Assessment

D. Perform risk data quality Assessment

13 A project team has initiated the Risk Control Process. All of the following are inputs of the Process except?

A. Work performance Report

B. Risk Register

C. Work performance information

D. Work performance data

14 A risk management team has just wrapped up a project meeting. In the meeting, the team has reported results of activities with risks and added them to the risk register. Which of the following processes is the project currently in?

A. Plan Risk Management

B. Perform Quantitative Risk Analysis

C. Plan Risk Response

D. Risk Control

15 A new risk has been identified and it is determined to have decisive effect on the project. Thus, the project manager plans to have a meeting with stakeholders to discuss about this situation. What is the most appropriate action for him to take?

A. Call each stakeholder individually to get feedback

B. Schedule one-on-one meetings with all of the stakeholders.

C. Schedule a phone conference with all of the stakeholders.

D. Schedule an in-person meeting with all of the stakeholders

16 Which of the following groups has the correct processes of the Project Risk Management Knowledge Area?

A. Plan Risks, Identify Risks, Prioritize Risks, Risk Analysis, Plan Risk Responses, Control Risks

B. Plan Risks, Identify Risks, Prioritize Risks, Analyze Risks, Plan Risk Management, Control Risks

C. Plan Risk Management, Identify Risk, Perform Qualitative Analysis, Quantitative Risk Analysis, Plan Risk Responses, Risk Control

D. Plan Risk Management, Identify Risk, Perform Qualitative Analysis, Numerically Analyze Risks, Plan Risk Responses, Risk Control

17 The project team has developed the contingent response strategy. Which risk management process is the project currently in?

A. Plan Risk Management
B. Perform Quantitative Risk Analysis
C. Plan Risk Responses
D. Control Risks

18 Which of the following is the first output of the risk management process?

A. Risk register
B. Risk management plan
C. Risk probability−impact matrix
D. Project management plan

19 Which of the following statements correctly describes about the Risk Identification?

A. Risk Identification occurs during the Planning of the project.
B. Risk Identification occurs during Monitoring and Controlling of the project.
C. Risk Identification occurs during Execution of the project.
D. Risk Identification occurs during different project stages depending on the type of the project.

20 As the result of the risk analysis of the project A in current status, you have obtained the histogram below. Based on the below risk analysis result, what is the mean forecast value at the finish of the project and how much contingency reserve is required if probability of project finish is increased from P50 to P90?

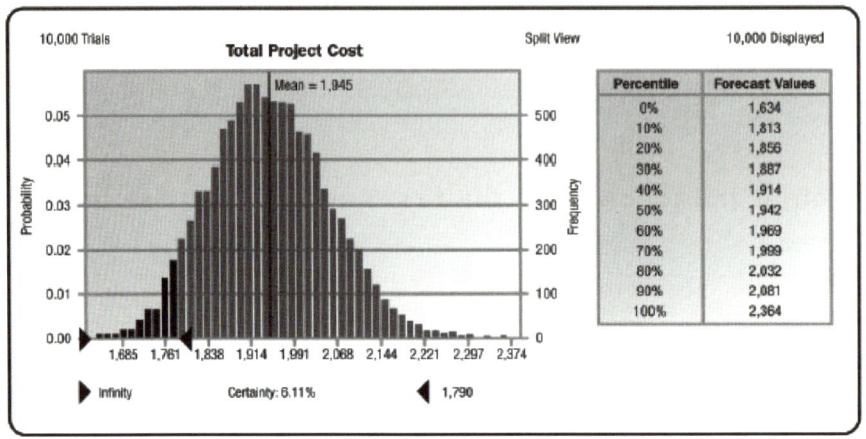

A. 1,945 / 90

B. 1,945 / 139

C. 1,942 / 139

D. 1,942 / 308

21 What is the risk strategy applied for both positive and negative risk?

A. Transfer

B. Accept

C. Mitigate

D. Exploit

22 In which risk management process is the Workaround executed? A workaround is executed during which risk management process?

A. Identify Risk

B. Perform Qualitative Risk Analysis

C. Plan Risk Responses

D. Control Risks

23 All of the following are inputs of the Perform Quantitative Risk Analysis process except?

A. Organizational process assets

B. Enterprise environmental factors

C. Project Scope Statement

D. Risk Management Plan

24 Which of the following inputs can reveal the risk attitudes of the organization?

A. Enterprise environmental factors

B. Organizational process assets

C. Scope Statement

D. Risk Management Plan

25 Which of the following statement best describes the modelling and simulation?

A. It is a technique performed many times by a computer program.

B. It is used for cost and schedule risks.

C. It randomizes values from a probability distribution function

D. It translates uncertainties of a project into the potential impacts on project objectives.

26 A manager of software development project is leading the risk management task. He recently finished identifying risks. What is the next step?

A. Prioritizing the identified risks.

B. Numerically analyzing the risks.

C. Developing a risk response plan.

D. Defining risk probability and impact.

27 Which of the following is not relevant to updating organizational process asset with the result of Control Risk process?

A. Lessons Learned

B. Data on actual costs and durations of project activities

C. Recommended preventive actions

D. Final version of the risk register

28 In Risk Response Strategy, which of the following implies the increase in probability of risk occurrence?

A. Mitigate

B. Avoid

C. Enhance

D. Exploit

29 A risk management team for an online fitness consulting business is working on a project to make virtual trainers available to markets abroad. The team has identified risks, prioritized them and analyzed their impacts on the project objectives. What is the following step for them to do?

A. Perform Qualitative risk analysis

B. Perform Quantitative risk analysis

C. Plan risk responses

D. Control Risks

30 A project manager has just completed risk response planning and updating the risk register. Which of the following shall the project manager exclude in updating the register?

A. The addition of contingency reserves
B. The addition of fallback plans
C. Project Management Plan
D. The agreed—upon risk response plans for the identified risks

31 In what process is the below chart used, and what is the use of it?

Probability and Impact Matrix

Probability	Threats					Opportunities				
0.90	0.05	0.09	0.18	0.36	0.72	0.72	0.36	0.18	0.09	0.05
0.70	0.04	0.07	0.14	0.28	0.56	0.56	0.28	0.14	0.07	0.04
0.50	0.03	0.05	0.10	0.20	0.40	0.40	0.20	0.10	0.05	0.03
0.30	0.02	0.03	0.06	0.12	0.24	0.24	0.12	0.06	0.03	0.02
0.10	0.01	0.01	0.02	0.04	0.08	0.08	0.04	0.02	0.01	0.01
	0.05	0.10	0.20	0.40	0.80	0.80	0.40	0.20	0.10	0.05

Impact(numerical scale) on an objective (e.g., cost, time, scope or quality)

Each risk is rated on probability of occurring and impact on an objective if it does occur. The organization's Thresholds for low, moderate or high risks are shown in the matrix and determine whether the risk is scored as high, moderate or low for that objective.

A. Qualitative risk analysis / To prioritize risks
B. Qualitative risk analysis / To plan risk response
C. Quantitative risk analysis / To plan risk response
D. Plan risk response / To get risk register

32 The risk manager has received opinions from stakeholders that the below risk rating matrix is not appropriate for the project progress. For changing the risk rating rules, what should the manager refer to?

Probability and Impact Matrix

Probability	Threats					Opportunities				
0.90	0.05	0.09	0.18	0.36	0.72	0.72	0.36	0.18	0.09	0.05
0.70	0.04	0.07	0.14	0.28	0.56	0.56	0.28	0.14	0.07	0.04
0.50	0.03	0.05	0.10	0.20	0.40	0.40	0.20	0.10	0.05	0.03
0.30	0.02	0.03	0.06	0.12	0.24	0.24	0.12	0.06	0.03	0.02
0.10	0.01	0.01	0.02	0.04	0.08	0.08	0.04	0.02	0.01	0.01
	0.05	0.10	0.20	0.40	0.80	0.80	0.40	0.20	0.10	0.05

Impact(numerical scale) on an objective (e.g., cost, time, scope or quality)

Each risk is rated on probability of occurring and impact on an objective if it does occur. The organization's Thresholds for low, moderate or high risks are shown in the matrix and determine whether the risk is scored as high, moderate or low for that objective.

A. Project management plan

B. Risk description method

C. Risk management plan

D. Risk categories

33 The risk manager has executed the qualitative risk analysis. Out of 40 risks, 30 have been prioritized, 5 have been labeled as urgent, and the residual Risks were deemed to be low in priority. Which of the following best describes the action that the risk manager will most likely take about the low priority risks?

A. Document them within the project management plan

B. Document them within the risk register

C. Place them on a watch list

D. Nothing

34 Recently, the project manager has received a request from the project sponsor to inform the key stakeholders of important information regarding highly influential risks. The risk rating was so high that the termination of the project is considered. What is the best method of informing such critical issue to the stakeholders?

A. E−mail
B. Individually
C. Face−to−face meeting
D. Video conference

35 The project manager of On-line clothes shopping project has spotted an opportunity. If he manages to grab this opportunity in his hand, it would bring 25% increased income. However, the company is not yet ready in its sales increase. It should be able to handle the sales increase if the company is to associate with an external manufacturing enterprise. What is the best strategy that the project manager can apply to deal with this opportunity?

A. Accept
B. Share
C. Enhance
D. Mitigate

36 The equipment maintenance manager reported to the project manager that air conditioning system has shut down when temperature reached 40 degree Celsius. Although he ran the auxiliary generator as stated in the follow-up plan, it still did not work–he reported. What should the project manager do now?

A. Execute the Contingency Plan
B. Execute the Fallback Plan
C. Develop a Risk Response Action
D. Accept the risk of the equipment malfunction

37 A project manager has to make a decision over an uncertain circumstance. Which of the following would be the best technique for him to choose?

    A. Probability distribution   B. Interview

    C. Monte Carlo   D. Decision Tree Diagram

38 What is the expected monetary value of a project with a 30% probability of a $60,000 loss and a 70% probability of a $35,000 gain?

    A. $18,000   B. $6,500

    C. $24,000   D. $35,000

39 Which of the following analysis techniques is used in the Decision Tree Diagram and is the statistical concept analysis that calculates the average outcome future includes the scenarios that may or may not happen?

    A. Sensitivity analysis   B. Expected monetary value analysis

    C. Monte Carlo   D. Expert judgement

40 Which of the following descriptions of the Expected Monetary Value Analysis is NOT correct?

    A. It calculates the average outcome when future includes the scenarios that may or may not happen.

    B. It shows positive values for opportunity and it shows negative values for the threat.

    C. It has precondition of avoiding risks.

    D. It is calculated by multiplying the value of each possible outcome by its probability of occurrence and adding the products together.

41 You are considering whether to build a new plant or to upgrade an existing plant for the extent of demand. Below diagram shows the decisions of each path's calculation. Which of the following has the correct pair of EMV and decision based on the diagram?

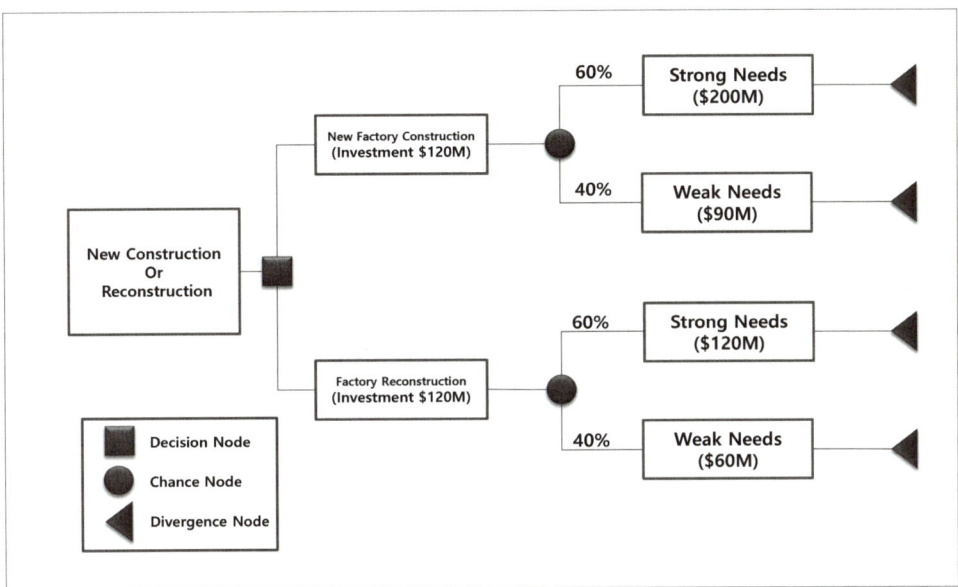

A. $46M / New plant

B. $46M / Upgrade

C. $36M / New plant

D. $36M / Upgrade

42 One of the stakeholders asked the risk manager for information about effectiveness of the Risk Response Plan. The risk manager told him that the analysis result is ready. What analysis is the risk manager most likely referring to?

A. Variance and trend analysis

B. Risk Audits

C. Reserve Analysis

D. Risk reAssessment

43 A project manager has identified a risk event that could save up to $25 million in project costs if it occurs. In the meeting with the stakeholders, he brought up an issue to discuss regarding hiring a consulting firm for this risk opportunity. What type of strategy is the project manager considering?

A. Exploit
B. Share
C. Mitigate
D. Transfer

44 In which of the following stages is the risk at highest level?

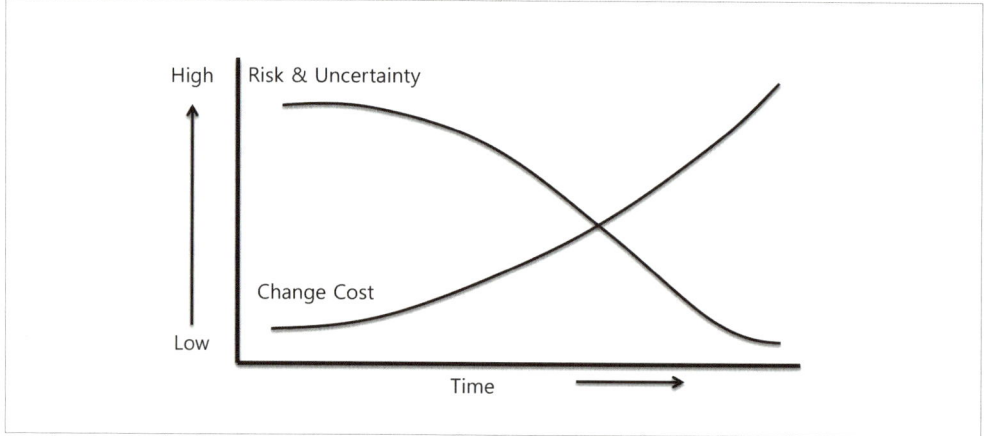

A. Initiating
B. Planning
C. Executing
D. Closing

45 Unidentified risk has been found during the risk monitoring process. What is the most appropriate action to deal with the risk?

A. Execute a Workaround.
B. Execute a Fallback Plan.
C. Document the risk and analyze the probability and impact of it.
D. Place it on the Watch List and monitor it regularly.

46 A member of an ongoing project noticed that an unidentified risk has been occurred, and reported it to the project manager. What should the project manager do first?

A. Inform the project sponsor about it
B. Place the risk on the Watch List
C. Conduct a Risk Analysis
D. Create a Workaround

47 The project manager found the risk trigger has been occurred. Before acting out the planned response, he would like to discuss with the individual risk managers. To find out who is in charge of the particular risk, what document should the project manager refer to?

A. Risk management plan
B. Risk register
C. Human resource management plan
D. Communication management plan

48 You would like to check the risks that require quick responses in short period of time. Which of the following document is most appropriate to refer to?

A. Risk management plan
B. Risk register
C. Risk response plan
D. Procurement management plan

49 As the project manager, what should do with the risks in the Watch List?

A. Keep an eye on them throughout the project and regularly check the status.
B. No action required because they barely have any impact to the project.
C. Document them for further analysis.
D. Archive them as the lessons learned for the project.

50 The risk management department of the online game project has been told that the game server will experience the lag if the maximum allowable number of users simultaneously log on to the game system. Currently, they have not yet decided the maximum allowable number of users for the game. Based on the budget constraint, the project sponsor and stakeholders agreed to expropriate this risk in passive manner. What is the type of this risk?

A. A pure risk

B. A Known-unknown risk

C. An unknown-unknown risk

D. A business risk

51 Which of the following cases is the Trigger that needs the Contingent Response?

A. The identification of new risks

B. Discovery of residual Risks

C. In acceptance of Accept strategy about risks

D. Missing an intermediate milestone

52 All of the following are updates made to the risk register as a result of performing qualitative risk analysis except?

A. Risks requiring additional analysis and responses

B. Prioritized list of risks

C. Probabilistic analysis of the project

D. Watch list

53 A project manager is numerically analyzing risks using techniques especially for the sensitivity analysis. Which of the following best describes what he can obtain from the result of below chart?

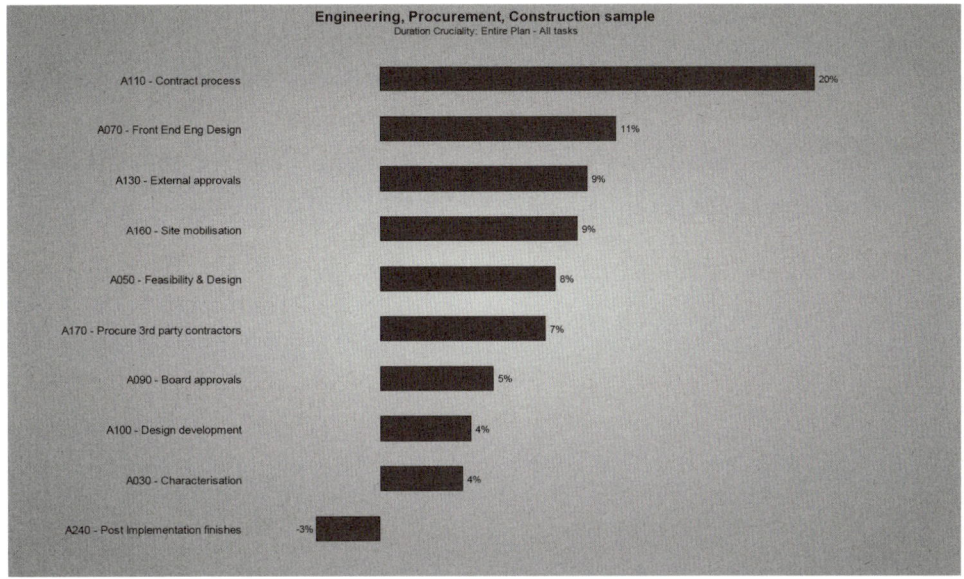

A. He may figure out which risk would bring the biggest potential impact to the project.

B. He may figure out which risk has highest possibility to occur.

C. He may figure out which risk is at the most uncertain status.

D. He may figure out which risk should be in the watch list.

54 You are the project manager. A new change request has been approved but this change request caused a risk. You alerted this risk to the stakeholders, and they understood the possible impact of it. Now, you would like to make mitigate response strategy against the identified risk. In which of the following document should you record the response strategy?

A. Risk register

B. Project management plan

C. Risk Management plan

D. Risk log

55 Which of the following risk responses is relevant to purchasing insurance?

A. Mitigation   B. Transfer

C. Avoidance   D. Acceptance

56 All of the followings are tools and techniques of the Control Risks process except?

A. Risk probability and impact Assessment

B. Risk reAssessment

C. Risk audit

D. Status meetings

57 Which of the following plays an important role in risk Assessment?

A. Risk urgency levels

B. Stakeholder risk tolerance

C. The level of technology being produced

D. The type of organizational structure

58 Every stakeholder in the project has different priority and opinions about the risk. After reflecting stakeholder Risk tolerance, what should the risk manager concern about the most?

A. Assigning ownership of risk activities

B. Defining stakeholder risk attitude

C. Defining probability and impact of risk

D. Setting control points for risk reports

59 All of the following strategies are used for dealing with negative risks except?

A. Accept

B. Mitigation

C. Exploit

D. Transfer

60 A project manager is leading the team into the quantitative risk analysis stage of risk management. When the project sponsor asked about the accuracy of the data, the project manager realized that he missed out a critical part of the risk management plan. What did the project manager omit?

A. Assessment of the data quality

B. Conducting a checklist analysis

C. Performing an assumption analysis

D. Auditing the risks

61 An important stakeholder, with concerns, questioned if there is any delay in the project so far. He has an experience of failing a similar project due to delays and he did not want to repeat the failure. The project manager responded him that he already is preparing to avoid any failure case. So, he will have the stakeholder in relevant meeting. What is the technique that the project manager is applying in this case?

A. Performing a reserve analysis

B. Conducting variance and trend analysis

C. Conducting technical performance measurement

D. Performing risk reAssessment

62 A project manager shall check which areas of the project are exposed to the uncertain impacts. This is also helpful in preparing risk responses. What is the technique of conducting this type of analysis?

A. Risk data quality Assessment

B. Risk urgency Assessment

C. Risk categorization

D. Modeling and simulation

63 All of the following are tools and techniques of the Risk Identification process except?

A. Expert judgement
B. Assumption analysis
C. Risk urgency Assessment
D. SWOT analysis

64 Which of the following best describes about Residual Risk?

A. Risk that occurs as a direct result of implementing a risk response plan.
B. Risk that remains after risk responses have been executed.
C. Risk that results only in loss.
D. Risk that results in loss or gain.

65 In risk analysis aspect, you would like to estimate the activity finish date using three-point estimation. From the interview, you are given that optimistic time is 20 days, pessimistic time is 67 days and most likely time is 36 days. What is the estimated time derived from PERT analysis?

A. 38.5
B. 36
C. 41
D. 20.5

66 Which of the following statements best describes about Triangular Distribution?

A. Triangular distribution graphically displays the probability of risk to the project objectives as well as the time or cost elements.
B. Triangular distribution is used to represent uncertain events to display the outcome of potential scenarios.
C. Triangular distribution is rarely uses graphs that display the probability of risk to the project objectives as well as the time or cost elements.
D. Triangular distribution graphically validates assumptions made.

67 A project team has discussed about the contingent plan performed due to the risk quantification. They are concerned if the current budget is sufficient enough to cover the residual Risks. What should the project manager do here?

A. Perform a risk audit

B. Conduct a reAssessment of risks

C. Perform a reserve analysis

D. Nothing

68 In the planning meeting, the project manager brought up a diagram that explains interrelationships between various elements. The purpose of the meeting is to identify risks. For identifying risks, what diagramming technique is the project manager using?

A. Cause and effect diagram

B. Process flow chart

C. Influence diagram

D. Fishbone diagram

69 A project manager is conducting qualitative risk analysis. He noticed reflecting to his experience that a risk does not have a short-term response prepared and the other risk is improperly prioritized as 'low' when it actually is a high priority risk. What should the project manager do in such case?

A. Nothing, since he would have already gone through the necessary analysis.

B. Perform Risk Data Quality Assessment.

C. Perform an assumptions analysis, to check the validity of the assumptions made.

D. Perform Risk Urgency Assessment.

70 A project manager implemented a response strategy to a quantifying risk during the project progress. As a result of the strategy, another risk has emerged. What is this new risk called?

A. Residual Risk

B. Pure Risk

C. Secondary Risk

D. Business Risk

71 From what process, and tools and techniques is the below graph obtained?

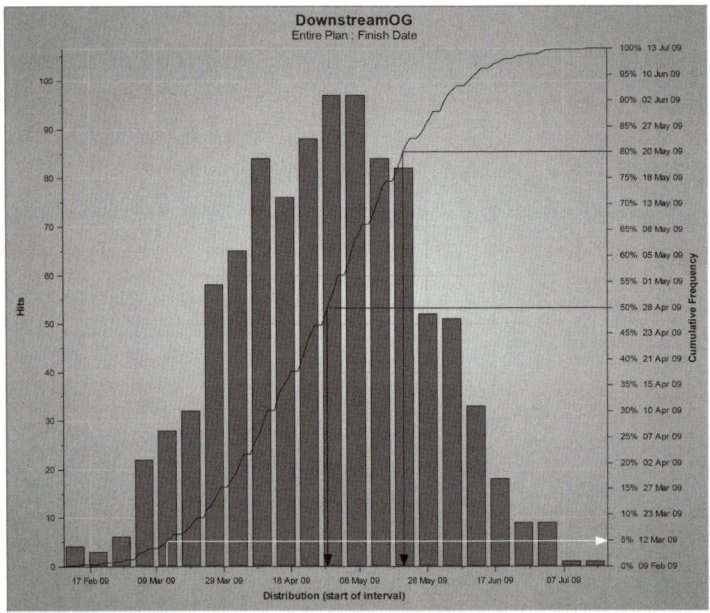

A. Perform qualitative risk analysis – Probability–Effect Matrix.

B. Perform qualitative risk analysis – Risk Data Quality.

C. Perform quantitative risk analysis – Sensitivity Analysis

D. Perform quantitative risk analysis – Modelling & Simulation

72 To quantitatively analyze the risks, what tools and techniques are the best for you to apply?

A. Interview

B. Sensitivity analysis

C. Expert judgement

D. Modeling and simulation

73 Determining the risk tolerance level of stakeholders and organization helps in?

A. Preparing resistance to risk response strategies

B. Developing a realistic budget

C. Properly prioritizing risks

D. Building a realistic schedule

74 Risk process improvement is an important part of risk management. Which of the following is applied to execute the risk audits allowing continuous improvements of the risk management process?

A. Variance and trend analysis

B. Work Performance reports

C. Technical performance measurement

D. Reserve analysis

75 The project management team has just created the risk register. What risk management process are they currently in?

A. Plan Risk Management

B. Identify Risks

C. Perform Qualitative Risk Analysis

D. Plan Risk Responses

76 Below histogram is a result of A Project risk analysis. When does this project finish with 90% Probaility?

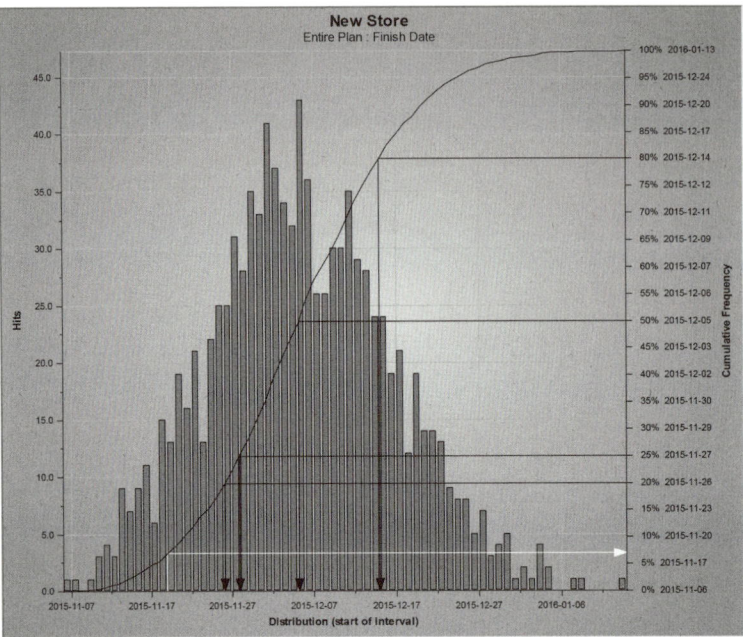

A. 2015/11/20

B. 2015/12/24

C. 2015/11/26

D. 2015/12/20

77 In the middle of Risk Management Plan process, a stakeholder noticed that any of the templates from past similar projects are not being used at all for the current project. What did the project manager forget to do?

A. Meet with the key stakeholder, since they would have relevant information and experience that the project manager can use.

B. Review information within the organizational process assets.

C. Review enterprise environmental factors information

D. Meet with the project manager of the previous similar project.

78 **Which of the following is not a role of the project manager in risk management?**

A. Develop and approve the risk management plan

B. Determine the risk tolerance with the stakeholders.

C. Approve the risk response before executing

D. Obtain management authority for all identified risks.

79 **Which of the following is not appropriate description about Procurement completion process?**

A. Update the end of incomplete claim and reflect the final result

B. Make a written contract and related documents so that they can be used in future

C. In multi−phase project, terms of the project is applied to every related project

D. In case of early cancelation of contract, each party's responsibility and right are stated in contract termination article

80 **Which of the following best describes about the Reserve Analysis?**

A. An analysis of the remaining contingency reserve and comparing it with the amount of residual Risk

B. An analysis of the needed management reserve and comparing it with the amount of residual Risk.

C. An analysis of the cash flow used and comparing it with the amount used on risk

D. An analysis of the project budget and comparing the remaining budget to the residual Risk.

81 You are the project manager in a motor company. Due to heavy rains, your manufacturer failed to deliver the mechanical parts required in the manufacturing process in time. As per your risk response, you decided to use the other mechanicals parts warehoused a year ago. Using outdated mechanical parts, the situation led to a bigger problem. What is this new risk also known as?

A. Unidentified risk

B. Unmanaged risk

C. Secondary risk

D. Residual risk

82 You plan to outsource the IT development works to 4 consulting firms. Which of the following statement has the least relevance to the Risk Transfer?

A. Risk transference nearly always involves payment of a risk premium.

B. Fixed price contract always transfers the risk to the seller.

C. Cost-plus contracts may transfer the cost risks to the buyer.

D. Contracts may be used for the transference of liability for specified risks to another party.

83 You are currently identifying risks, and also checking which risks may affect the project. Who should you be participating the risk identification process?

A. Project manager and team members, experts and clients.

B. Risk management Team, users and risk management professional.

C. All stakeholders

D. Stakeholders with positive influences.

84 Which of the following correctly describes about standard deviation in a normal distribution?

A. Distance of measurement from the mean

B. Distance of measurement from the most likely value

C. Distance of measurement from the middle most value

D. A tool that is used in qualitative risk analysis

85 Regarding the risks in the project, who is responsible for encouraging project team members, executives and other stakeholders for open and honest communications?

A. Risk management team member

B. All project team members

C. Project manager

D. The top management

86 You are the project manager. You need various ideas to identify risks. Which of the following technique should you use?

A. Delphi technique

B. Idea mapping

C. Nominal group technique

D. Brainstorming

87 You are checking important risks and relevant risk responses. Probability of natural disaster risks that impacts the project has been documented, and it was recorded in the risk management plan to accept this risk. What is the term of a risk that remains after the occurrence of above mentioned risk?

A. Unidentified Risk   B. Residual Risk

C. Secondary Risk   D. Accepted Risk

88 Despite the careful risk management, possibility of a new risk outbreak still remains in the future. Which of the following shall be performed to handle risks to such extent?

A. Plan Risk Management
B. Identify Risks
C. Control Risks
D. Plan Risk Response

89 You just finished the risk data quality Assessment to evaluate which risk is useful for risk management. What is the next step?

A. Perform a structured review of project plans and assumptions, both at the total project and detailed scope levels.
B. Develop checklists to identify risks based on historical information and knowledge that has been accumulated from previous similar projects.
C. Conduct planning meetings to develop the risk management plan.
D. Conduct interviews to quantify the probability and impact of risks on project activities.

90 Calculation of risk shows that there is a risk of overrun in scope and schedule in the project beyond its thresholds. To make the risk to an acceptable level, what should you do?

A. Consider using contingency reserves
B. Decrease the project scope and increase the project schedule
C. Talk with the project sponsor about canceling the project
D. Do additional risk response planning

91 The below histogram is obtained as a result of risk analysis on the project A. What is the probability of the project to finish on 21/April/2009? And, what is the date for the project finish to have probability of 80%?

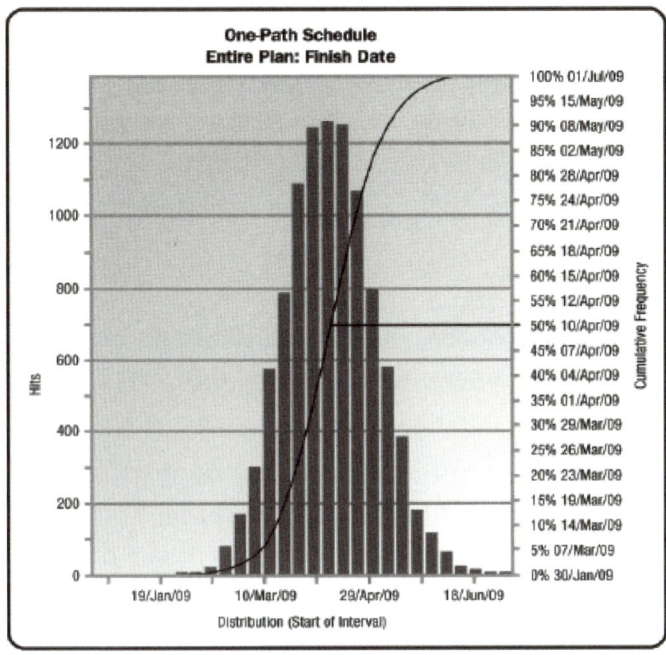

A. 50%, 12/Apr/09

B. 50%, 28/Apr/09

C. 70%, 01/May/09

D. 70%, 28/Apr/09

92 As a project manager, you realized that you have to perform an immediate corrective action. In risk management aspect, which of the following is the stage for the action to be performed?

A. Perform Quantitative Risk Analysis

B. Identify Risks

C. Perform Qualitative Risk Analysis

D. Control Risks

93 Project Management and Project Risks Management should be integrated. In this context, which of the following is not a project management aspect that can be influenced by the risk management?

A. Resource requirement, cost and schedule estimation

B. Impact Assessment in suggested scope change

C. Status report to stakeholders

D. Enhance stakeholders' risk tolerance

94 In Risk Management Plan process, the standard should be established for how risk management works to be performed. This is because careful and explicit planning enhances the probability of success for the subsequent risk management processes. In this context, which of the following is not necessary for the Risk Management Plan?

A. Document risk characteristics

B. Establish an agreed−upon basis for evaluating risk

C. Ensure that the degree, type, and visibility of risk management are commensurate with both risks and the importance of the project

D. Provide sufficient resources and time for risk management activities

95 In project risk response strategies, what is a documented direction that executes an activity which can reduce the probability of negative consequences associated with project risks?

A. Corrective action

B. Preventive action

C. Defect repair

D. Risk mitigation

96 Which of the following occurs in the Planning Process Group?

A. Risk Identification

B. Manage stakeholder engagement

C. Project Team Acquiring

D. Stakeholders Identification

97 You are executing Risk Response Plan, identifying new risks, and evaluating risk response in overall project. Which of the following documents includes risk trigger and warning signal, Residual and secondary risk, and Risk Watch List?

A. Project Management Plan

B. Risk Management Plan

C. Cost Management Plan

D. Risk Register

98 You are working on risk control process and updating Organizational Process Assets. Which of the following is not updated?

A. Template including probability—impact matrix and Risk Register

B. Risk Breakdown Structure

C. Actual result of risk response

D. Lessons learned from Project Risk Management activities

99 In case of a fire, one of the risk response strategies is using a fire extinguisher. If the fire is too big handle with an extinguisher, calling fire station for help will be another risk response strategy. In this sample case, calling fire station is a type of?

A. Secondary Risk

B. Residual Risk

C. Fallback Plan

D. Work around

100 A project team is developing new software in various language versions to sell globally. The project team is currently in the planning stages of risk management and has discovered a potential risk. The concern is that keyboards used in different countries may not contain all of the functions required by program. The project manager would hire a consulting company specializing in product testing to deal with the risk. What risk strategy did the project team utilize?

A. Accept

B. Avoid

C. Mitigate

D. Transfer

101 Which of the following is a tool and technique of the Plan Risk Responses process?

A. Risk categorization

B. Assumption analysis

C. Reserve analysis

D. Expert judgement

102 the below histogram is obtained as a result of risk analysis on the project A. what is the probability for the project finish to have duration with 392 days?

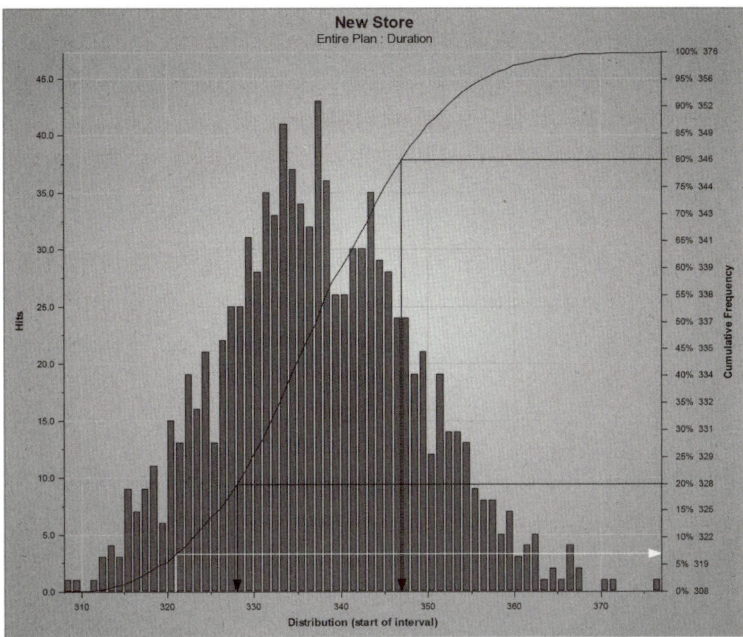

A. 30%

B. 50%

C. 70%

D. 90%

103 As a project manager, you are going to make a stakeholder register in order to aid communication amongst the stakeholders. Which of the following content is not necessary to be reflected into the stakeholder register?

A. Stakeholder management strategy

B. Stakeholder classification

C. Major requirements, main expectations, potential influence

D. Identification information

104 The executives asked you to perform risk audit and report of the result. If a project team member asks you of what is risk audit, how would you answer him about it?

A. A risk audit is a review of probability and impact of all risks, which are in presence but have not yet occurred.

B. A risk audit is to check all risks occurred in the project and their impacts on schedule and cost.

C. A risk audit is to review the potential impacts of risks that did not occur yet.

D. A risk audit is to review the fundamental causes of risks, the effectiveness of risk response plan and the effectiveness of risk management process

105 Which of the following descriptions is not correct about above shown risk breakdown structure?

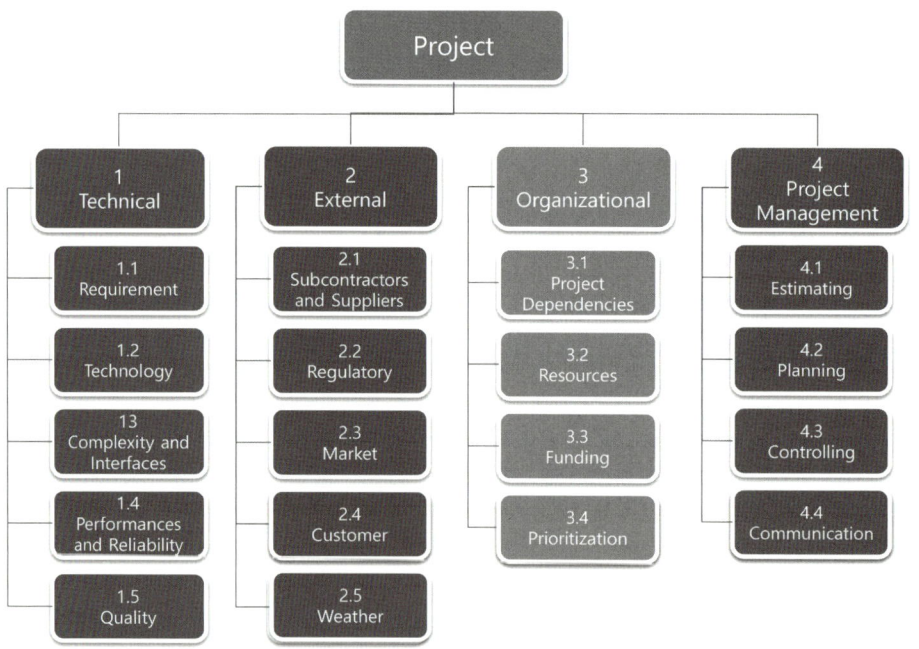

A. It is useful for a project team in reviewing various causes of project risk triggers during the risk identification process.

B. It is a hierarchical representation of risks by the risk categories.

C. It is an output of the project planning that can be applied to various types of projects as a uniform structure.

D. It can be used in tools and techniques of Risk Identification process.

106 An ongoing project is executed by a massive organization. Political influence coming from such massive organization may obstruct the team to figure out the risks. As the project manager, you are planning on using an anonymous process to check risk incidents. Which of the following method allows you to collect and distribute the risk information without other stakeholders being aware?

A. Monte Carlo Technique
B. Checklist analysis
C. Delphi Technique
D. Surveys

107 the below histogram is obtained as a result of risk analysis on the project A. what is the probability for the project finish to have duration with 334 days?

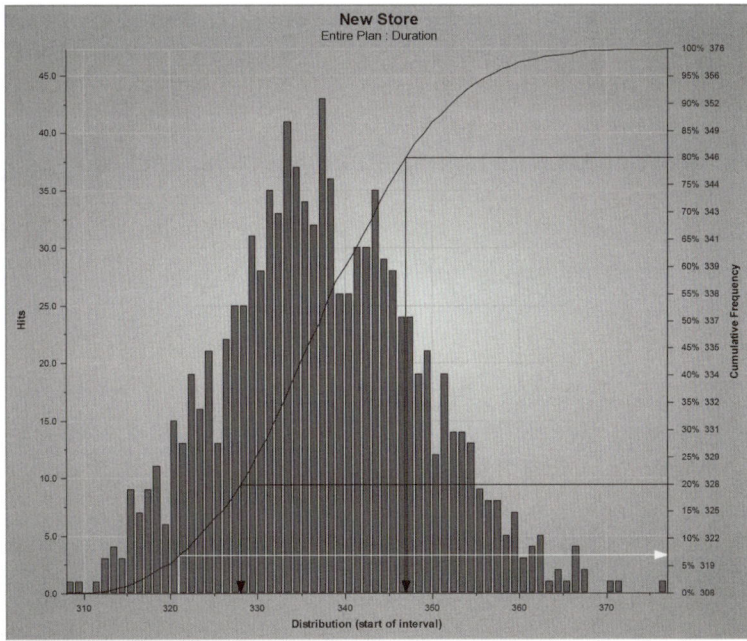

A. 30%   B. 40%
C. 50%   D. 60%

108 Which of the following is not an input of qualitative risk analysis?

A. Project management plan

B. Risk register

C. Enterprise environmental factors

D. Organization process assets

109 This is one of the risk identification tools and techniques. This is developed based on precedent information and knowledge accumulated from past similar projects and other various sources. This can apply the lowest level items of risk breakdown structure. What is this?

A. SWOT analysis

B. Assumption analysis

C. Brainstorming

D. Checklist analysis

110 Which of the following best describes about checklist analysis?

A. It can be quick and simple, but cannot be analyzed in detail.

B. It is not necessary to investigate items not on the list.

C. Related items shall not be deleted, and as many as possible lists should be created.

D. It may apply the highest level of Risk Breakdown Structure.

111 **Which of the following descriptions is not correct about above figure?**

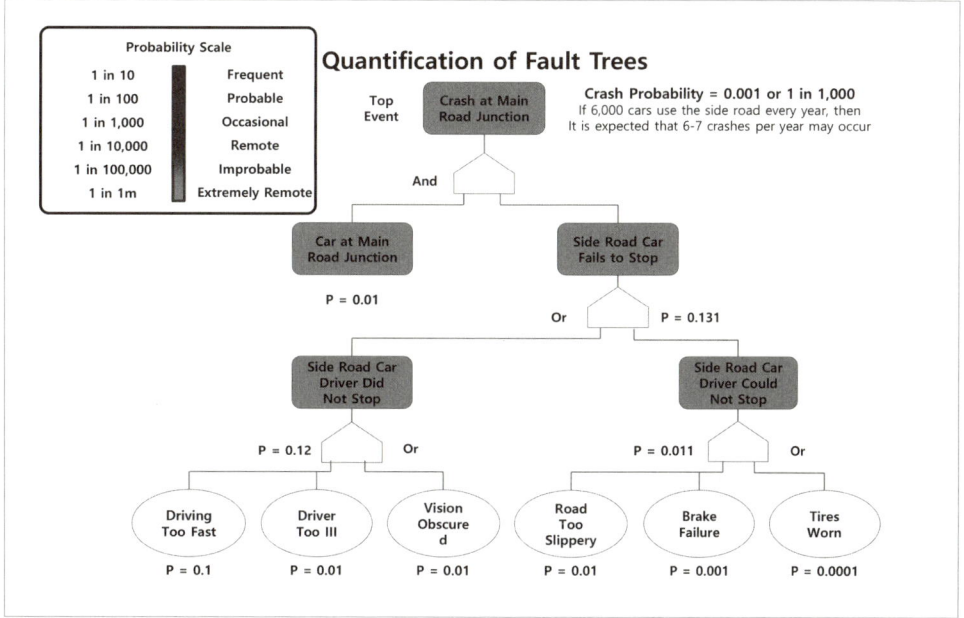

A. It is a Fault Tree Analysis

B. It is useful in the design and engineering phase of the project.

C. It shows the quality of a system or a product, and it deduces the success probability.

D. Based on the system logic, it identifies the cause of failure by various factors alone and in combination.

112 **Which of the following is not necessary to be checked in the risk control process?**

A. Validity of the project assumptions

B. Change or withdrawal of analyzed risks

C. Obedience of risk management process

D. Change of Risk tolerance

113 Which of the following is least related to the risk management?

A. Identifying and analyzing project risks

B. Preventing risks occurring

C. Planning risk responses.

D. Continuous improvement.

114 The issue can be best described as?

A. An another meaning of project risk

B. An occurred negative risk.

C. A sign of risk.

D. A risk that can be responded in advance.

115 Which of the following, as risk controlling tool and technique, shows the variation from planned milestones in excess or shortage, and is useful in estimating probability of success of achieving the project area having its performance measurement in weight, number of transactions, number of defected deliverables and storage capacity?

A. Risk Audit

B. Variance and Trend Analysis

C. Technical Performance Measurement

D. Reserve Analysis

116 In order to check if the critical milestones - construction equipment manufactured and delivered–are going to be kept in time, you are measuring number of purchases of necessary materials for equipment manufacturing. What risk tool and technique is this relevant to?

A. Risk Audit

B. Variance and Trend Analysis

C. Technical Performance Measurement

D. Reserve Analysis

117 Which of the following activities is an output of the risk control that adjusts the future performance to meet the project management plan?

A. Recommended corrective measures

B. Work performance information

C. Project management plan updates

D. Project management documents updates

118 An analytic technique is applied for understanding and defining overall risk management status of the project. For example, in order to decide the risk attitude and risk tolerance rating and level of stakeholders, the stake holder risk profile analysis can be performed. Which of the following risk management process utilizes this tool or technique?

A. Plan risk management   B. Identify risk

C. Perform qualitative risk analysis   D. Control risks

119 A risk management team has just completed the Ishikawa diagram analysis. What information about identified risks can the team obtain from the analysis?

A. Confirm risk causes.

B. Identify more risks

C. Determine the risk with biggest impact

D. Determine the risk with highest probability of occurrence

120 A project manager has just started risk planning process. For the first meeting after initiation of the planning, he got down to the task of measuring Risk tolerance and risk attitude of stakeholders. For this task, which of the following would be most helpful for the project manager?

A. Organization process assets   B. Enterprise environmental factors

C. Project scope statement   D. Project charter

121 Many risks have been found in the ongoing project, and they are affecting many stakeholders' expectations. What plan should you see in order to find out who can share the information about those risks?

A. Stakeholder management plan

B. Human Resource management plan

C. Risk management plan

D. Communication management plan

122 Which of the following descriptions is not correct about above figure?

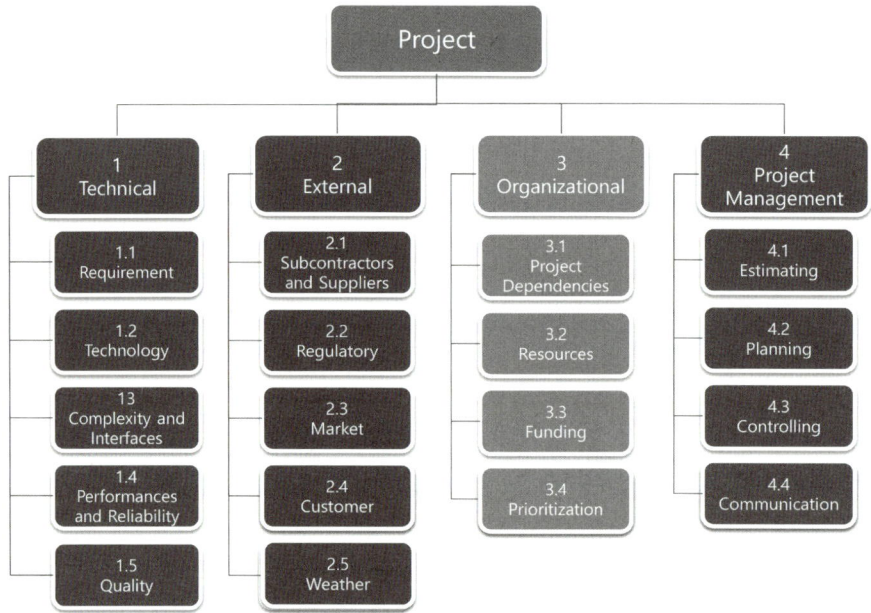

A. It is useful for a project team in reviewing numerous risk triggers in the risk that may occur in process of risk identification.

B. It is a schematic diagram of risks organized according to the risk categories.

C. It starts as an output of Control Risk process, and then it becomes a subject of project document updates.

D. It can be used in tools and techniques of risk identification process.

123 Which of the following correctly describes about risk categorization?

A. Risk breakdown structure can be used when categorizing risks by their sources.

B. Resource breakdown structure can be used when categorizing project areas affected by the risks

C. It is a technique of quantitative risk analysis.

D. It is difficult to categorize the project into phases.

124 As the result of the risk analysis of the project A in current status, what is the probability of the project to finish on 11/July/2016?

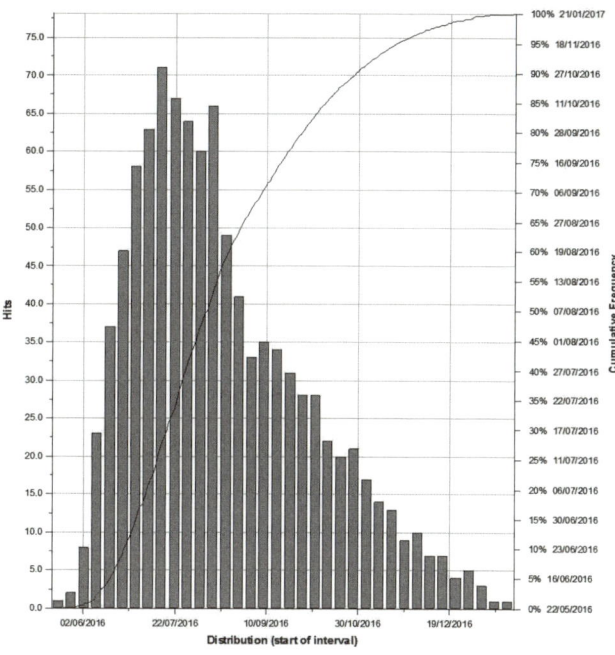

A. 0%　　　　　　　　　　B. 10%

C. 25%　　　　　　　　　　D. 50%

125 The risk attitude of organization and stakeholder can be affected by various factors. All of followings are the factors except?

A. Risk Acceptable　　　　　　B. Risk tolerance

C. Risk threshold　　　　　　　D. Risk avoidance

126 You are a project manager in the new residential community development project. The project sponsor requested you to identify potential risks as soon as possible. However, the risk management process is not yet started. Which of the following should you apply the most to satisfy his requirement?

A. Schedule management plan

B. Quality management plan

C. Risk register

D. Organization process assets

127 A project manager in a small project has started the risk management planning process. His first task is to use the organizational process assets. Which of the following cannot be obtained from the organizational process assets?

A. Risk attitude

B. Risk categories

C. Authority levels for decision making

D. Risk statement formats

128 A project manager has just updated potential response list in the risk register. What risk management process is doing?

A. Plan risk response

B. Plan risk management

C. Identify risk

D. Perform qualitative risk analysis

129 During the planning meeting, the project team made temporary risk categories to use in the project. After initial agreement, the project team decided to establish detailed risk categories in hierarchical form that would show the risk categories and its corresponding sub-categories. Which of the following is being described?

A. Risk register

B. Risk breakdown structure

C. Risk management plan

D. Risk categories

130 Which of the following descriptions is incorrect about the project risk?

A. Causes of risk can be multiple, and so are effects of causes.

B. Although the risks are identified in advance, the contingency reserve should be allocated for risks that cannot be proactively manage.

C. As the risk of entire project embodies all causes of uncertainty, it is greater than the sum of all individual risks.

D. The evidence of accepting risks at various different levels is the magnitude of impact of risk.

131 Which of the following is not correct about above table?

Defined Conditions for Impact Scales of a Risk on Major Project Objectives
(Examples are shown for negative impacts only)

Project Objective	Relative or numerical scales are shown				
	Very low / 0.05	Low /0.10	Moderate /0.20	High /0.40	Very high /0.80
Cost	Insignificant cost increase	< 10% cost increase	10 – 20% cost increase	20 – 40% cost increase	>40% cost increase
Time	Insignificant Time increase	< 5% time increase	5 – 10% time increase	10-20% time increase	>20% time increase
Scope	Scope decrease barely noticeable	Minor areas of scope affected	Major areas of scope affected	Scope reduction unacceptable to sponsor	Project end item is effectively useless
Quality	Quality degradation barely noticeable	Only very demanding applications are affected	Quality reduction requires sponsor approval	Quality reduction unacceptable to Sponsor	Project end item is effectively useless

This table presents examples of risk Impact definitions for four different project objectives. They should be tailored in the Risk Management Planning process to the Individual project and to the organization's risk thresholds. Impact definitions can be Developed for opportunities in a similar way

A. It is included in the risk management plan.

B. As shown in above table, fundamental definitions can be used in future processes by having them adjusted for individual projects for the period of Perform Risk Analysis process.

C. It is a table of definitions of risk impacts.

D. It cannot define impacts regarding opportunities.

132 Which of the following is not included in the risk management plan?

A. Methodology, Roles and Responsibilities, Setting Budget and Selection of Time

B. Risk categories, Definition of risk probability − impact

C. Probability − impact matrix

D. Confirmed stakeholder's Risk tolerance

133 A key stakeholder met up with the project manager to inquire about the concluded reports. According to the stakeholder, recent situations should be reflected to the watch list. In order for the project manager to check appropriate plan and reporting method, which of the following document should he refer to?

A. Risk management plan

B. Risk register

C. Risk response plan

D. Procurement management plan

134 As a project manager, you are identifying risks. You would like to apply brainstorming to identify potential risks. Who should you invite for this task?

A. Project sponsor

B. Subject matter experts

C. Functional manager

D. Client

135 Which of the following tool, or technique, uses the lowest level of risk breakdown structure and helps risk management team to discover additional risks in all areas of the project?

A. Root cause analysis

B. Assumption analysis

C. WBS analysis

D. Checklist analysis

136 Which of the following processes uses meeting and analyzing technique for its tool or technique?

A. Plan risk management

B. Identify risk

C. Perform qualitative risk analysis

D. Control risks

137 What is the name of diagramming technique shown in below figure?

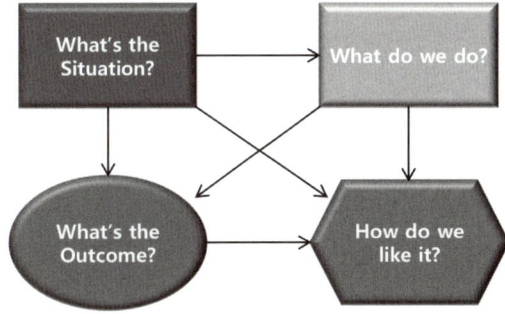

A. Cause and effect diagram

B. Process flow chart

C. Influence diagram

D. Ishikawa diagram

138 In dealing with the identified risks and their causes, the effects of risk response plan and risk management process are Assessment and documented. Which of the following risk management tool or technique is this process about?

A. Risk reAssessment

B. Risk Audit

C. Variance and trend analysis

D. Technical performance measurement

139 Which of the following correctly describes about the risk audit?

A. It is an output of Control Risk process

B. Before conducting risk audit, the mode and purpose must be clearly defined.

C. It must be performed in a form of separate risk audit meeting.

D. It is a technical performance measuring.

140 The risk management team has identified all risks in the project. They are going to prioritize the risks, and which of the following method would be most appropriate for them to apply?

A. Checklist analysis

B. Risk urgency Assessment

C. Assumption analysis

D. Delphi technique

141 According to the estimations, an activity has its most likely finish time in 134 days, earliest finish time in 95 days and latest finish time in 206 days. What is the standard deviation of this activity?

A. 139.5

B. 59.7

C. 18.5

D. 4

142 As the result of the risk analysis of the Project A in current status, you have obtained the histogram as below. Based on the below risk analysis result, what is the possibility that project finishes with value of 1,077,067?

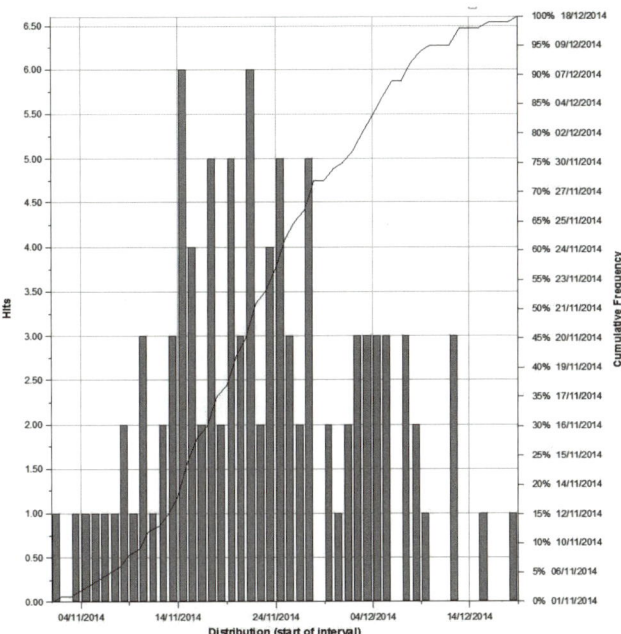

A. 100%   B. 90%

C. 70%   D. 80%

143 Above cumulative distribution is a result of Quantitative Risk Analysis that has original cost at $ 41M. If the conservative stakeholders want the project success probability at 75%, how much additional contingency reserve in percentage is required in comparison to the original cost?

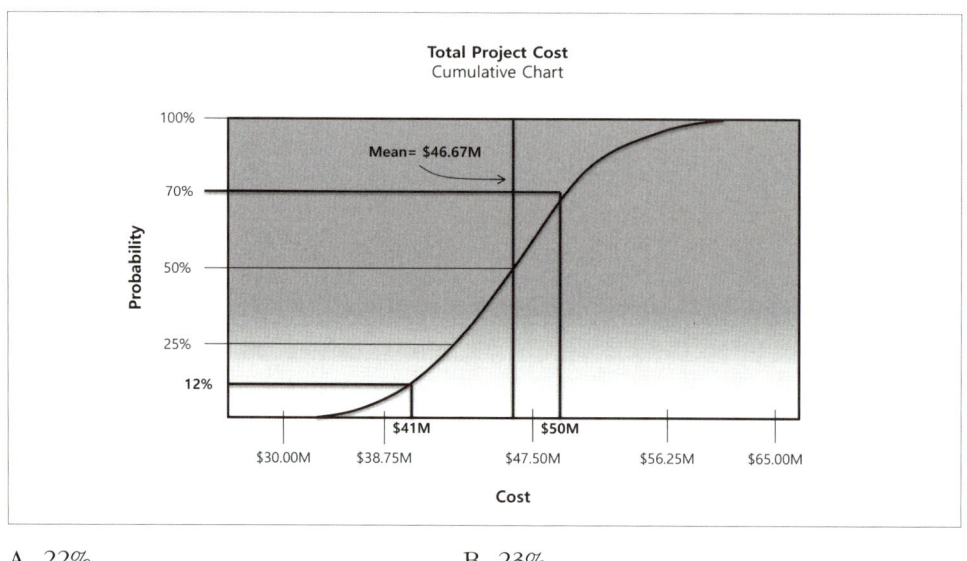

A. 22%   B. 23%
C. 24%   D. 25%

144 A project team has investigated a risk. Its value was approximately $4,000, and probability of its occurrence is about 45%. What is the expected value of this risk?

A. $1,000
B. $1,800
C. $4,000
D. $5,800

145 In which of the following risk management process a risk is identified?

A. Plan Risk Management
B. Identify Risk
C. Identify Risk and Perform Qualitative Risk analysis
D. Identify Risk and Control Risks

146 Below histogram is a result of A project risk analysis. What is project cost gap between P50 and P90?

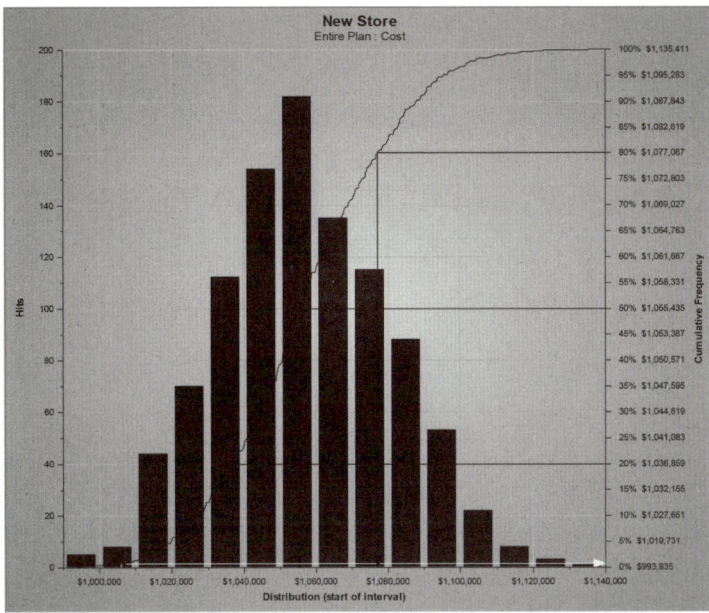

A. 32,408

B. 38,207

C. 33,498

D. 32,410

147 A project manager, in order to make beta distribution, met department manager and obtained optimistic value, pessimistic value and most-likely values. Which of the following technique is the PM applying in this case?

A. Brainstorming

B. Delphi technique

C. Risk management plan

D. Interview

148 **Which of the following descriptions is not correct about above table?**

Probability and Impact Matrix

Probability	Threats					Opportunities				
0.90	0.05	0.09	0.18	0.36	0.72	0.72	0.36	0.18	0.09	0.05
0.70	0.04	0.07	0.14	0.28	0.56	0.56	0.28	0.14	0.07	0.04
0.50	0.03	0.05	0.10	0.20	0.40	0.40	0.20	0.10	0.05	0.03
0.30	0.02	0.03	0.06	0.12	0.24	0.24	0.12	0.06	0.03	0.02
0.10	0.01	0.01	0.02	0.04	0.08	0.08	0.04	0.02	0.01	0.01
	0.05	0.10	0.20	0.40	0.80	0.80	0.40	0.20	0.10	0.05

Impact(numerical scale) on an objective (e.g., cost, time, scope or quality)

Each risk is rated on probability of occurring and impact on an objective if it does occur. The organization's Thresholds for low, moderate or high risks are shown in the matrix and determine whether the risk is scored as high, moderate or low for that objective.

A. Risks can be rated according to the classification of goals.

B. This matrix specifies the probability−impact combinations which classify risk priority in low, moderate and high.

C. Descriptive terms or numerical values can be used depending on the organizational preference.

D. Area with darker color means the lower priority.

149 **Which of the following correctly describes about the below chart?**

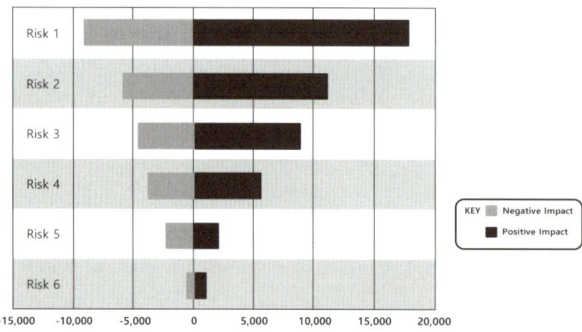

A. This is a technique of qualitative risk analysis.

B. This is not suitable for analyzing risk taking scenarios of specific risks.

C. This is used in analysis of comparing relative importance of variances.

D. Y−axis represents correlation and X−axis represents uncertainty.

150 As the result of the risk analysis of the Project A in current status, you have obtained the histogram as below. Based on the below risk analysis result, what is the possibility that project finishes with value of 1,790?

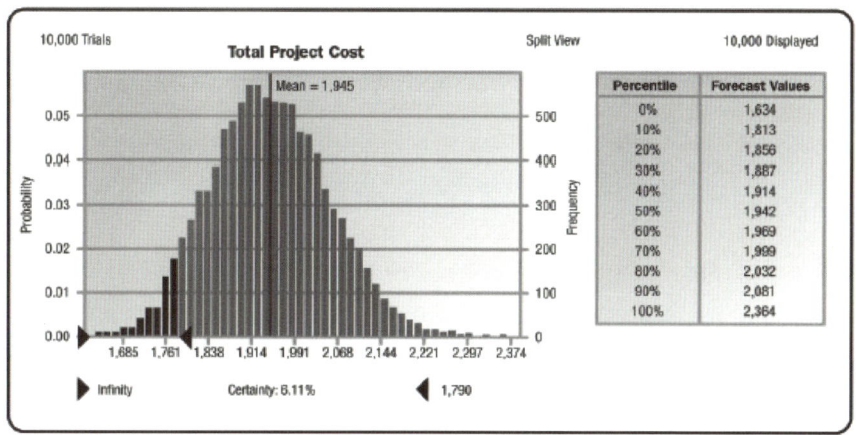

A. 0%

B. 1.8%

C. 6.11%

D. 10%

151 A project manager of a loan company is working on a project that offers customers to apply for loans online at home. The PM gave stakeholders options whether to buy an online application system or to develop a new system. Outsourcing has initial cost of $260,000, and its probability of failure is 30% and the impact of loss is $80,000. System Development has initial cost of $150,000, its probability of failure is 60% and the impact of loss is $230,000. Which option should the PM recommend to the stakeholders?

A. System development

B. Outsourcing

C. Neither because both have high risks.

D. He cannot make decision because provided data are insufficient.

152 Which of the following best describes regarding above figure?

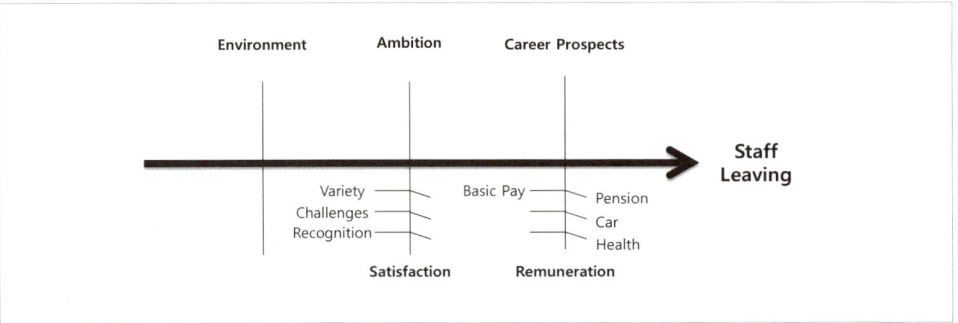

A. It is a flow chart of the system or the process

B. It is useful for risk identification.

C. It shows incidental effects, chronological events and other relationships between variables and results.

D. It shows the interrelationship mode of system and the Cause−and−effect diagrams.

153 As the result of the risk analysis of the Project A in current status, you have obtained the histogram as below. Based on the below risk analysis result, what is the mean forecast value at the finish of the project?

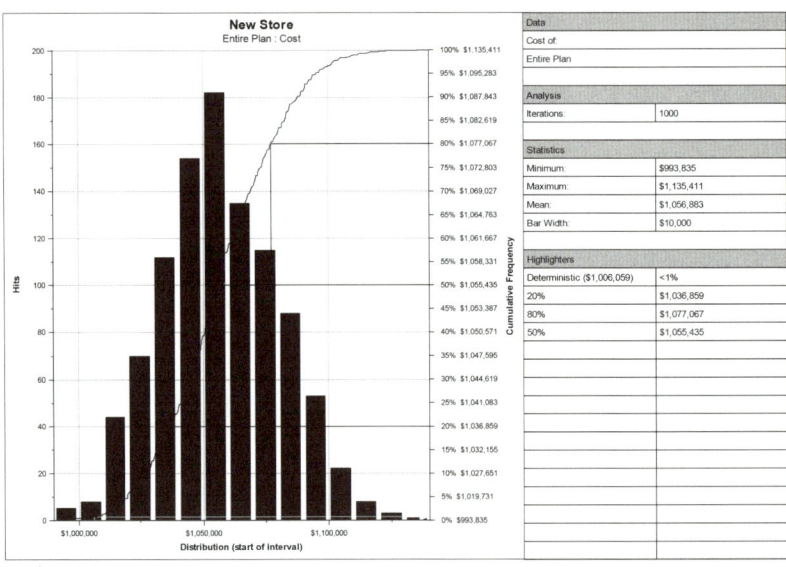

A. 993,835

B. 1,135,411

C. 1,056,883

D. 1,055,435

154 Which of the following descriptions is not correct about Force Field Analysis?

A. This is analysis is typically used in aspect of change requests.

B. It identifies risks by distinguishing power that brings changes and power that opposes to changes to the project goals.

C. In this analysis, a risk can be identified as an uncertain event or condition that brings change.

D. The driving force of factory facility construction is cost.

155 Which of the following techniques applies earned value analysis in order to determine if deviations exist?

A. Risk audit   B. Variance ant trend analysis

C. Technical performance analysis   D. Reserve analysis

156 As the result of the risk analysis of the Project A in current status, you have obtained the histogram as below. Based on the below risk analysis result, what is the mean forecast value at the finish of the project, and how much contingency reserve is required if probability of project finish is shifted from P50 to P90?

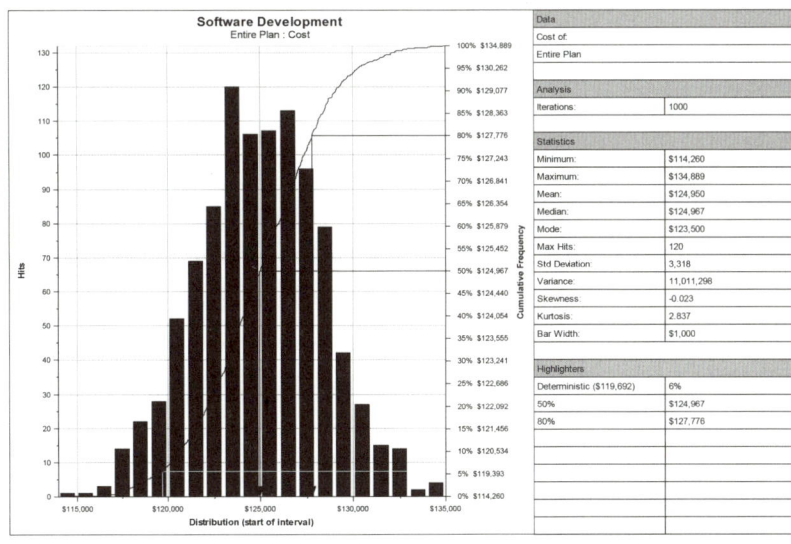

A. 114,260 / 4,110   B. 124,950/ 4,110

C. 124,950 / 5,577   D. 124,967/ 5,577

157 As the result of the risk analysis of the Project A in current status, you have obtained the histogram as below. To increase the probability of project finish from P50 to P80, how many days should you have in reserve?

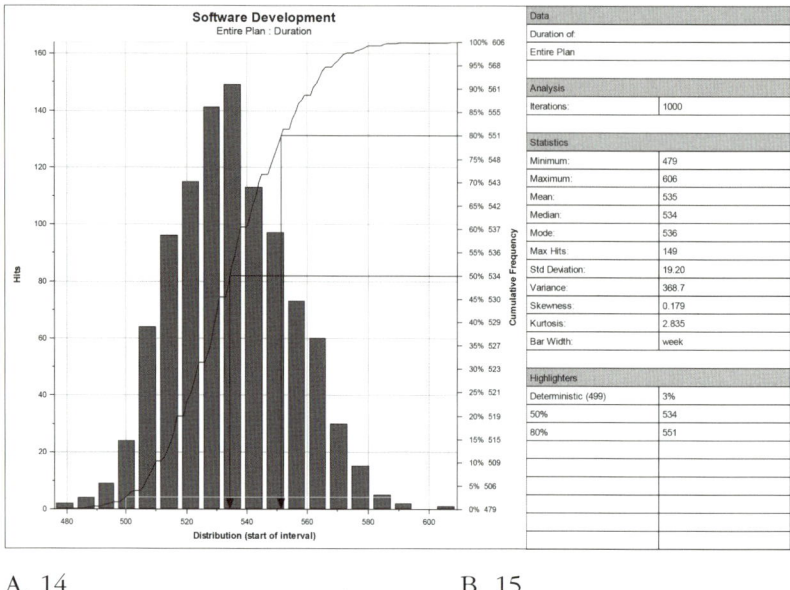

A. 14

B. 15

C. 17

D. 16

158 Which of the following is not used as an input for developing risk responses?

A. Risk Priority

B. Causes of Risks

C. Potential Responses.

D. Contingency Strategies

159 What method is in the form of brainstorming that without any template or examples that all issues are shared among participants before Assessment and all participants can equally be involved in the Assessment?

A. Interview

B. Questionnaire

C. Nominal group technique

D. Force field

160 **Which of the following incorrectly describes about System Dynamics(SD)?**

A. t can identify risk by particular application of the influence diagram.

B. t represents the subjects of projects and the flow of information.

C. t can display feedback and feedforward that cause uncertainty and instability.

D. It cannot show the risk impacts regarding project goals such as expected schedule or cost.

161 **As the result of the risk analysis of the Project A in current status, you have obtained the histogram as below. To increase the probability of project finish from P50 to P80, how many days should you have in reserve?**

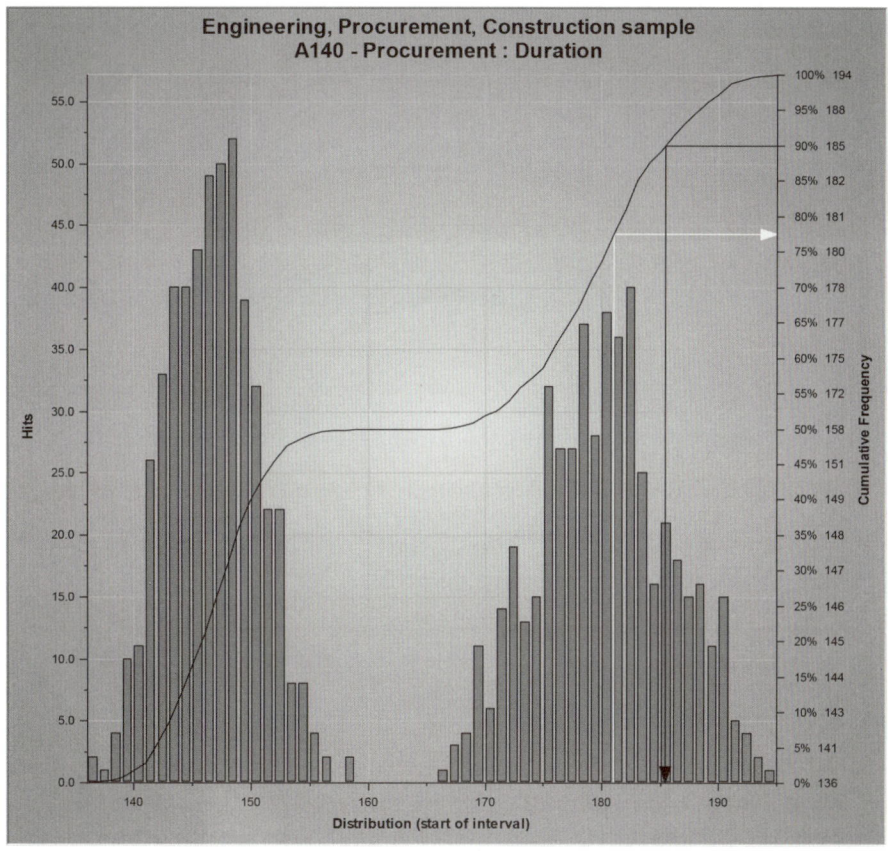

A. 5   B. 10
C. 15   D. 23

162 As the result of the risk analysis of the Project A in current status, you have obtained the histogram as below. What is the probability of project to finish on 5 Dec 2016, and what is the date of the project to finish at probability of 50%?

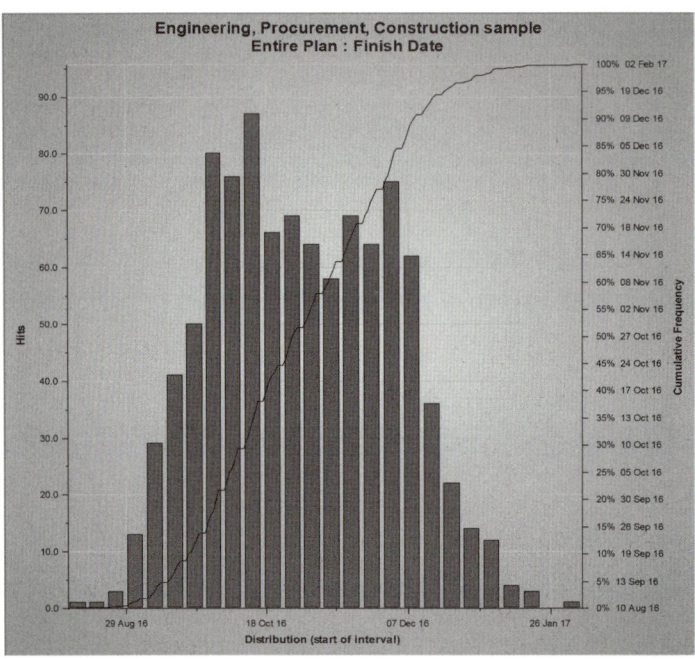

A. 65%/2016/10/29

B. 75%/2016/10/27

C. 85%/2016/10/27

D. 95%/2016/10/29

163 It is a technique commonly used in strategic decision making, and it is especially useful in identifying risks occurred within the organization. Which of the following is being described?

Step 1: Identify & list organizational strengths and weaknesses using brainstorming	Strengths S1 S2 Etc.	Weaknesses W1 W2 Etc.
Step 2: Derive opportunities from strengths, and threats from weaknesses, using risk metalanguage	Opportunities O1.1 O1.2 O2.1 Etc.	Threats T1.1 T2.1 Etc.

A. Assumption analysis

B. System Dynamics

C. WBS review

D. SWOT analysis

164 A project team is in the process of Control Risk. Out of 70 identified risks, half of them require immediate responses, and other 10 already have been occurred. What should the team do to check if they have enough budgets left to handle rest of the risks?

A. Implement a workaround.
B. Conduct a risk audit.
C. Perform variance and trend analysis.
D. Perform reserve analysis.

165 The project manager is concerned about potential risks occurring as a result of performance deviations from the baseline. What should the project manager do?

A. Perform risk audits
B. Measure technical performance
C. Perform variance and trend analysis
D. All Risk reassessment

166 When risk management activities end, the project manager saves risk management register, updates project management plan and store modified risk management templates. What did the project manager omit to do here?

A. Holding a closure meeting.
B. Risk reassessment.
C. Storing and saving lessons learned.
D. Holding a risk review meeting.

167 **Which of the following is incorrect about below figure?**

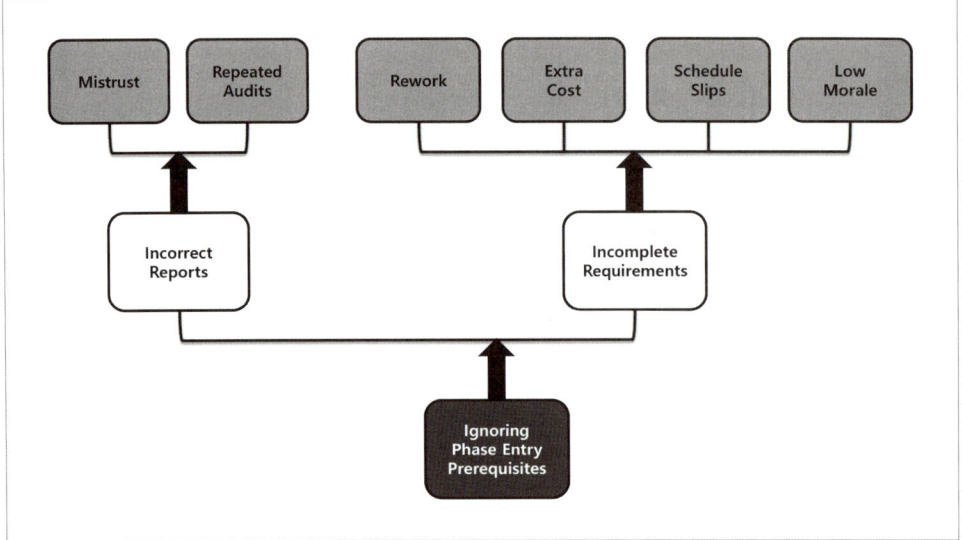

A. It is a technique of identifying problems, figuring fundamental causes of the problems and developing preventive measures.

B. It can identify common source of various risks.

C. It needs cautions in risk identification of distinguishing risks and issues.

D. It is not included in the information gathering technique.

168 **Which of the following description is not correct about the Prompt List?**

A. It is a tool to make risk identification process smoother.

B. It may be represented in a risk breakdown structure.

C. It can be used in the risk identification technique such as brainstorming and risk interviews.

D. It can be categorized into PESTLE, TECOP, SPECTRUM and GENERIC.

169 Above cumulative distribution chart is the information yielded from quantitative risk analysis. The original project cost is $ 41 M. The conservative stakeholders want the project success rate to be 50%. In this case, how much more contingency reserve should be secured on top of the original cost?

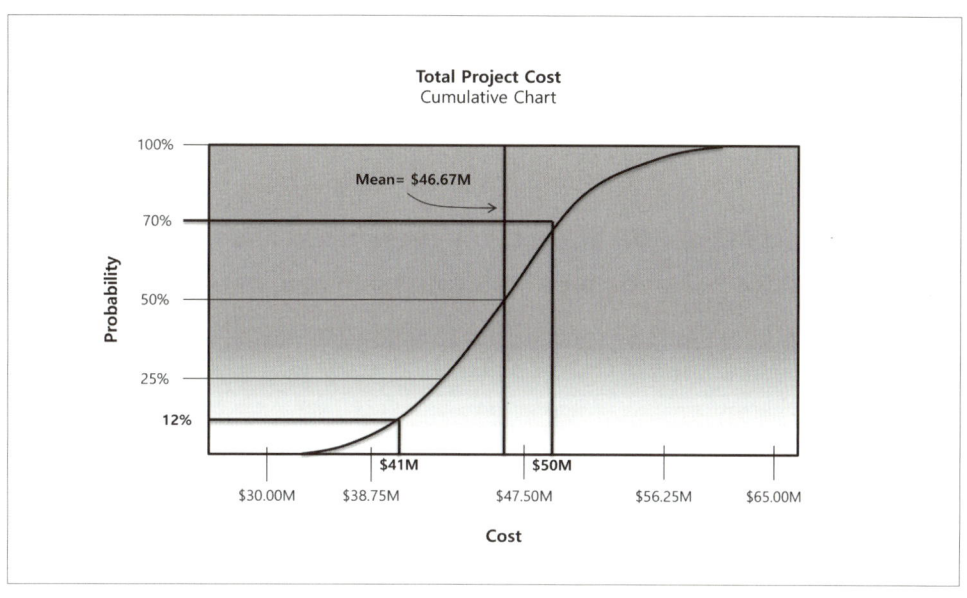

A. $4.67M

B. $5.67M

C. $6.67M

D. $7.67M

170 You are managing procurement relationship, monitoring fulfillment of a contract, and modifying changes related to the contract. Also, you are trying to apply proper project management process to the contractual relationship and check if the process's output is integrated in total project management. Which of following project management processes is not used?

A. Control Costs

B. Control Quality

C. Perform Integrated Change Control

D. Control risks

02 연습문제 2회

01 You are a PM of POP project. You defined risk and documented identified risk and the risk's features with your team members. What should you do next?

A. Set risk priorities.

B. Analyze effect of selected risk on the entire project.

C. Analyze Sensitivity.

D. Analyze SWOT.

02 You are assessing a risk and its impact based on the risk register. While evaluating, stakeholders refused to accept the risk when it goes over certain rage. What is the criteria for deciding whether to accept or reject the risk in this situation?

A. Appetite

B. Tolerance

C. Threshold

D. Trigger

03 As a result of risk analysis on a project, the below histogram was obtained. What is probability for the project finish on 04-Dec-2018?

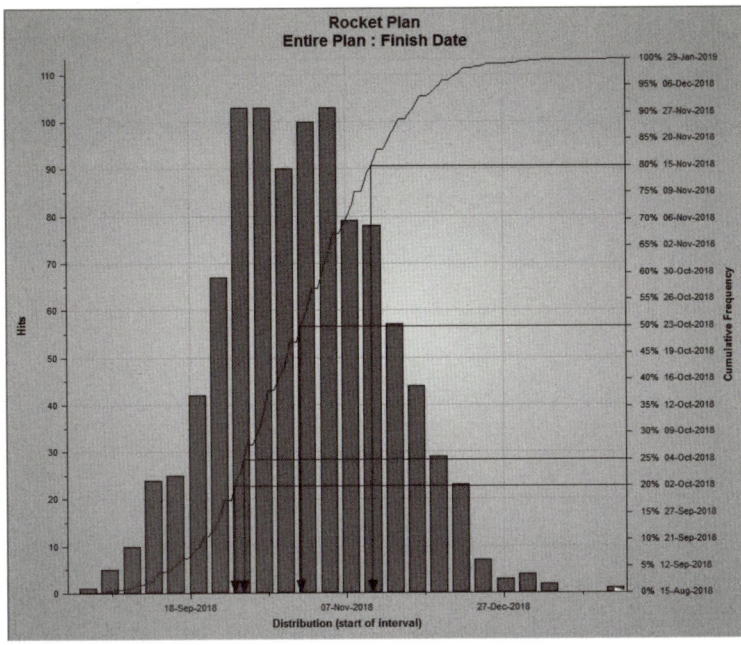

A. 0%

B. 10%

C. 25%

D. 50%

04 Which of the following is relevant to Risk tolerance, threshold and risk responding attitude?

A. Organizational Process Asset

B. Enterprise Environmental Factors

C. Risk register

D. Project Management Plan

05 Which of the following is not included in Organizational Process Asset in Risk Management Plan?

A. Risk categories

B. Risk statement form

C. Standard template

D. Issue log

06 Below histogram was obtained as a result of risk analysis on the Project A. What is probability to have a project duration less than 818 days?

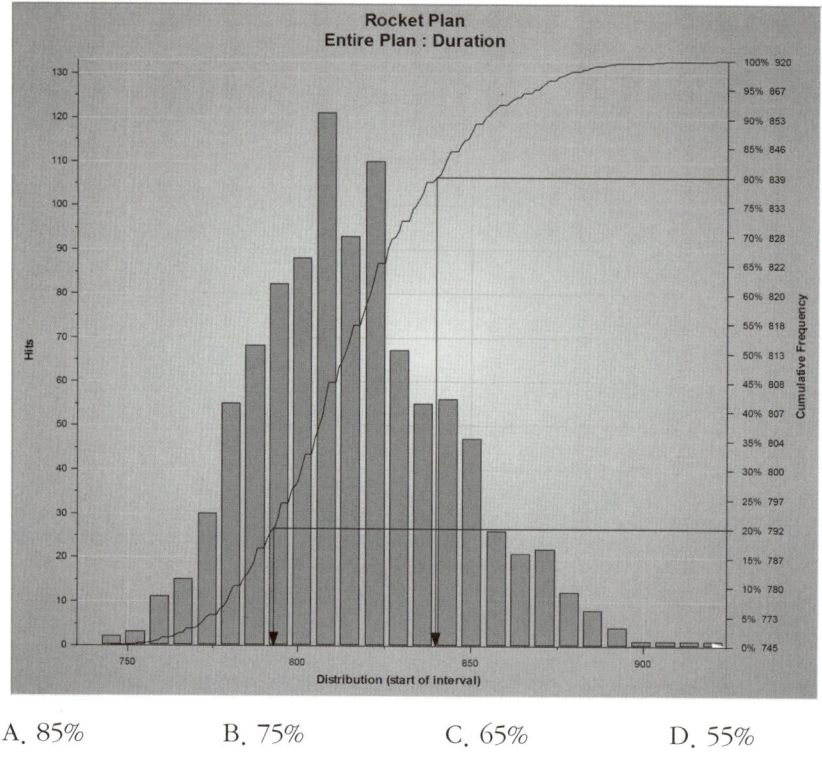

A. 85%   B. 75%   C. 65%   D. 55%

07 Which of the following is not included in Risk Management Plan?

A. Methodology
B. Benchmarking
C. Risk probability—impact definition
D. Risk categories

08 Which of the following is the most appropriate to the subject of risk control process?

A. Purpose and objective
B. Critical success factors for the process
C. Tools and techniques for the process
D. Improve efficiency of risk approach(throughout the project life cycle)

09 Below histogram was obtained as a result of risk analysis on the Project A. What is probability of this project to finish on 23 Aug. 2016?

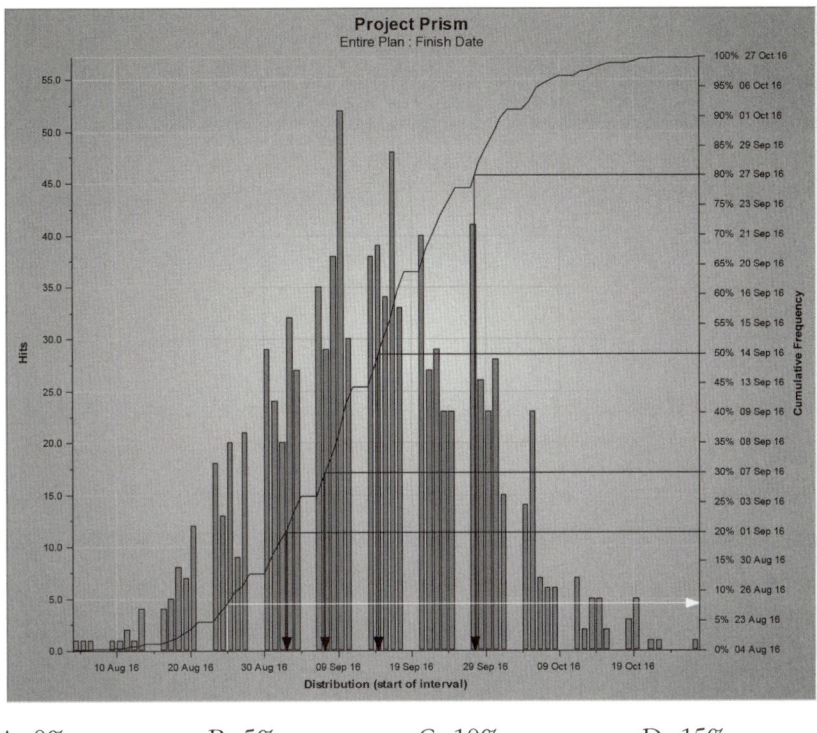

A. 0%   B. 5%   C. 10%   D. 15%

10 Which of the following is the most appropriate to the subject of risk identification process?

A. Purpose and objective
B. Documentation of existing risks
C. Tools and techniques for the process
D. Documenting the results of the process

11 Which of the following is not a key success factor in project risk management?

A. Recognize the value of risk management
B. Individual commitment
C. Organizational commitment
D. Integrate with risk management

12 **What is a process that should be done repetitively during a project's life cycle?**

A. Plan Risk Management

B. Risk Identification

C. Plan Risk Responses

D. Risk control

13 **Which of following is about individual risk and overall project risk?**

A. Overall project risk refers to an impact of uncertainty as a whole on the project.

B. Overall project risk is less than the sum of individual project risks.

C. Only overall risk aware risk as an impact of uncertainty on project and organization's goal.

D. Overall project risk includes a part of sources of project uncertainty

14 **What is a process manages a risk which is already known but cannot be prevented in advance?**

A. Plan Risk Management

B. Risk Identification

C. Plan Risk Responses

D. Risk control

15 **Which of the following process analyzes stakeholders' risk profile to determine the grade and level of project stakeholders' risk response attitude and tolerance?**

A. Plan Risk Management

B. Risk Identification

C. Plan risk response

D. Risk control

16 In the project of developing new programs, the project team plans to launch the software in various language versions. Currently, the process is in the risk management planning stage. During the translation task, the team has discovered a potential risk that the keyboards in different language settings may not be able to utilize all functions of the software. The team is going to run additional tests to prevent the known-unknowns. What is the risk strategy that this team is going to apply called?

A. Accept   B. Avoid

C. Mitigate   D. Transfer

17 Which of the following does not use Risk Management Plan?

A. Risk Identification

B. Qualitative risk analysis

C. Quantitative risk analysis

D. Risk control

18 What is the goal of risk management?

A. Increase positive event's occurrence probability and impact.

B. Decrease positive event's occurrence probability and impact.

C. Increase negative event's occurrence probability and impact.

D. Maintain negative event's occurrence probability and impact.

19 You are a PM of POP project. Stakeholders related to your project ask for information about risk factors in the project. Which of the following can be used to satisfy the stakeholders' request?

A. Risk Management Plan

B. Stakeholder Register

C. Scope Management Plan

D. Communications Management Plan

20 One of the stakeholders asked the risk manager for information about effectiveness of the Risk Response Plan. The risk manager told him that the analysis result is ready. What analysis is the risk manager most likely referring to?

A. Variance and trend analysis

B. Risk Audits

C. Reserve Analysis

D. Risk reassessment

21 Risk trigger is detected and risk occurrence probability is expected at high probability. What should you do next?

A. Use Risk Register and evaluate the occurrence probability and impact of risk.

B. Quantify risk's impact on the entire project.

C. Develop risk response plan and alternatives.

D. Realize risk response plan and trace identified risk.

22 You are under Plan Risk Responses based on qualitative and quantitative risk analysis. During Plan Risk Responses, you should use Risk Register. Which of the following is not included in Risk Register?

A. Cause of risk

B. Risk manager

C. Risk Watch list

D. Risk analysis definition

23 You are conducting qualitative risk analysis and calculated risk rating based on Risk Register. What should you do next?

A. Conduct quantitative risk analysis.

B. Update assumption register.

C. Conduct evaluation of risk urgency.

D. Conduct Facilitated risk workshop.

24 You finished quantitative risk analysis. Now you are updating Project Documents based on results of the quantitative risk analysis. Which of the following is not updated in this situation?

A. Probabilistic analysis on the project

B. Probability of achieving cost and time objectives

C. Prioritized list of quantified risks

D. List of risk data quality evaluation

25 You are realizing risk response plan, identifying new risk, and managing risk based on the response plan throughout the project. Through this, you are managing newly updated documents. Which of the following is not included in updated documents?

A. Template for risk management plan

B. Risk breakdown structure

C. Lessons learned

D. List of risk audit

26 Below histogram was obtained as a result of risk analysis on the Project A. What is probability of this project to finish on 14 Sep. 16?

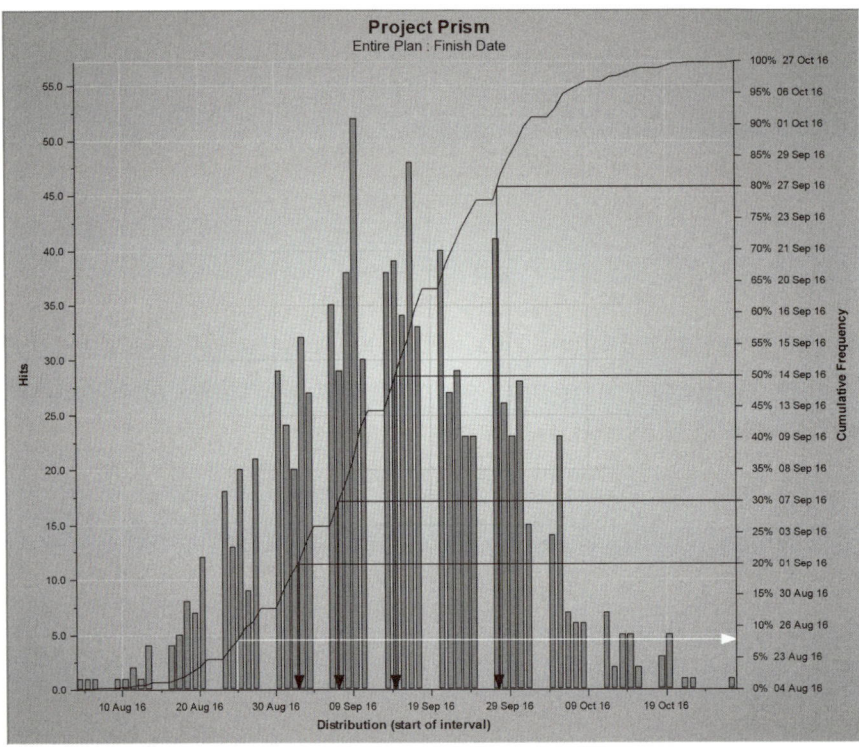

A. 30%　　　　　　　　　　　　B. 40%

C. 50%　　　　　　　　　　　　D. 60%

27 Which of the following input can reveal the risk attitudes of the organization?

A. Enterprise environmental factors

B. Organizational process assets

C. Project Scope Statement

D. Project Management Plan

28 You are a PM of POP project. You are identifying risk, calculating its occurrence probability, and making response plan with your team members. While you are making the plan new risk occurred and you followed the risk response strategy. But the strategy failed because of an unexpected event. What should you do next?

A. Proceed Risk identification process.
B. Review risk response strategy.
C. Execute Fallback Plan.
D. Refer to risk management plan document.

29 You are working on schedule management process. While making WBS and logical relationships between activities, you found that many activities end in FS relationship in a certain activity. What does this mean?

A. It is routine activity logic relationship.
B. You should check logic and conduct quantitative risk analysis.
C. You should start schedule development process.
D. You should inspect Activity List and check if there is any duplicated items.

30 In which of the following process a Risk Owner is assigned for the first time?

A. Establishing Risk Management Plan   B. Risk Identification
C. Establishing risk response plan   D. Risk control

31 The project manager is in the process of identifying realistic and achievable cost and schedule targets To do this, she conducts a variety of numerical analysis techniques. What process is the project currently in?

A. Plan Risk Management   B. Perform Qualitative Risk Analysis
C. Perform Quantitative Risk Analysis D. Plan Risk Responses

32 **What is the role of risk manager?**

A. Risk manager makes response strategies for each risk and execute them.

B. Risk manager is responsible for managing some of the risks on behalf of PM.

C. Risk manager is assigned by an Subject matter experts.

D. Risk manager execute every risk management process.

33 **Who does execute response plans for each risk and approve those plans?**

A. Risk Action Owner

B. Project manager

C. Stakeholder

D. Subject matter experts

34 **You are a PM of POP project. While working on the risk process, you should provide expected risk list to stakeholders by their urgent request before you finish risk identification process. Which of the following is proper document you should refer to?**

A. Project Management Plan

B. Project Charter

C. Work Breakdown Structure

D. Project document

35 **You are a PM of POP project. Now you are developing Risk Management Plan and identifying risks based on various plans. Which of the following tools or techniques is not useful to risk identification?**

A. Assumption analysis

B. Diagramming Techniques

C. SWOT analysis

D. Information estimation techniques

36 You are a PM of POP project. Now you developed Project Charter and identified stakeholders. What is a process that should be done repetitively during a project's life cycle for the success of project?

A. Developing Project Management Plan
B. Risk Identification
C. Developing stakeholders management plan
D. Establishing Risk management plan

37 Below is the histogram obtained as a result of a project risk assessment. The total duration of this project is expected to go over 146 days. What is the maximum possibility of the project to have total duration less than 145 days?

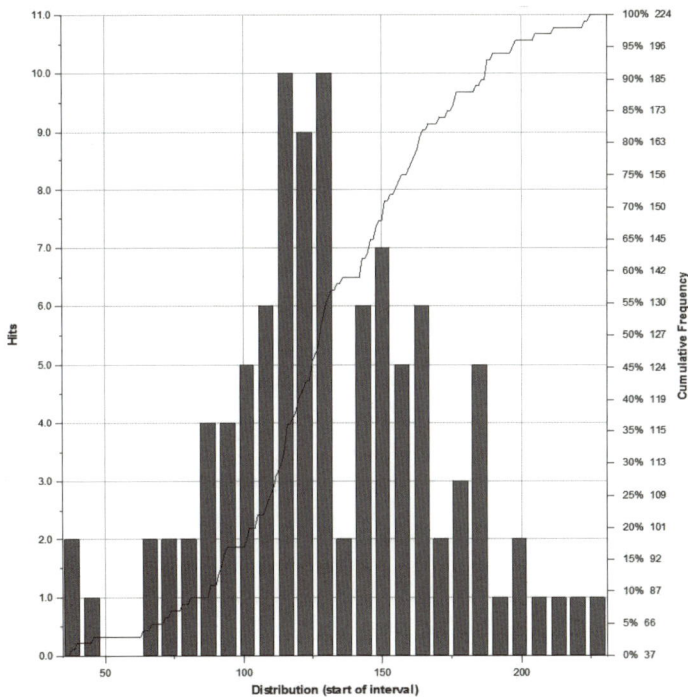

A. 25%
B. 45%
C. 65%
D. 85

38 When can an earliest project risk exist?

A. Project starting stage

B. Project planning stage

C. Project executing stage

D. From the beginning moment of the project

39 You are a PM of POP project. You made a matrix which scored identified risks. Also you tried to conduct quantitative risk analysis to calculate every risk's impact on the entire project. But this failed because the data you had was not enough. What should you do to prevent this kind of situation?

A. Risk urgency assessment

B. Expert judgment

C. Risk data quality assessment

D. Risk probability–impact assessment

40 You want to conduct quantitative risk analysis. So you analyzed expected project costs for each scenario by analyzing expectation value and checked which factor affects most using Tornado Diagram. Now you want to update analyzed results. Which of the following will not be included in updated information?

A. Achievement probability of cost and time objectives

B. Prioritized list of quantified risks

C. Trend in quantitative risk analysis result

D. Project credibility analysis

41 In which of the following process risk response manager is chosen?

A. Plan Risk Management

B. Risk Identification

C. Plan Risk response

D. Risk control

42 Which of the following is useful for identifying risks that need certain response strategy?

    A. Role and responsibility   B. Risk analysis definition

    C. Risk threshold   D. Risk register

43 You have figured out risks that have impacts on your project and now making documents for each risk's characteristics. Which of the following is entered in Risk Register for the first time at this point?

    A. List of potential responses

    B. Risk probability and impact evaluation

    C. Risk rating or score

    D. Risk watch list

44 You are a PM of POP project. In risk identification process, you are using data gathering technique. Which of the following is included in data gathering technique?

    A. Root−Cause analysis   B. SWOT analysis

    C. Assumption analysis   D. Document review

45 You are a PM of POP project. You delegated authority to an expert and the expert identified some risks by interviewing project stakeholders. What should you do next?

    A. Examine probability and impact of identified risks.

    B. Go through Facilitated interview with stakeholders related to identified risks.

    C. Conduct sensitivity analysis of identified risks.

    D. Go on modelling and simulation of identified risks.

46 You are a PM of POP project. Before starting the project, you want to make Risk Management Plan using a risk classification list from past project. Which of the following should you refer to?

A. Enterprise Environmental Factors

B. Organizational Process Assets

C. Risk Management Plan

D. Project Management Plan

47 You are setting priorities of risks. While setting, you found that some parts of risk list are incomplete. What should you do to prevent this kind of situation?

A. Expert Judgment

B. Risk categorization

C. Collect data and review presentation technique

D. Risk data quality assessment

48 Which of the following can be a Tools and Techniques for rating final risk severity level?

A. Risk urgency assessment

B. Risk probability−impact assessment

C. Risk Categorization

D. risk data quality assessment

49 Which of the following is helpful for understanding the relationship between deviation from project goal and deviation from various uncertainties?

A. Sensitivity analysis

B. Probability distribution

C. Expectation value analysis

D. Modelling and simulation

50 You are a PM of POP project. After identifying risks and setting priorities, you assessed risk probabilities by quantitative evaluation. Now you want to update some documents with the result of quantitative risk analysis. Which of the following will not be included in updated documents?

A. Probabilistic analysis on the project

B. Achievement probability of cost and time objectives

C. Prioritized list of quantified risks

D. Update of Assumption log

51 Which of the following is included in the risk register of risk control process?

A. Residual risks or secondary risks   B. Risk control list

C. Quality Contingency Reserve   D. Risk Action Owner

52 Which of the following is not a goal of risk control process?

A. Realize risk response plan for overall project and trace identified risks.

B. Check if the project assumption is still valid.

C. Monitor residual Risks and identify new risks.

D. Decide if fallback plan for cost or schedule should be changed on the result of the risk Assessment.

53 Qualitative risk analysis is going on to set risk priorities. The project you're working on is using new technology, so there is no similar project registered in Organizational Process Assets. Also, it is highly complicated project and has great uncertainty. What document should be used to deal with this kind of risk?

A. Procurement Documents   B. Scope Baseline

C. Project Documents   D. Project Management Plan

54 Through risk management process for risks in risk register, you are now in risk control stage. While you are working on risk control process, a new risk is identified. What should you do next?

A. Start Risk Identification Process.

B. Start qualitative risk analysis process.

C. Start quantitative risk analysis process.

D. Start risk control process.

55 Which of the following is not an output of risk control process?

A. Work Performance Information, Change Requests, Project Management Plan Updates

B. Work Performance Information, Project Documents Updates, risk management plan

C. Project Management Plan Updates, Project Documents Updates, Organizational Process Assets updates

D. Work Performance Information, Change Requests, Organizational Process Assets updates

56 You are a PM of POP project. While updating risk register during risk management process, risk is found and causing serious problem for the project. What is the first thing you should do?

A. Start Risk Identification Process.

B. Start qualitative risk analysis process.

C. Start quantitative risk analysis process.

D. Implement a workaround.

57 You are a PM of POP project. Stakeholders are requiring change of the project. this change will bring higher profit with higher risk. What should you do in this situation?

A. Change Project Management Plan.

B. Analyze the impact of change based on risk register.

C. Persuade stakeholders to cancel the change.

D. Reassessment risks.

58 Your team made a watch list for low-level risks. Which process is going on right now?

A. Risk Identification

B. Qualitative risk analysis

C. Quantitative risk analysis

D. Risk control

59 In which of the following process a Risk Action Owner is assigned?

A. Plan Risk Management

B. Risk Identification

C. Plan risk response

D. Risk control

60 Which of the following is not included in risk control process?

A. Variance and Trend Analysis

B. Work Performance report

C. Trends in risk exposure

D. Prioritized list

61 You are a PM of POP project. You found that a certain activity is hard to perform for team members. So you employed experts who have expertise and qualifications. The project is finished with the experts' assistance, but new problem appeared unexpectedly. What is this called?

A. Secondary risk

B. Residual Risk

C. Workaround

D. Contingency plan

62 You are a PM of new car development project. You made a prototype and tried a simulation. According to the simulation result, the amount of exhaust gas exceeds the permitted safety standard. So you followed the project's response plan and changed the components of vehicle's engine and fuel. But it still has excessive exhaust level. What is this called?

A. Secondary risk

B. Residual risks

C. Workaround

D. Contingency plan

63 You are a PM of POP project. Your team wants to broaden the range of identified risks by including internal risks. So you are reviewing the project in 4 types of perspective. What is this called?

A. Assumption analysis

B. Cause–and–effect diagrams

C. Influence diagrams

D. SWOT analysis

64 You are a PM of gasworks construction project. You found out that some sections are being delayed by 10% and this is having negative impacts on the schedule of entire project. Stakeholders approved Fast Track and you are applying it to delayed sections. Which of the following will be increased by this decision?

A. Risk

B. Cost

C. Quality

D. Number of communication channels

65 You are managing Schedule of a project. Delay in project progress is found in monthly investigation and you reported this to PM. The PM established and executed risk response plan. Which of the following causes human resources plan updates?

A. Fast Track

B. Crashing

C. Resource Leveling

D. Resource Smoothing

66 You are investigating every risk in your project. You want to see quantified figure for each risk and want to know which risk has greatest impact on the project with a diagram. Which of the following is a proper method in this situation?

A. Expectation value analysis

B. Tornado Diagram

C. Assumption analysis

D. Cause−and−effect diagrams

67 You are a PM of POP project. Your project has some potential risks and they can have negative effects on your stakeholders. To share this information, which of the following documents should you refer to?

A. Project Management Plan

B. Risk Management Plan

C. Risk response plan

D. Communications Management Plan

68 You are a PM of POP project. You've made risk management plan and updated risk register. Now you are modifying risk response plan. What should you do next?

A. Update Project Documents

B. Update Stakeholder Register

C. Update Communications Management Plan

D. Conduct Qualitative Risk Analysis

69 You developed response plan and alternatives to relieve threatening factors and raise opportunities for your project goal. Now you want to modify changed information in Project Management Plan. Which of the following is not updated in this situation?

A. Schedule management plan, cost management plan, stakeholders management plan

B. Procurement management plan, human resources management plan, quality management plan

C. Scope Baseline, Schedule Baseline, Cost Baseline

D. Schedule Baseline, Cost Baseline, quality management plan

70 When proper risk response plan is consented and chosen, it is included in risk register. Risk register should be written in detail with priority level and response plan. Likewise, many project documents are updated in risk response planning process. Which of the following is not updated?

A. Risk manager and assigned tasks, consented response plan

B. Risk occurrence warning signal and risk exposure

C. Plan for contingency and factor, Secondary risk

D. Contingency Reserve, measure to realize chosen response plan

71 You are tracing identified risks, monitoring residual Risks, and identifying new risks in overall project. Which of the following is not a goal of this process?

A. Whether project assumption is still valid

B. Whether risk management plan and processes are being complied

C. Whether it shows change of analysis Assessment risk and risk is withdrawable

D. Risk inducing condition, risk trigger, whether risks are being traced

72 You are working on risk control process and trying to improve efficiency in project risk approach. During the process, variance in cost and time objectivess is expected at project completion and new threats and opportunities are found. Which of the following method is used in this process?

A. Work Performance Information

B. Risk reassessment

C. Variance and Trend Analysis

D. Work Performance Reports

73 When you deal with identified risks and their causes, you evaluate and document effects of risk response plan and risk management process. Which of the following is described?

A. Risk assessment

B. Risk Audit

C. Technical Performance Measurement

D. Work Performance Reports

74 You are tracing identified risks, monitoring residual Risks, and identifying new risks in overall project. You found some of the risks ended and decided to cancel the reserve for those risks. In which of the following documents should you enter this information?

A. Risk Management Plan
B. Project Management Plan
C. Risk register
D. Organizational Process Assets

75 You examined risk response plan for identified risks. You are consistently monitoring throughout a project's life cycle and now you are about to start the response plan. Which of the following documents is not helpful to your work?

A. Project Management Plan
B. Risk register
C. Work performance Data
D. Work Performance Information

76 You want to introduce some analyzing methods in quantitative risk analysis. Project stakeholders want several scenarios and want to know expected results for each scenario. You have research data about cost and occurrence probability for each decision. Which analyzing method should be used?

A. Expected monetary value analysis
B. Tornado Diagram
C. Expert Judgment
D. Monte Carlo Simulation

77 You are about to identify project risks. You want to make risk register by using data gathering technique. Which of the following is not included in data gathering technique?

A. Brainstorming

B. Delphi technique

C. Interview

D. Assumption analysis

78 You are working on quality assurance process. You want to make relationships between subordinates and superiors based on identified risks by establishing hierarchy breakdown structure. Which of the following should be used?

A. Affinity Diagram

B. Process decision program chart

C. Prioritization matrices

D. Tree diagram

79 Which of the following method is useful in calculating estimate about limited numbers of dependent relationships displayed in a systematic diagram?

A. Expected monetary value analysis

B. Tornado Diagram

C. Expert Judgment

D. Monte Carlo Simulation

80 What activity investigates products to figure out if the product follows documented standards?

A. Inspection

B. Quality audit

C. Process analysis

D. Quality cost

81 Below is the histogram obtained as a result of risk analysis on the Project A. When does this project finish with 90% probability?

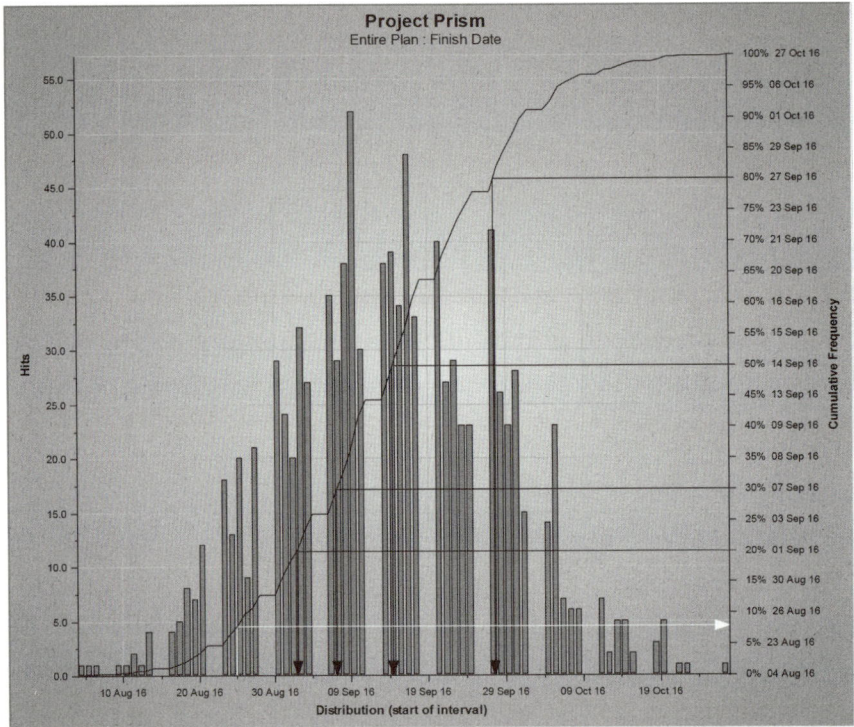

A. 2016/08/26

B. 2016/10/06

C. 2016/10/01

D. 2016/09/01

82 You are a PM of POP project. To organize your team, you made a guideline about defining, assigning, managing, and reinstating project human resources through human resources management process. Which of the following is not included in the guideline document you made?

A. Role and assigned task

B. Project organization chart

C. Team management plan

D. Resource Calendars

83 As a PM of POP project, you are cooperating with multinational project team. Now the progress rate is going over 50% and you detected that some of the risks in risk register will occur in a high probability. You are the first person who detected this, so you are trying to inform this to multinational project team. You have to send this only to certain people, and information you send does not need precise feedback. Which of the following communication methods should you use?

A. Interactive Communication
B. Push Communication
C. Pull Communication
D. Relationship Communication

84 You are a PM of POP project. Now the progress rate is going over 50% and you are trying to inform this to stakeholders. You want to handle this without any problem by assigning this task to a person who manages information delivery. Which of the following documents should you refer to?

A. Communications Management Plan
B. Project Management Plan
C. Risk Management Plan
D. Issue Log among Project Documents

85 You organized results from several meetings with your project team and made a template. You want to share this result and template with stakeholders, but you are having difficulty in this because you did not check related rules and regulations. What should you do to prevent this kind of problem?

A. Refer to Organizational Process Assets and review regulations beforehand.
B. Refer to Communications Management Plan and review regulations beforehand.
C. Refer to risk register and acquaint yourself with risk response plan beforehand.
D. Refer to Risk Management Plan to reprimand the risk manager.

86 You want to enable efficient and effective communication among stakeholders. So you are trying to distribute, save and organize information which was generated and collected in your project. Which of the following processes are you working on?

A. Stakeholder Management

B. Plan Communications Management

C. Communications Management

D. Control Communications

87 You are distributing, saving, and organizing information which was generated and collected in your project. Which of the following is not included in this report?

A. performance analysis data

B. Analysis data

C. Risk and issue

D. Work to be completed by the time period and the next period

88 You are a PM of POP project. During the project, you team member suddenly changed his career. So you asked a Functional Manager to send in reinforcements, and 3 new team members joined in the project. Which of the following methods should you keep in mind in this situation?

A. Communication Technology

B. Communication Models

C. Communication Requirements Analysis

D. Communication Methods

89 You are making a document for your stakeholders and the document is about project's current information, estimate value, risk issue, and so on. Which of the following is included in the document?

A. Scope

B. Scope, Schedule

C. Scope, Schedule, Cost

D. Scope, Schedule, Cost, Quality

90 A project manager is having a problem evaluating the risk impact in terms of cost. What should the project manager do before such risk analysis?

A. Evaluate the risk on a qualitative basis

B. Utilize information from previous projects to get the idea of potential impacts.

C. Evaluate the risk on a quantitative basis

D. Do nothing. If the risk cannot be evaluated in terms of cost, it is ignorable.

91 Which of the following best describes about the Reserve Analysis?

A. An analysis of the remaining contingency reserve and comparing it with the amount of remaining risk

B. An analysis of the needed management reserve and comparing it with the amount of remaining risk.

C. An analysis of the cash flow used and comparing it with the amount used on risk

D. An analysis of the project budget and comparing the remaining budget to the remaining risk.

92 Which of the following distributions often shows the 3-point estimation?

A. Uniform distributions

B. Log normal distributions

C. Beta distributions

D. Discrete distributions

93 The project manager of On-line clothes shopping project has spotted an opportunity. If he manages to grab this opportunity in his hand, it would bring 25% increased income. However, the company is not yet ready in its sales increase. It should be able to handle the sales increase if the company is to associate with an external manufacturing enterprise. What is the best strategy that the project manager can apply to deal with this opportunity?

A. Accept

B. Share

C. Enhance

D. Mitigate

94 A project manager is preparing to examine the effectiveness of the risk management processes. The objective is to document lessons learned and to help improve projects in the future. What tool and technique should the project manager use?

A. Status Meeting

B. Variance and trend analysis

C. Quality Audit

D. Risk Audit

95 Currently you are in progress of the control risk process of a project. In this stage, you are particularly interested in detecting risks or any signs of risk. What is the sign of risk called?

A. Triggers

B. Warning signs

C. Risk symptom

D. Triggers, warning signs and risk symptoms

96 When your company purchases computers, they pay extra for a three year warranty. This is for the manufacturer to have responsibility for any manufacturing defects occurrence in its warranty period. What is this risk response strategy called?

A. Exploit

B. Avoid

C. Mitigate

D. Transfer

97 You are the project manager. A new change request has been approved but this change request caused a risk. You alerted this risk to the stakeholders, and they understood the possible impact of it. Now, you would like to make mitigate response strategy against the identified risk. In which of the following document should you record the response strategy?

A. Risk register

B. Project management plan

C. Risk Management plan

D. Risk log

98 The project manager is discussing with stakeholders about how the project requirements and risks affect the project. One of the stakeholders is confused about what turns out to be a risk. Which of the following correctly defines the project risk?

A. It is an unknown event that can affect the project scope

B. It is an uncertain event or condition during the project execution

C. It is an uncertain event that can affect one or more project objectives

D. It is an uncertain event that can affect the project costs

99 The project manager has completed the risk management analysis. The project team has developed the risk response plan for the identified risk. Which of the following risk response strategy delivers the impact of a threat to a third party?

A. Accept

B. Avoid

C. Transfer

D. Mitigate

100 A project manager is going to identify risks. He would like to include internal risks and to engage the stakeholders to expand the area of identified risks. Which of the following risk identification approach method is most appropriate to his goal?

A. Delphi Technique

B. Brainstorming

C. SWOT analysis

D. Assumption analysis

101 A project manager and stakeholders are going to have a meeting regarding contingency reserve status. Which of the following is most effective way to have a meeting with the stakeholders?

A. Open meeting in a conference room
B. Face-to-face meeting through a conference call
C. Group conference call meeting
D. Asking answer using email

102 Which of the following is not an update to the risk register in a result of the qualitative risk analysis?

A. Priority of risks
B. Watch list requiring further analysis.
C. Risks requiring urgent responses
D. Probability of achieving cost objective

103 The project is currently in the planning stage, and the risk documentation for watch list is in progress. In which of the following process the project is currently at?

A. Risk management planning
B. Risk identification
C. Perform qualitative risk analysis
D. Perform quantitative risk analysis

104 Which of the following is not a diagramming technique of risk identification that a project team may use?

A. Fishbone diagram
B. Decision tree analysis
C. Influence diagrams
D. Process flow chart

105 The risk management team is going to prioritize risks into three categories: "High Risk", "Moderate Risk" and "Low Risk". In order to classify them into different groups, which of the following tool would be most useful?

A. Risk probability and impact assessment
B. Probability and impact look-up table
C. Risk prioritization matrix
D. Probability and impact matrix

106 A retail clothing chain plans to open a new store in United States of America. This is their first of opening up a store abroad. The project manager is analyzing quantitative risks with an expert in this field. What can the expert verify in this task?

A. Create valid assumptions
B. Validate data and techniques to apply
C. Assist prioritizing risks
D. Assist identifying all risks

107 Which of the following is irrelevant to project document updates using information gathered from quantitative risk analysis?

A. Estimation can be used together with stakeholder's risk tolerance to quantify cost and contingency reserve.
B. The probability of achieving project objective under the current plan can be estimated.
C. Quantified risk can be listed in priority.
D. Probability of achieving time objectives can be estimated only.

108 In the risk planning meeting with stakeholders, the project manager provided identified risks and he projected a table highlighted in colors of green, yellow and red on the screen. What is the table that the stakeholders are looking at?

A. Risk score table
B. Risk data quality assessment
C. Probability and impact matrix
D. Probability and impact grid

109 Which of the following description is not correct about Sensitivity Analysis?

A. It helps to determine which risk has the biggest potential impact on the project.
B. Tornado diagram is one of the representative methods of indicating sensitivity.
C. It can display both positive and negative impacts at the same time.
D. This is one of tools and techniques of qualitative analysis performance.

110 The project team checked that a serious impact may be brought if multiple potential risks occur. The team looked into impacts of risks assuming that all uncertain factors are maintained on their baseline. Which of the following diagram shows such information?

A. Ishikawa diagram
B. Process flowchart
C. Tornado diagram
D. Decision tree diagram

111 In the decision tree, which of the following probability distribution is used to denote uncertain events such as possible scenarios and examination results?

A. Beta distributions
B. Discrete distributions
C. Normal distributions
D. Uniform distributions

112 During risk analysis, a project manager is referring to old data to calculate cost of an activity using required work hours. What kind of estimating is the manager using?

A. Parametric estimating   B. Bottom−up estimating

C. Analogous estimating   D. Reserve analysis estimating

113 The risk management team is currently performing qualitative risk analysis. Which of the following does not need to be updated to the risk management register?

A. Categories of risks

B. Risks requiring further analysis

C. Low priority level risks

D. Probability of achieving time objective

114 A project manager is calculating three-point estimate for the project finish date. During the interview, he used the following values: Most-likely 36, Pessimistic 67, Optimistic 20. Following beta distribution, what is the result of the three-point estimate calculation?

A. 20.5   B. 36

C. 41   D. 38.5

115 Which of the following best describes about FMEA(Failure Mode Effect Analysis)/Fault Tree Analysis?

A. It is a structured model analysis that identifies various factors regarded as system errors.

B. It is useful to resolve risks in design and engineering phase.

C. It resolves risks as it analyzes how those risks occurred.

D. It shows failure probability of only limited parts of the system.

116 This is a method of adjusting preferences in order to achieve project goals. This determines the priority of factors such as schedule, cost, scope and quality. The organizational decision regarding this priority may not concord with individual decisions. What is 'this' in the description?

A. Post-project reviews
B. Probability-Impact matrix
C. Analytic Hierarchy Process(AHP)
D. Root-Cause analysis

117 Which of the following is not correct about characteristics of interview technique in the quantitative risk analysis?

A. It quantifies risk probability and impacts.
B. Depending on the probability distribution types, it requires different types of information.
C. It is executed in anonymous.
D. It is used in three-point estimation.

118 A risk management team is working on the qualitative risk analysis. Which of the following is not a content to update to the risk management register?

A. Categorized Risk Group
B. List of risks requiring further analysis
C. List of risks at low probability
D. Probability on the time objective

119 You are a PM of POP project and just started schedule development. You are trying to investigate Critical Path watching network diagram for each activity and calculate uncertainty of schedule for the entire project. You found that a schedule of certain activity in Critical Path has possibility of change and its Optimistic Time(t_O) is 8 days, Most Likely Time(t_M) is 9 days, and Pessimistic Time(t_P) is 10 days. What would be the duration for that certain activity when you use Three-Point Estimating?

A. 8
B. 9
C. 10
D. 11

120 You are a PM of POP project and just started schedule development. You are trying to investigate Critical Path watching network diagram for each activity and calculate uncertainty of schedule for the entire project. You found that a schedule of certain activity in Critical Path has possibility of change and its Optimistic Time(t_O) is 8 days, Most Likely Time(t_M) is 9 days, and Pessimistic Time(t_P) is 10 days. What would be the standard deviation?

A. 0.13
B. 0.23
C. 0.33
D. 0.43

121 You are a PM of POP project and just started schedule development. You are trying to investigate Critical Path watching network diagram for each activity and calculate uncertainty of schedule for the entire project. You found that a schedule of certain activity in Critical Path has possibility of change and its Optimistic Time(t_O) is 8 days, Most Likely Time(t_M) is 9 days, and Pessimistic Time(t_P) is 10 days. What would be the three point average?

A. 8
B. 9
C. 10
D. 11

122 You are a PM of POP project and just started schedule development. You are trying to investigate Critical Path watching network diagram for each activity and calculate uncertainty of schedule for the entire project. You found that a schedule of certain activity in Critical Path has possibility of change and its Optimistic Time(t_O) is 8 days, Most Likely Time(t_M) is 9 days, and Pessimistic Time(t_P) is 10 days. What would be the variance?

A. 1   B. 2
C. 3   D. 4

123 In which of the following risk management processes does not an expert judgement from related field participates?

A. Plan Risk Management   B. Risk Identification
C. Plan Risk Response   D. Risk Control

124 Your team wants to identify risks that can have impacts on your project. To identify risks, you are trying to refer to many plans and distinguish causes of identifies risks, Which of the following methods should be used?

A. Checklist analysis   B. Assumption analysis
C. Diagramming Techniques   D. SWOT analysis

125 Every project and plan is designed and developed based on many hypothesis and scenarios. When they are applied to a project, you should check feasibility and identify project risks which can be occurred by inaccuracy, instability, inconsistency and incompleteness. What is being described?

A. Checklist analysis
B. Assumption analysis
C. Diagraming Techniques
D. SWOT analysis

126 Which risk identification technique is used to review project by classifying internal risks into opportunity and threat?

A. Checklist analysis
B. Assumption analysis
C. Diagramming Techniques
D. SWOT analysis

127 Which of the following statement is true about Qualitative Risk Analysis?

A. Organization's potential threat and its impact are Assessment in this process.
B. This process allows project manager to reduce uncertainty and quantify risk occurrence probability.
C. Evaluate probability and impact of risks, and add high-level risks into watch list.
D. Classify risks into certain categories to identify which project area is most sensitive to uncertainty.

128 You are starting first work of Risk Management planning. What should you do first?

A. Risk Probability and Impact Assessment
B. Categorize risks
C. Organizational Process Assets
D. Work Performance Reports

129 Which of the following best describes about modeling and simulation?

A. It is an iterative technique using computer program.
B. It is used for the risks in cost and schedule.
C. It makes values randomly from the probability distribution.
D. It represents the uncertainties in the project goals as the potential impacts.

130 Which of the following method is used to calculate average value of scenarios regarding uncertain outcomes?

A. Monte Carlo

B. Decision Tree Analysis

C. Expected Monetary Value

D. Modelling and Simulation

131 A project team has to make decision under the uncertain circumstances. Which of the following technique should they apply to obtain the best possible scenario?

A. Probability distribution

B. Interview

C. Monte Carlo Simulation

D. Decision tree analysis

132 Which of the following is not correct about the decision tree analysis?

A. It is used in performing the qualitative risk analysis.

B. It uses the expected monetary value analysis in its analysis.

C. It reflects various scenarios.

D. It is one of the risk analyzing methods.

133 Before the project tasks begin, a risk management team has found that a positive risk can potentially reduce 20% of the project cost. What action would the project team most likely to take regarding this risk?

A. Share

B. Exploit

C. Mitigate

D. Accept

134 Below is the histogram obtained as a result of risk analysis on the Project A. What is the project duration gap between P30 and P65?

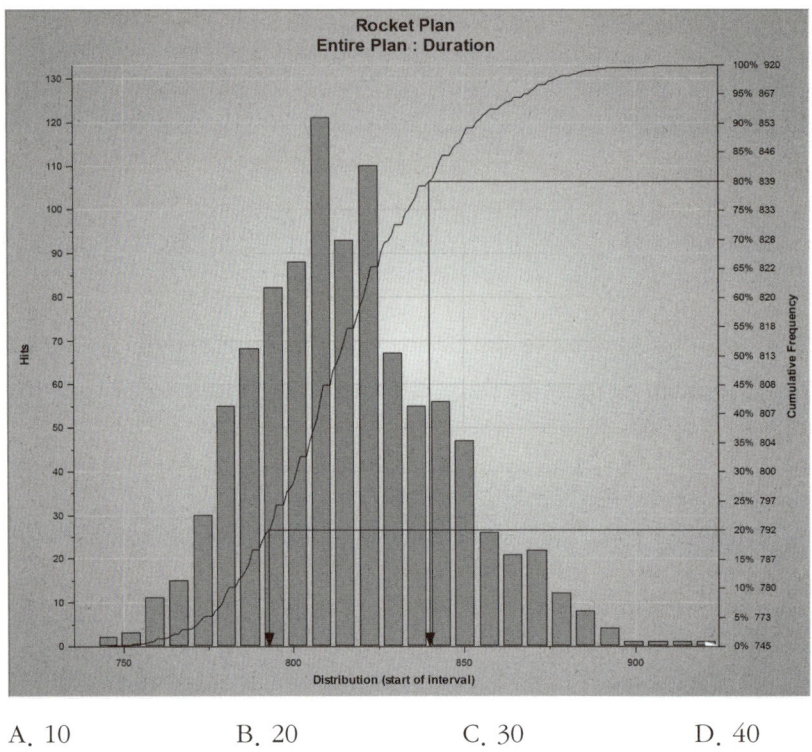

A. 10   B. 20   C. 30   D. 40

135 Which of the following is recorded in risk register?

A. Expectation value analysis   B. Risk response plan
C. List of identified risks   D. Risk rating

136 Which of the following correctly describes about scope baseline that is an input of risk identification and qualitative risk analysis?

A. It helps to identify unique and temporary project risks.
B. It helps projects using state-of-the art or first-of-its-kind technology, and highly complex projects.
C. It helps to identify risks at micro levels only.
D. It helps to identify risks at macro levels only.

137 You are a document about constructing and executing risk management activities as a reference. What activity defines time and frequency of project execution, regulation on Contingency Reserve use, and risk management activities in project schedule?

A. Method

B. Role and Responsibility

C. Determine Budget

D. Timing

138 Below is the histogram obtained as a result of risk analysis on the Project A. What is the project duration gap between P30 and P55?

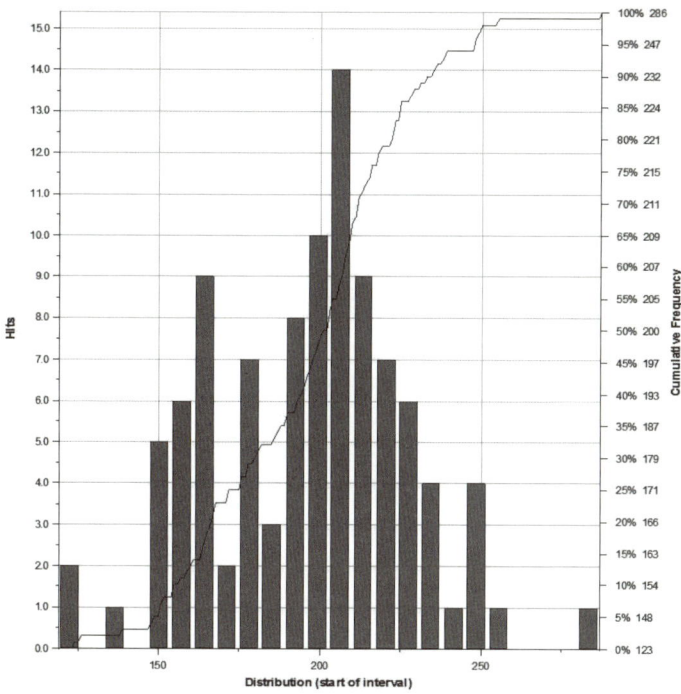

A. 13

B. 14

C. 15

D. 16

139 Your team is working on risk identification process. For the process, you used a list about role, responsibility and supply of risk management activities in risk budget and scope. What is this document?

A. Project Management Plan

B. Risk Management Plan

C. Cost Management Plan

D. Quality Management Plan

140 Your team is working on risk management process. You are using Scope Baseline and a document including stakeholders' Risk tolerance as references. Which process are you working on?

A. Risk Identification   B. Qualitative Risk Analysis

C. Qualitative Risk Analysis   D. Plan Risk Response

141 Which of the following best describes about the response of risk mitigation?

A. Purchasing insurance

B. Developing partnerships

C. Creating prototypes

D. Changing project schedule

142 'This' is one of risk evaluation methods and useful to identify risk that has biggest potential impact on project. This is a bar chart with a specific form and shows uncertainties' distribution and relationship on X, Y axis. What is 'this'?

A. Sensitivity Analysis

B. Qualitative Risk Analysis

C. Quantitative Risk Analysis

D. Tornado Diagram

143 You want to make Risk Response plan. So you are using a Risk Register which is an output of Quantitative Risk Analysis. Which of the following is not included in updated Risk Register from Quantitative Risk Analysis?

A. Prioritized list

B. Risks requiring near-term responses

C. Risk that needs Facilitated analysis and reassessment

D. Risk Watch List

144 You think every risk is related to project goal. Which of the following project goals is not connected to Project risk?

A. Time, Cost, Scope, Quality
B. Time, Cost, Scope, Communication
C. Scope, Communication, Quality, Resource
D. Communication, Quality, Resource, Schedule

145 Which of the following is the most proper explanation about risk?

A. Risk is an uncertain event and has negative effect on project.
B. Risk is an uncertain event and affects more than one project goals.
C. Risk is an unknown event and affects more than one project goals.
D. Risk is an uncertain event and its results are unpredictable when it occurs.

146 There are 10 stakeholders in your project. How many communication channels exist?

A. 42
B. 43
C. 44
D. 45

147 Various factors can affect both organization and stakeholder's risk response attitude. Which of the following is not included in those factors?

A. Risk appetite
B. Risk tolerance
C. Risk Threshold
D. Risk Response Plan

148 You want to report Risk Status to stakeholders. What should you do?

A. Refer to Stakeholder Register
B. Execute stakeholder management strategy
C. Refer to Risk Management Plan
D. Refer to Communications Management Plan

149 Below is the histogram obtained as a result of risk analysis on the Project A. Which of the following best describes about the histogram?

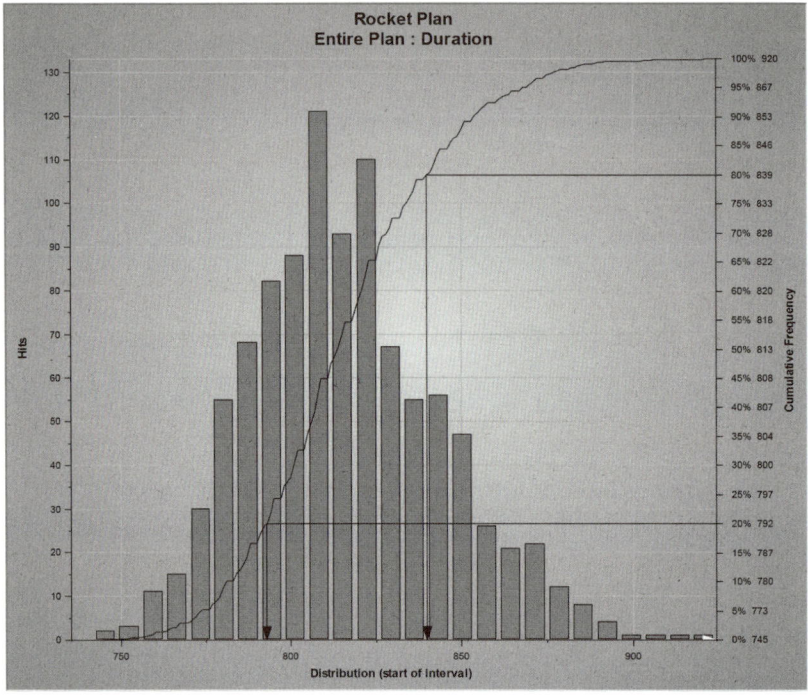

A. When the duration is 807 days, probability is 40% of entire duration

B. When the duration is 787 days, probability is 10% of entire duration

C. When the duration is less than 808 days, the probability is 50%.

D. When the duration is 846 days, probability is 90% of entire duration

150 You are a PM of POP project and just finished Qualitative Risk Analysis process. Which of the following is not an output?

A. Project Documents Updates

B. Risk Register Updates

C. Assumptions logUpdates

D. Update Organizational Process Assets

151 You finished Risk Control process and 5 outputs were made. Which of the following is not included in 5 outputs?

A. Work Performance Information
B. Change Requests
C. Project Management Plan Updates
D. Work Performance Reports Updates

152 Below is the histogram obtained as a result of risk analysis on the Project A. Which of the following has a proper match of the probability of the project to have duration of 828 days and its duration at 70% probability?

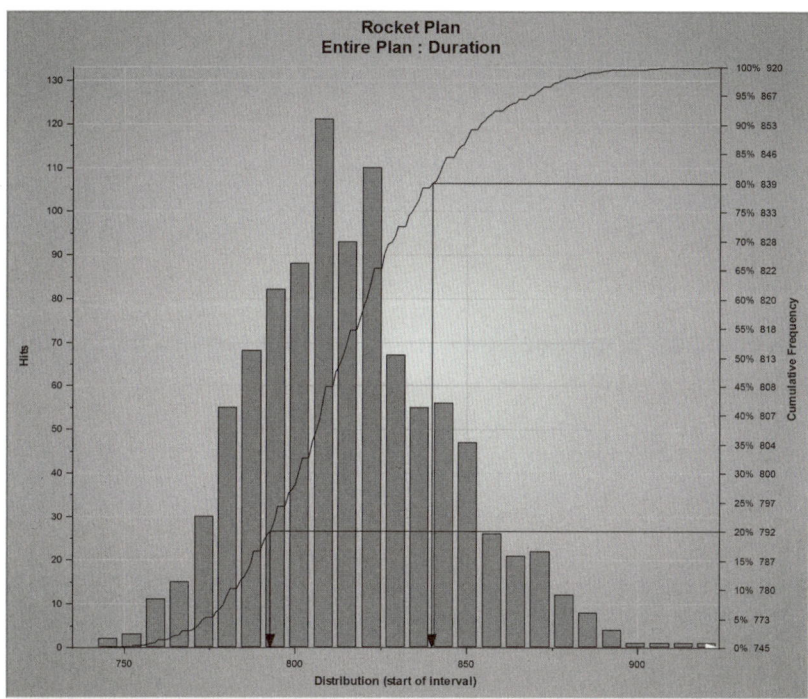

A. 60% / 823   B. 80% / 839
C. 70% / 806   D. 85% / 828

153 Which of the following most appropriately describes about the contingency plan?

    A. A response plan for negative risks.

    B. A response plan for risks requiring responses.

    C. A response plan for the occurrence of predefined risk triggers.

    D. A response type to offset threats and opportunities

154 Which of the following is not appropriate as a success factor of project risk management?

    A. The stakeholders must recognize the importance of project risk management?

    B. Project participants and stakeholders should be responsible for activities related to risk.

    C. Project risk management should be integrated with project management.

    D. Security in communication must be secured.

155 In the processes of project risk management, which of the following process does not take the risk management plan as its input?

    A. Risk management planning

    B. Risk identification

    C. Risk control

    D. Risk management planning and risk control

156 Which of the following has correct terms and order to the blanks?

The environment related permit requirements and limited personnel assignment in the project design may be included in the (   ) of risks. The delay in issue of permission from the authority applies to the (   ). Returning of development team members to the design works counts as the (   ).

A. causes, risk, opportunity
B. results, risk, positive outcomes
C. causes, negative outcomes, opportunities
D. causes, risk, recruit

157 A project manager is calculating three-point estimate for the project finish date. During the interview, he used the following values: Most-likely 36, Pessimistic 67, Optimistic 20. Following triangular distribution, what is the result of the three-point estimate calculation?

A. 38.5
B. 36
C. 41
D. 20.5

158 Identifying stakeholders and analyzing their interest, expectation, importance, and impact in the early stage of the project are important factors in project success. Which of the following is not used to identify these stakeholders?

A. Project Charter
B. Project Management Plan
C. Procurement Documents
D. Enterprise Environmental Factors

159 You want information about related parties who affect your project, your team members, groups, and departments in the project. Which of the following should you refer to?

A. Project Charter

B. Project Management Plan

C. Procurement Documents

D. Enterprise Environmental Factors

160 Which of the following is a tools and techniques of the Plan Risk Responses process?

A. Risk categorization

B. Assumption analysis

C Reserve analysis

D. Expert judgement

161 Which of the following technique applies earned value analysis in order to determine if deviations exist?

A. Risk Audit

B. Variance ant trend analysis

C. Technical performance analysis

D. Reserve analysis

162 Which of the following is not a tools or techniques of risk process that takes data such as status of deliverables, schedule progress and incurred costs as its input?

A. Risk audit

B. Risk reassessment

C. Variance and trend analysis

D. Expert judgement

163 Which of the following is an output of risk response process that is not included in the risk register during project document updates?

    A. Risk owners and assigned responsibilities

    B. Agreed response strategies

    C. Factors that precipitate planning or execution of risk contingency plans

    D. Lessons learned from risk management activities

164 During the project management plan updates, in which of the following the changes, as the output of risk response process, made according to risk responses such as new task, modification or omitted are applied?

    A. Schedule management plan

    B. Quality management plan

    C Procurement management plan

    D. Scope/Schedule/Cost baseline

165 Which of the following is an output of risk response process that is included in the risk register during project document updates?

    A. Assumptions log updates

    B. Technical documentation updates

    C Change requests

    D. Agreed-upon response strategies

166 What is a process that checks if overall project risks have been diminished to satisfying degree and that sets priority of risks in numerical values?

    A. Identify risks

    B. Perform qualitative risk analysis

    C Perform quantitative risk analysis

    D. Control risks

167 This technique is commonly performed to convert the detailed level of project uncertainties to potential impacts to the project objectives in the model. From the probability distribution of randomly selected input values, this technique uses a variance regarding iteration to calculate the project model multiple times. What is this technique?

A. Monte Carlo Simulation

B. Decision tree analysis

C Expected monetary value

D. Sensitivity analysis

168 Risk management gets easier when risk management activities are performed more frequently. Which of the following method enables this most effectively?

A. Include risk management in the subject of regular status meetings.

B. Frequently ask for support from the project manager to identify risks.

C. Perform quantitative risk analysis every week.

D. Execute risk management according to the instructions from the top management.

169 Reviewing this is useful in identifying risks because it provides the quantitative assessment of possible cost incurred in finishing of activities in a form of fixed range using section indicating degree of risks. What is this being described?

A. Scope baseline

B. Activity cost estimation

C Activity duration estimation

D. Stakeholder register

170 You are a PM of XYZ project. Your new team member knows nothing about deliverables. Which of the following the new member should refer to?

A. Project Management Plan

B. Project Scope Statement

C. Project Statement of Work

D. Project Charter

PMI RISK MANAGEMENT PROFESSIONAL

PART 05

연습문제
정답 및 해설

01 연습문제 1회 정답 및 해설

01 A 프로젝트 매니저는 리스크 관리 프로세스의 효과성을 조사하기 위해 준비 중이다. 교훈을 기록하고 다음 프로젝트에 도움을 주기 위함이 그 목적이다. 어떤 도구 및 기법을 프로젝트 매니저가 사용해야 하는가?

A. 현황 회의
B. 차이 및 추세 분석
C. 품질 감사
D. 리스크 감사

정답: D / 해설: 리스크 감사에서는 식별된 리스크와 원인을 처리함에 있어 리스크 대응책의 효과와 리스크 관리 프로세스 효과를 평가하여 문서화한다.

02 도시 개발 프로젝트를 이제 막 착수하였다. 이 프로젝트에 대한 리스크 관리 활동을 어떻게 수행할 것인지를 계획하려고 한다. 이를 위해 확인해야 할 문서를 올바르게 연결지어 놓은 것은 무엇인가?

A. 프로젝트 헌장, 리스크 관리 대장
B. 리스크 관리 계획서
C. 이해관계자 관리 대장, 리스크 관리 대장
D. 프로젝트 헌장, 프로젝트 관리 계획서

정답: D / 해설: 리스크 관리 계획 수립 투입물은 프로젝트 관리 계획서, 프로젝트 헌장, 이해관계자 관리 대장, 기업 환경 요인, 조직 프로세스 자산이다.

03 리스크를 제거하기 위해 취하는 대응 전략으로 일정 연장, 범위 축소 등은 리스크 대응 전략 중 무엇에 해당하는가?

A. 수용
B. 회피
C. 완화
D. 전가

정답: B / 해설: 리스크 회피는 위협을 제거하거나 충격으로부터 프로젝트를 보호하기 위해 프로젝트팀에서 취하는 대응 전략으로, 일정 연장, 전략 변경 또는 범위 축소와 같은 조치가 포함된다.

04 불확실한 사건이나 조건이며, 발생 시 프로젝트 목적에 긍정적 또는 부정적 영향을 미치는 것을 무엇이라고 하는가?

A. 임기응변 대응
B. 리스크
C. 이슈
D. 트리거

정답: B / 해설: 프로젝트 리스크는 모든 프로젝트에 존재하는 불확실성에서 비롯된다. 긍정적 리스크와 부정적 리스크를 흔히 기회와 위협이라고 한다.

05 3점 산정은 대개 다음 보기 중에 의해 표시되는데, 적절한 것을 고르시오.

A. 균등분포
B. 로그 정규분포
C. 베타분포
D. 이산분포

정답: C / 해설: 3점 추정에서 쓰이는 분포에는 삼각분포와 베타분포가 있다.

06 새로운 프로그램을 개발하려는 프로젝트에서 여러 개의 다른 언어로 소프트웨어를 출시하려고 한다. 프로젝트는 현재 리스크 관리의 계획 단계에 있고 소프트웨어 언어 번역 과정에서 각기 다른 나라에서 쓰는 키보드가 소프트웨어의 모든 기능을 구현하지 못할 수도 있는 잠재적 리스크를 발견하였다. 이를 위해 팀은 추가적인 테스트를 해서 이 문제가 발생하지 않도록 하려고 한다. 프로젝트팀은 어떤 리스크 전략을 쓰려고 하는가?

A. 수용
B. 회피
C. 완화
D. 전가

정답: C / 해설: 리스크 완화는 프로젝트팀에서 리스크의 발생 또는 영향을 줄이기 위해 취하는 리스크 전략으로, 불리한 리스크의 확률 및 영향을 수용 가능한 한도로 낮추는 것을 의미한다. 예를 들어 단순한 프로세스 채택, 많은 실험, 안정적인 공급업체 선정, 프로토타입 개발, 중복 설계 등이 있다.

07 어느 부서 관리자가 진행되는 프로젝트의 중요한 이해관계자 중 한 명인데, 어떤 가능한 부정적 또는 긍정적 리스크라도 회피하려고 노력하고 있다. 이 이해관계자는 리스크에 대해 어떤 태도를 가지고 있는가?

A. 리스크 회피
B. 리스크 관대함
C. 리스크 중립
D. 리스크 추구

정답: A / 해설: 리스크 회피(Risk avoidance) 경향의 태도를 가지고 있다.

08 프로젝트 진행 중인 당신은 리스크 통제 프로세스를 수행 중에 있다. 리스크가 발생했거나 발생하려는 징후를 포착하는 것에 관심이 있다. 이러한 징후를 무엇이라고 하는가?

A. 유발
B. 경고 신호
C. 리스크 증상
D. 유발, 경고 신호와 리스크 증상

정답: A / 해설: 유발(Trigger)은 리스크를 발생시키는 요인이다.

09 우발사태 예비비(Contingency Reserve)와 관리 예비비(Management Reserve)의 설명으로 옳은 것은?

A. 우발사태 예비비는 '예측 불가능한 리스크(unknown-unknowns)'를 처리하기 위한 것이다.
B. 관리 예비비는 '예측 가능한 리스크(known-unknowns)'를 처리하기 위한 것이다.
C. 우발사태 예비비는 기준선(baseline) 내에서 산정된다.
D. 관리 예비비는 프로젝트 예산에 포함되지 않는다.

정답: C / 해설: 우발사태 예비비는 '예측 가능한 리스크', 관리 예비비는 '예측 불가능한 리스크'를 위한 것이며, 관리 예비비는 기준선에는 포함되지 않지만, 프로젝트 예산에는 포함된다.

10 프로젝트 매니저가 리스크 분석 결과에 대한 문서를 주요 이해관계자와의 미팅을 위해 준비했다. 가장 영향력 있는 이해관계자는 아주 보수적인 의사결정을 하는 것으로 알려졌다. 다른 이해관계자는 이 사람의 의사결정에 따르는 편이다. 이와 같은 상황으로 두 개의 긍정적인 리스크가 낳는 성과를 놓칠 수도 있게 되었다. 프로젝트 매니저는 리스크 관리팀에게 이해관계자들을 설득시키기 위해 철저한 분석을 하도록 했다. 매니저는 어떤 리스크 태도에 직면하고 있는가?

A. 리스크 회피
B. 리스크 관대함
C. 리스크 중립
D. 리스크 추구

정답: A / 해설: 프로젝트 매니저는 리스크 회피 경향의 이해관계자들과 프로젝트를 진행하고 있다.

11 리스크 대응 계획 수립 시에 리스크 관리 대장(Risk Register)이 쓰이는 용도가 <u>아닌</u> 것은?

A. 리스크 상대적 순위
B. 잠재적 리스크 대응
C. 감시 목록
D. 우발사태 예비비

정답: D / 해설: 리스크 대응 계획 수립 시 투입물로, 리스크 관리 대장은 식별된 리스크, 리스크의 원인, 잠재적 대응책 목록, 리스크 책임자, 징후 및 경고 신호, 프로젝트 리스크의 상대적 등급 또는 우선순위 목록, 단시일 내 대응이 필요한 리스크, 심층 분석 및 대응책이 필요한 리스크, 정성적 분석 결과의 추세, 리스크 관리 대장 내 우선순위가 낮은 리스크 감사 목록을 포함한다.

12 프로젝트 매니저가 현재 정성적 리스크 분석 수행 프로세스에 있다. 모든 리스크를 평가했고, 리스크 데이터 품질 평가도 수행했다. 또한 시급한 대응이 필요한 리스크 문서화도 했다. 프로젝트 매니저는 이제 정량적 리스크 분석을 하고자 한다. 그는 무엇을 하는 것을 잊었는가?

A. 전체 리스크 등급 배정
B. 확률과 영향 결정
C. 리스크 긴급성 평가 수행
D. 리스크 데이터 품질 평가 수행

정답: A / 해설: 정성적 리스크 분석 수행에 리스크 확률-영향 평가를 기준으로 우선순위를 매기는 것을 생략한 상황이다.

13 프로젝트 관리팀에서 리스크 통제 프로세스를 시작했다. 다음 중 투입물이 <u>아닌</u> 것은?

    A. 작업 성과 보고서
    B. 리스크 관리 대장
    C. 작업 성과 정보
    D. 작업 성과 데이터

정답: C / 해설: 리스크 통제 투입물은 프로젝트 관리 계획서, 리스크 관리 대장, 작업 성과 데이터, 작업 성과 보고서이다.

14 리스크 관리팀은 프로젝트 미팅을 마무리했다. 그 미팅에서 리스크가 있는 활동의 결과가 보고되고, 리스크 관리 대장에 추가되었다. 프로젝트는 현재 어떤 프로세스에 있는가?

    A. 리스크 관리 계획
    B. 정성적 리스크 분석 수행
    C. 리스크 대응 계획
    D. 리스크 통제

정답: D / 해설: 리스크 통제 프로세스는 프로젝트 전반에서 리스크 대응 계획을 구현, 식별된 리스크를 추적, 잔존 리스크 감사, 새로운 리스크 식별, 리스크를 처리를 평가하는 프로세스로 이루어져 있다.

15 프로젝트팀에서 새로운 리스크가 확인되고, 그 리스크가 결정적인 영향을 미칠 것으로 보인다. 그 결과, 프로젝트 매니저는 이 상황을 논의하기 위해 이해관계자들과 회의를 하고자 한다. 아래 보기 중 가장 적합한 것은 무엇인가?

    A. 이해관계자들을 개인적으로 불러 반응을 얻는다.
    B. 이해관계자들과 일대일 회의를 가진다.
    C. 모든 이해관계자들과 전화 회의를 한다.
    D. 모든 이해관계자들과 직접 만나 회의를 한다.

정답: D / 해설: 프로젝트 생애주기 동안 리스크 관리 프로세스가 효과적으로 지원 및 수행되도록 모든 이해관계자와 의사소통하고 이해관계자로부터 합의와 지원을 구해야 한다.

16 프로젝트 리스크 관리 지식 영역의 프로세스로 잘 묶인 것은?

A. 리스크 계획, 리스크 식별, 리스크 우선순위 설정, 리스크 분석, 리스크 대응 계획, 리스크 통제

B. 리스크 계획, 리스크 식별, 리스크 우선순위 설정, 리스크 분석, 리스크 관리 계획, 리스크 통제

C. 리스크 관리 계획, 리스크 식별, 정성적 리스크 분석, 정량적 리스크 분석, 리스크 대응 계획, 리스크 통제

D. 리스크 관리 계획, 리스크 식별, 정성적 리스크 분석, 수치적 리스크 분석, 리스크 대응 계획, 리스크 통제

정답: C / 해설: 리스크 관리 계획 수립(Plan Risk Management), 리스크 식별(Identify Risks), 정성적 리스크 분석 수행 (Perform Qualitative Risk Analysis), 정량적 위험 분석 수행 (Perform Quantitative Risk Analysis), 리스크 대응 계획 수립 (Plan Risk Responses), 리스크 통제(Control Risks)

17 프로젝트팀이 우발사태 대응 전략을 마련했다. 어떤 리스크 관리 프로세스에 프로젝트가 있는가?

A. 리스크 관리 계획 수립

B. 정량적 리스크 분석 수행

C. 리스크 대응 계획 수립

D. 리스크 통제

정답: C / 해설: 리스크 대응 계획 수립은 정량적 리스크 분석 수행 프로세스 이후에 수행하며, 우발사태 대응 전략은 리스크 대응 계획 수립의 도구 및 기법에 해당한다.

18 리스크 관리에서 첫 번째로 중요한 결과물은?

A. 리스크 관리 대장

B. 리스크 관리 계획서

C. 리스크 확률-영향 매트릭스

D. 프로젝트 관리 계획서

정답: B / 해설: 정량적 리스크 분석 수행의 도구 및 기법으로, 모델링 및 시뮬레이션 중에 몬테-카를로(Monte Carlo) 시뮬레이션의 결과이다.

19 다음 중 리스크 식별에 대한 내용은?

    A. 리스크 식별은 프로젝트 기획 단계에서 일어난다.

    B. 리스크 식별은 프로젝트 감시 및 통제 단계에서 일어난다.

    C. 리스크 식별은 프로젝트 실행 단계에서 일어난다.

    D. 리스크 식별은 프로젝트 종류에 따라 다른 단계에서 일어난다

정답: A / 해설: 리스크 프로세스 중에 리스크 통제 프로세스를 제외한 나머지 프로세스는 기획단계에 해당한다.

20 현재 A 프로젝트의 리스크 분석 결과, 아래 히스토그램을 얻었다. 아래 리스크 분석 결과에 의거하여 A 프로젝트가 종료 시 예상되는 평균 비용은 얼마이며, P50에서 P90으로 프로젝트 종료 확률을 높일 때, 얼마나 많은 우발사태 예비비가 필요한가?

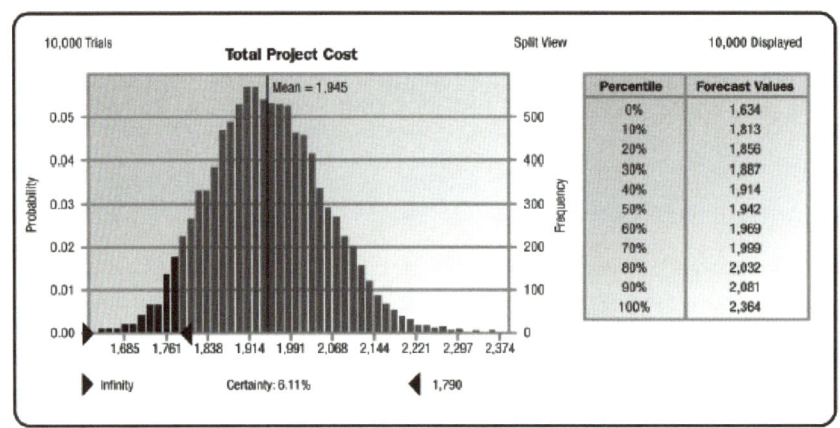

    A. 1,945 / 90   B. 1,945 / 139

    C. 1,942 / 139   D. 1,942 / 308

정답: B / 해설: 평균(Mean)은 1,945이며, P50의 예상치는 1,942, P90의 예상치는 2,081 이므로 그 차이는 139이다.

21 다음 중 긍정적 리스크와 부정적 리스크에 동시에 사용되는 리스크 전략은?

    A. 전가   B. 수용

    C. 완화   D. 활용

정답: B / 해설: 긍정적 리스크 또는 기회에 대한 전략으로는 활용(Exploit), 공유(Share), 증대(Enhance), 수용(Accept) 이 있으며, 부정적 리스크 또는 위협에 대한 전략으로는 회피(Avoid), 전가(Transfer), 완화(Mitigate), 수용(Accept)이 있다.

22 임기응변 대응(Workaround)은 어느 리스크 관리 프로세스에서 수행되는가?

    A. 리스크 식별

    B. 리스크 정성적 분석 수행

    C. 리스크 대응 계획 수립

    D. 리스크 통제

정답: D / 해설: 임기응변 대응은 리스크 통제의 산출물인 변경 요청의 일부로, 시정 조치에 속한다. 즉, 작업의 성과가 계획과 어긋날 경우 계획되지는 않았지만, 사전에 식별되지 않은 리스크를 처리하는 대응이다.

23 다음 중 정량적 리스크 분석 수행 프로세스의 투입물이 <u>아닌</u> 것은?

    A. 조직 프로세스 자산

    B. 기업 환경 요인

    C. 프로젝트 범위 기술서

    D. 리스크 관리 계획서

정답: C / 해설: 정량적 리스크 분석 수행의 투입물에는 리스크 관리 계획서, 원가 관리 계획서, 일정 관리 계획서, 리스크 관리 대장, 기업 환경 요인, 조직 프로세스 자산이 있다.

24 다음 중 어느 것이 조직의 리스크 태도에 대해 알 수 있게 하는가?

    A. 기업 환경 요인

    B. 조직 프로세스 자산

    C. 프로젝트 범위 기술서

    D. 프로젝트 관리 계획서

정답: A / 해설: 리스크 관리 계획 수립 프로세스에 영향을 미칠 수 있는 기업 환경 요인의 일부 예로는 조직에서 허용할 리스크 수준을 설명하는 리스크 허용 한도, 한계치, 대응 태도 등이 있다.

25 모델링 및 시뮬레이션에 대해 가장 올바른 설명은?

    A. 컴퓨터 프로그램으로 여러 번 하는 기법

    B. 원가와 일정 리스크에 쓰인다.

    C. 확률분포로부터 무작위로 값을 만드는 것

    D. 프로젝트의 불확실성을 목표에 대한 잠재적인 영향으로 나타내는 것

정답: D / 해설: 프로젝트 불확실성을 프로젝트 목표에 미치는 잠재적 영향으로 환산하는 모델을 사용한다.

26 소프트웨어 개발 프로젝트의 매니저가 리스크 관리 노력을 이끌고 있다. 이제 막 리스크를 식별하였다. 다음으로 해야 할 것은 무엇인가?

A. 식별된 리스크의 우선순위를 정한다.
B. 리스크를 수치적으로 분석한다.
C. 리스크 대응 계획을 개발한다.
D. 리스크 확률과 영향을 결정한다.

정답: A / 해설: 리스크 식별 프로세스 후 정성적 리스크 분석을 수행하는데, 이는 우선순위를 지정하는 프로세스이다.

27 리스크 통제의 결과로 조직 프로세스 자산을 업데이트할 때, 다음 중 해당하지 <u>않는</u> 것은?

A. 교훈
B. 액티비티와 원가에 대한 실적 정보
C. 권장된 예방 조치
D. 리스크 관리 대장의 최종본

정답: C / 해설: 리스크 통제의 산출물로 조직 프로세스 자산 갱신이 있는데, 그 예로는 리스크 관리 템플릿, 리스크 분류 체계, 교훈 등이 있다. 권장된 예방 조치는 조직의 자산이라기보다 시정 조치다.

28 리스크 대응 전략 중에 리스크가 일어날 확률을 높이는 것을 의미하는 것은?

A. 완화   B. 회피
C. 증대   D. 활용

정답: C / 해설: 기회의 확률 및 긍정적 영향을 증가시키기 위해 사용하는 전략은 '증대'이다. 그 예로는 활동 자원을 보충하는 방법이 있다.

29 온라인 컨설팅 사업을 위한 리스크 관리팀이 해외 시장에서 가능한 가상 트레이너를 개발하는 프로젝트에 대한 업무를 하고 있다. 이 팀이 이미 리스크 식별, 우선순위 결정, 프로젝트 목적에 미치는 영향을 분석했다. 다음으로 해야 할 것은 무엇인가?

A. 정성적 리스크 분석 수행   B. 정량적 리스크 분석 수행
C. 리스크 대응 계획 수립   D. 리스크 통제

정답: C / 해설: 정성적/정량적 리스크 분석을 수행한 상태로 볼 수 있으므로, 프로젝트 목적에 미치는 영향을 분석한 후에는 대응 계획을 수립한다고 볼 수 있다.

30 프로젝트 매니저가 방금 리스크 대응 계획 수립 프로세스를 완료하고 리스크 관리 대장을 업데이트하고 있다. 이때에는 다음 중 어떤 것을 제외하고 프로젝트 매니저가 업데이트해야 하는가?

A. 우발사태 예비비 추가

B. 대체 방안 추가

C. 프로젝트 관리 계획서

D. 식별된 리스크에 대한 합의된 리스크 대응 전략

정답: C / 해설: 프로젝트 관리 계획서는 리스크 관리 대장과 별개의 문서다. 더 자세한 것은 리스크 대응 계획 수립의 산출물로 프로젝트 문서 갱신의 예를 참조하기 바란다.

31 아래 표는 무슨 프로세스에서 사용되며, 용도는 무엇인지 아래 보기에서 고르시오.

Probability and Impact Matrix

Probability	Threats					Opportunities				
0.90	0.05	0.09	0.18	0.36	0.72	0.72	0.36	0.18	0.09	0.05
0.70	0.04	0.07	0.14	0.28	0.56	0.56	0.28	0.14	0.07	0.04
0.50	0.03	0.05	0.10	0.20	0.40	0.40	0.20	0.10	0.05	0.03
0.30	0.02	0.03	0.06	0.12	0.24	0.24	0.12	0.06	0.03	0.02
0.10	0.01	0.01	0.02	0.04	0.08	0.08	0.04	0.02	0.01	0.01
	0.05	0.10	0.20	0.40	0.80	0.80	0.40	0.20	0.10	0.05

Impact(numerical scale) on an objective (e.g., cost, time, scope or quality)

Each risk is rated on probability of occurring and impact on an objective if it does occur. The organization's Thresholds for low, moderate or high risks are shown in the matrix and determine whether the risk is scored as high, moderate or low for that objective.

A. 정성적 리스크 분석 수행 / 리스크 우선순위를 위해

B. 정성적 리스크 분석 수행 / 리스크 대응 전략 수립을 위해

C. 정량적 리스크 분석 수행 / 리스크 대응 전략 수립을 위해

D. 리스크 대응 기획 수립 / 리스크 관리 대장을 만들기 위해

정답: A / 해설: 확률–영향 매트릭스는 정성적 리스크 분석 수행의 도구 및 기법으로 리스크 등급을 기준으로 심층 정량적 분석과 리스크 대응 기획 수립을 위해 리스크 우선순위를 매길 수 있다.

32 프로젝트를 수행하는 중에 리스크 관리 매니저는 아래 매트릭스로 리스크 등급 지정하기에는 프로젝트 진행 상황과 맞지 않는다는 많은 이해관계자들의 의견을 접수하였다. 이러한 의견을 수렴하여 등급 지정 규칙을 조정하기 위해서는 무엇을 참조해야 하는가?

Probability and Impact Matrix

Probability	Threats					Opportunities				
0.90	0.05	0.09	0.18	0.36	0.72	0.72	0.36	0.18	0.09	0.05
0.70	0.04	0.07	0.14	0.28	0.56	0.56	0.28	0.14	0.07	0.04
0.50	0.03	0.05	0.10	0.20	0.40	0.40	0.20	0.10	0.05	0.03
0.30	0.02	0.03	0.06	0.12	0.24	0.24	0.12	0.06	0.03	0.02
0.10	0.01	0.01	0.02	0.04	0.08	0.08	0.04	0.02	0.01	0.01
	0.05	0.10	0.20	0.40	0.80	0.80	0.40	0.20	0.10	0.05

Impact(numerical scale) on an objective (e.g., cost, time, scope or quality)

Each risk is rated on probability of occurring and impact on an objective if it does occur. The organization's Thresholds for low, moderate or high risks are shown in the matrix and determine whether the risk is scored as high, moderate or low for that objective.

A. 프로젝트 관리 계획서
B. 리스크 기술 형식
C. 리스크 관리 계획서
D. 리스크 범부

정답: C / 해설: 리스크 관리 계획서는 프로젝트 관리 계획서의 일부로 방법론, 역할과 책임, 예산 책정, 시기 선정, 리스크 범주, 리스크 확률–영향 정의, 확률–영향 매트릭스, 수정된 이해관계자 허용 한도, 보고 형식, 추적을 포함한다.

33 리스크 매니저가 정성적 리스크 분석을 수행했다. 40개의 리스크 중에 30개는 우선순위가 결정되었고, 5개는 시급한 리스크이며, 나머지 리스크는 낮은 우선순위로 결정되었다. 이 낮은 리스크들을 어떻게 처리해야 할지 가장 적절한 보기를 고르시오.

A. 프로젝트 관리 계획서에 기록한다.
B. 리스크 관리 대장에 기록한다.
C. 감시 목록(Watch List)에 올린다.
D. 아무것도 하지 않는다.

정답: C / 해설: 정성적 리스크 분석 수행 중 리스크–확률 영향 평가를 하면 리스크 관리 계획서에 기술된 정의에 따라 리스크 확률 및 영향의 등급을 매긴다. 확률 등급이 낮은 리스크는 리스크 관리 대장의 향후 감시 목록에 추가한다.

34 프로젝트 매니저는 최근 프로젝트 스폰서에게 다음과 같은 요청을 받았다. 주요 이해관계자들이 큰 영향력을 가진 리스크에 대해 중요한 정보를 알 수 있도록 하라는 것이었다. 리스크의 수준이 프로젝트 존폐를 결정할 수도 있는 우려가 있을 정도로 높았다. 이 정보를 이해관계자에게 전달할 때 가장 좋은 방법은 무엇인가?

A. 전자메일 보낸다.
B. 개별적으로 만난다.
C. 직접 만나서 회의를 한다.
D. 화상 미팅을 한다.

정답: C / 해설: 프로젝트 리스크 관리의 성패를 좌우하는 요소로서 투명하고 열린 의사소통이 있다. 모든 이해관계자가 리스크 관리 프로세스에 연관되어야 한다.

35 온라인 의류 쇼핑 프로젝트의 매니저가 최근 기회를 발견했다. 그 기회가 발생되면, 약 25% 이상의 매출 신장을 가져올 수 있다. 하지만 회사는 갑작스러운 판매 신장에 준비가 되지 않은 상태다. 만약, 회사가 외부 생산 업체와 파트너십을 맺으면, 판매 신장에 대응할 수 있다. 이 기회에 프로젝트 매니저가 취할 수 있는 가장 좋은 전략은?

A. 수용
B. 분담
C. 증대
D. 완화

정답: B / 해설: 긍정적 리스크 분담에는 프로젝트에 유리한 기회를 가장 잘 포착할 수 있는 제3자에게 기회에 대한 책임의 일부 또는 전부를 할당하는 일이 수반된다. 그 예로 리스크 분담 협력사, 팀, 특수 목적 회사 또는 합작 회사와 협력 관계를 구축하는 것이다.

36 장비 유지보수를 맡고 있는 프로젝트 팀원이 프로젝트 매니저에게 공조 시스템이 40℃가 되는 순간 작동이 멈추었다고 보고했다. 계획서에 명시된 후속 조치로 보조 발전기를 작동시켰음에도 불구하고, 여전히 작동하지 않는다고 한다. 프로젝트 매니저는 이제 무엇을 해야 하는가?

A. 우발사태 계획(Contingency Plan)을 실행시킨다.
B. 대체 방안(Fallback Plan)을 실행시킨다.
C. 리스크 대응 행동을 만든다.
D. 기계 오작동의 리스크를 받아들인다.

정답: B / 해설: 복구 계획(Fallback Plan)은 발생한 리스크에 대한 대응이나 주요 대응책이 부적합한 것으로 판명될 때에 사용하는 것이다.

37 프로젝트 매니저는 불확실한 상황에서 의사결정을 해야 하는 처지에 놓여 있다. 최상의 선택을 하기 위해서는 어떤 기법을 사용해야 하는가?

A. 확률분포
B. 인터뷰
C. 몬테-카를로
D. 의사결정 나무

정답: D / 해설: 의사결정 나무는 불확실한 요소가 포함된 환경에서 몇 가지 대체 자본 전략 중 의사결정을 내리는 방법을 보여준다.

38 프로젝트에서 $60,000 손실이 발생될 확률은 30%, $35,000 획득할 수 있는 확률은 70%일 경우, 금전적 기댓값 분석은?

A. $18,000   B. $6,500
C. $24,000   D. $35,000

정답: B / 해설: 30%×(−$60,000)+70%×($35,000)=$6,500

39 의사결정 나무 분석에 사용되는 분석으로, 미래에 발생할 것인지의 여부를 알 수 없는 시나리오가 포함될 때 평균적인 결과를 산출하는 통계적 개념을 수반하는 것은?

A. 민감도 분석   B. 금전적 기댓값 분석
C. 몬테-카를로   D. 전문가 판단

정답: B / 해설: 미래에 발생할 것인지의 여부를 알 수 없는 시나리오가 포함될 때 평균적인 결과를 산출하는 통계적 개념이다.

40 금전적 기댓값 분석(Expected Monetary Value Analysis)에 대한 설명으로 옳지 <u>않은</u> 것은?

A. 불확실한 상황에서 시나리오가 포함될 때 평균적인 결과를 산출한다.
B. 기회에 대해서는 양수값, 위협에 대해서는 음수값으로 표시한다.
C. 리스크를 회피한다는 기본 가정을 전제한다.
D. 가능한 한 각 결과값에 확률을 곱한 후 구해진 값을 합산한다.

정답: C / 해설: 금전적 기댓값 분석은 리스크를 회피하지도, 추구하지도 않는 리스크 중립 가정이 필요하다.

41 공장을 신축 또는 개축할지에 대한 결정에 대해 수요를 고려하여 의사결정을 하려고 한다. 다음 도식에서 각각의 경로값을 구하여 나온 의사결정에서 EMV와 그 의사결정을 알맞게 짝지은 것은?

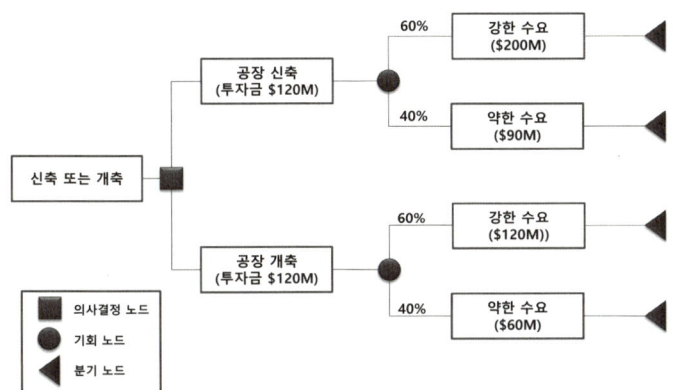

A. $46M / 신축   B. $46M / 개축

C. $36M / 신축   D. $36M / 개축

정답: B / 해설: 신축 시에 강한 수요, 약한 수요의 경로값은 각각 $80M($200−$120), −$30M($90M−$120M)이며, 개축 시는 각각 $70M($120M−$50M), $10($60M−$50M)이다. 각각의 기회에 대한 확률을 고려한 기댓값은 신축 시 $36M(60%×$80M+40%×−$30M), 개축 시 $46M(60%×$120M+40%×$10M)이다. 그러므로 가장 큰 기댓값을 가지는 의사결정은 $46M의 값을 가지는 개축이다.

42 이해관계자 중에 한 명이 리스크 대응 계획의 효과성에 대한 정보를 리스크 매니저에게 요청했다. 리스크 매니저는 분석 결과가 방금 나왔다고 한다. 리스크 매니저가 얘기한 분석은 무엇인가?

A. 차이 및 추세분석   B. 리스크 감사

C. 예비비 분석   D. 리스크 재평가

정답: B / 해설: 리스크 감사는 리스크 대응책의 효과와 리스크 관리 프로세스 효과를 평가하여 문서화한다.

43 프로젝트 매니저가 만약 발생한다면 2억 5,000만 원을 아낄 수 있는 리스크를 발견했다. 프로젝트 매니저는 이해관계자들과 이 리스크 기회를 살리기 위해 컨설팅 업체를 고용하는 안을 논의했다. 프로젝트 매니저가 고려한 리스크 전략은?

A. 활용   B. 분담

C. 완화   D. 전가

정답: B / 해설: 분담이란, 프로젝트에 유리한 기회를 가장 잘 포착할 수 있는 제삼자에게 기회에 대한 책임의 일부 또는 전부를 할당하는 일을 말한다.

44 어느 프로젝트 단계에서 리스크가 가장 높은가?

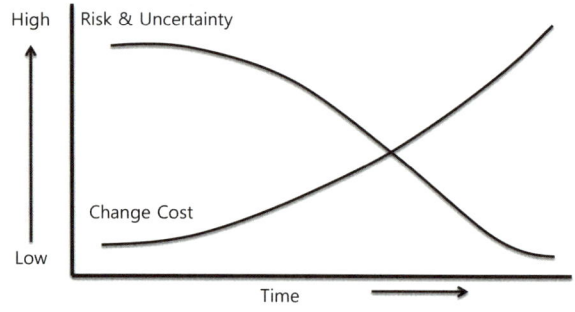

A. 착수   B. 기획

C. 실행   D. 종료

정답: A / 해설: 프로젝트 초기에 가장 불확실성이 높다.

45 리스크를 모니터링하는 도중 확인되지 않았던 리스크를 발견했다. 이 리스크를 어떻게 할 것인가?

A. 임기응변 대응(Workaround)을 실행한다.

B. 대체 방안(Fallback Plan)을 실행한다.

C. 해당 리스크를 문서화하고, 확률/영향을 분석한다.

D. 감시 목록(Watch list)에 올리고, 주기적으로 모니터한다.

정답: C / 해설: 새로운 리스크를 발견하면 리스크 관리 대장에 등록하고 정성적/정량적 분석을 한다.

46 프로젝트 수행 중에 팀원이 확인되지 않은 리스크가 발생한 것을 알게 되어 프로젝트 매니저에게 보고했다. 프로젝트 매니저는 먼저 무엇을 해야 하는가?

A. 프로젝트 스폰서에게 알린다.

B. 감시 목록에 올린다.

C. 리스크 분석을 수행한다.

D. 임기응변 대응(Workaround)을 만든다.

정답: D / 해설: 사전에 계획한 대응책이 없거나 유효하지 않은 상황에서 발생한 위험에 대한 대응 조치를 '임기응변 대응(Workaround)' 이라고 한다.

47 프로젝트 매니저는 리스크를 유발 증상이 일어난 것을 알게 되었다. 계획된 대응을 하기 전에 프로젝트 매니저는 리스크 담당자와 개별 리스크에 대해 논의하고자 한다. 리스크 담당자를 알기 위해 프로젝트 매니저가 보아야 하는 것은 무엇인가?

A. 리스크 관리 계획서
B. 리스크 관리 대장
C. 인적자원 관리 계획서
D. 의사소통 관리 계획서

정답: B / 해설: 리스크 관리 대장은 식별된 리스크, 리스크의 원인, 잠재적 대응책 목록, 리스크 책임자, 징후 및 경고 신호, 프로젝트 리스크의 상대적 등급 또는 우선순위 목록, 단시일 내 대응이 필요한 리스크, 심층 분석 및 대응책이 필요한 리스크, 정성적 분석 결과의 추세, 리스크 관리 대장 내 우선순위가 낮은 리스크 감사 목록을 포함한다.

48 단시일 내 대응이 필요한 시간에 민감한 리스크를 보고자 한다. 어느 문서를 참조해야 하는가?

A. 리스크 관리 계획서
B. 리스크 관리 대장
C. 리스크 대응 계획서
D. 조달 관리 계획서

정답: B / 해설: 리스크 관리 대장은 식별된 리스크, 리스크의 원인, 잠재적 대응책 목록, 리스크 책임자, 징후 및 경고 신호, 프로젝트 리스크의 상대적 등급 또는 우선순위 목록, 단시일 내 대응이 필요한 리스크, 심층 분석 및 대응책이 필요한 리스크, 정성적 분석 결과의 추세, 리스크 관리 대장 내 우선순위가 낮은 리스크 감사 목록을 포함한다.

49 프로젝트 매니저로서 감시 목록에 있는 리스크들에 대해 어떻게 해야 하는가?

A. 프로젝트 기간 동안 주시하고, 상태를 확인한다.
B. 프로젝트에 미치는 영향이 미미하므로, 가만히 둔다.
C. 추가 분석을 위해 문서화한다.
D. 프로젝트 교훈으로 문서화한다.

정답: A / 해설: 우선순위가 낮은 것으로 판단되는 리스크는 주기적인 감시를 위해 감시 목록에 넣는다.

50 온라인 게임 개발 프로젝트의 리스크 관리 부서에서는 최근 프로그램 부서로부터 최대 동시 접속자를 제한해야 서버 지연을 막을 수 있다고 들었다. 현재까지 동시 접속자 수를 몇 명으로 제한해야 할 것인지 결정하지 못했다. 프로젝트 스폰서나 이해관계자들은 예산 제약에 의거하여 프로젝트팀이 이 리스크를 수동적으로 수용할 것에 동의했다. 이 리스크는 어떤 종류의 것인가?

A. 순수 리스크

B. 예측 가능한 리스크

C. 예측 불가능한 리스크

D. 비즈니스 리스크

정답: B / 해설: 예측 가능한(Known-unknown) 리스크를 설명하고 있다.

51 다음 중 우발사태(Contingency) 대응이 필요한 유발(Trigger) 사건은 무엇인가?

A. 새로운 리스크 발견

B. 잔존 리스크 발견

C. 리스크에 대한 수용 전략을 받아들일 때

D. 중간 마일스톤을 지키지 못했을 때

정답: D / 해설: 일부 리스크의 경우 미리 정의한 특정 조건에서만 실행할 대응 계획을 수립하는 것이 좋다. 중간 마일스톤 누락 또는 우선순위가 더 높은 공급업체 확보 등과 같이 우발사태 대응을 유발하는 사건들을 정의하고 추적해야 한다.

52 다음 중 정성적 리스크 분석을 수행한 후의 결과로 리스크 관리 대장에 업데이트 할 항목이 아닌 것은?

A. 추가 분석과 대응이 필요한 리스크

B. 우선순위가 정해진 리스크

C. 프로젝트의 확률적 분석

D. 감시 목록

정답: C / 해설: 정성적 리스크 평가를 통해 새로운 정보가 확보되면 리스크 관리 대장을 갱신한다. 각 리스크의 확률 및 영향 평가, 각 리스크의 상대적 등급 또는 점수, 리스크 긴급성 정보 또는 리스크 범주, 확률이 낮은 리스크 또는 심층 분석이 필요한 리스크 감사 목록이 리스크 관리 대장 갱신에 포함될 수 있다.

53 프로젝트 매니저가 계량적으로 리스크를 분석하는 프로세스에 있다. 특히, 민감도 분석을 위한 기술을 사용하고 있는데, 아래 표의 결과로 얻을 수 있는 사항을 설명한 것은?

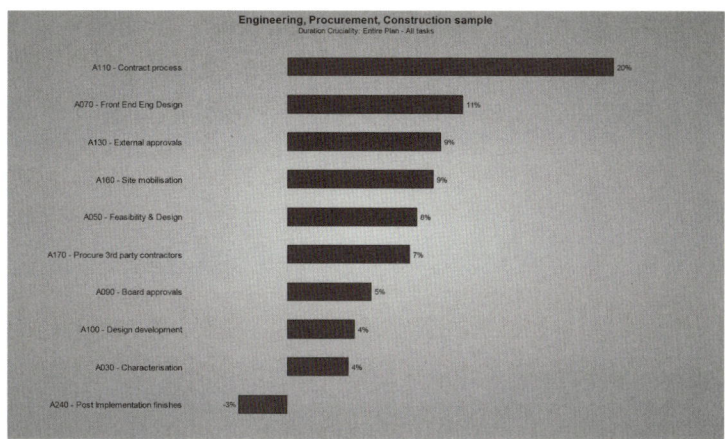

A. 어떤 리스크가 프로젝트에 가장 큰 잠재적인 영향을 줄 수 있는지 알 수 있다.

B. 어떤 리스크가 가장 높은 발생 확률을 가지는지 알 수 있다.

C. 어떤 리스크가 가장 불확실한 수준에 있는지 알 수 있다.

D. 어떤 리스크가 감사 목록에 있어야 하는지 알 수 있다.

정답: A / 해설: 민감도 분석은 프로젝트 잠재적 영향력이 가장 큰 리스크를 결정하는 데 유용하다.

54 당신은 프로젝트 매니저로서 새로운 변경 요구가 승인된 상황에 있다. 이 변경 요청 사항은 새로운 리스크를 야기하게 되었다. 당신은 이 리스크를 알리고, 이해관계자가 리스크로 인해 가능한 영향을 이해하였다. 당신은 식별된 리스크에 대해 완화 대응 전략을 만들려고 한다. 어느 문서에 이 대응 전략을 기록해야 하는가?

A. 리스트 관리 대장   B. 프로젝트 관리 계획서

C. 리스크 관리 계획서   D. 리스크 로그

정답: A / 해설: 리스크 관리 대장은 식별된 리스크 목록과 잠재적 대응책 목록을 포함한다.

55 보험을 구입하는 것은 리스크 대응 중 무엇에 해당하는가?

A. 완화   B. 전가

C. 회피   D. 수용

정답: B / 해설: 전가의 예로는 보험 이용, 이행 보증, 각종 보증 및 보장, 협약이 있다.

56 다음 보기 중에 리스크 통제의 기법이 <u>아닌</u> 것은?

    A. 리스크 확률–영향 평가

    B. 리스크 재평가

    C. 리스크 감사

    D. 현황 회의

정답: A / 해설: 리스크 통제의 도구 및 기법으로 리스크 재평가, 리스크 감사, 차이 및 추세 분석, 기술적 성과 측정, 예비 분석, 회의가 있다.

57 다음 보기 리스크 평가 시 중요한 역할을 하는 것은?

    A. 리스크 긴급성 등급

    B. 이해관계자 리스크 허용 수준

    C. 생산된 기술의 등급

    D. 조직 구조의 형태

정답: B / 해설: 리스크 분석 시 이해관계자의 허용 한도는 리스크 우선순위를 결정한다.

58 프로젝트 이해관계자들이 리스크에 대해 다양한 우선순위를 가지고 있고, 다른 의견도 가지고 있는 상황이다. 이해관계자 리스크 허용 한도를 반영한 후에는 리스크 매니저는 무엇에 관심을 쏟아야 하는가?

    A. 위험 활동의 소유권 배정

    B. 이해관계자 위험 태도의 정의

    C. 위험에 대한 확률과 위험의 정의

    D. 리스크 보고서를 위한 통제 포인트 설정

정답: C / 해설: 리스크 확률 및 영향의 수준을 정해 놓으면, 이해관계자들의 편견으로부터 받는 영향을 줄일 수 있다.

59 다음 보기 중 부정적 리스크에 쓰이는 전략이 <u>아닌</u> 것은?

    A. 수용   B. 완화

    C. 활용   D. 전가

정답: C / 해설: 부정적 리스크 또는 위협에 대한 전략으로는 회피(Avoid), 전가(Transfer), 완화(Mitigate), 수용(Accept)이 있다.

60 프로젝트 매니저는 리스크 관리의 정량적 분석 단계로 넘어가고 있다. 프로젝트 스폰서가 데이터의 정확성에 대해 물었을 때, 프로젝트 매니저는 자신이 리스크 관리 계획 중에 중요한 부분을 놓친 것을 알게 되었다. 매니저는 어떤 것을 생략하였는가?

A. 품질 데이터 평가
B. 체크 목록 분석 수행
C. 가정 분석 수행
D. 리스크 감사

정답: A / 해설: 정성적 리스크 분석 후 정량적 리스크 분석으로 넘어가는 시점이므로, 정성적 리스크 분석 중에 리스크 데이터 품질 평가를 생략함으로써 리스크 관련 데이터의 정확성을 조사하는 작업을 놓치고 있다는 것을 알 수 있다.

61 프로젝트의 중요한 이해관계자가 현재까지 스케줄 지연이 있는지 문의했다. 왜냐하면 이 이해관계자는 이러한 스케줄 지연에 의해 다른 유사 프로젝트에서 실패한 경험이 있기 때문이었다. 그래서 같은 실패 사례를 남기지 않기 위해 프로젝트 매니저는 조치를 이미 취하고 있다고 한다. 그리고 그 이해관계자를 관련 미팅에 초대하도록 했다. 프로젝트 매니저는 어떤 기법을 이용하고 있는가?

A. 예비비 분석 수행
B. 차이 및 추세 분석 수행
C. 기술적 성과 측정 수행
D. 리스크 재평가 수행

정답: B / 해설: 리스크 통제의 기법으로 차이 및 추세 분석은 프로젝트 완료 시 원가 및 일정 목표로부터 잠재적 차이를 예측할 수 있다. 기준선 계획에서 벗어난 차이는 위협 또는 기회의 잠재적 영향을 나타내기도 한다.

62 프로젝트 매니저로서, 어떤 영역에 불확실한 영향에 노출되어 있는지 확인해야 한다. 이는 리스크 대응을 준비하는 것에도 도움이 된다. 이러한 분석을 수행하는 기법은 무엇인가?

A. 리스크 데이터 품질 평가
B. 리스크 긴급성 평가
C. 리스크 범주
D. 모델링과 시뮬레이션

정답: D / 해설: 프로젝트 시뮬레이션에는 상세한 수준의 프로젝트 불확실성을 프로젝트 목표에 미치는 잠재적 영향으로 환산하는 모델을 사용한다.

63 다음 중 리스크 식별 프로세스의 도구 및 기법이 <u>아닌</u> 것은?

A. 전문가 판단

B. 가정 분석

C. 리스크 긴급성 평가

D. SWOT 분석

정답: C / 해설: 리스크 긴급성 평가는 정성적 리스크 분석의 도구 및 기법이다.

64 다음 중 잔존 리스크(Residual Risk)에 대한 설명 중 가장 적절한 것은?

A. 리스크 대응책을 실행한 후 직접적인 결과로 발생하는 리스크

B. 리스크 대응책을 수행한 후에 남아 있는 리스크

C. 손해만 초래하는 리스크

D. 손해나 이득을 초래하는 리스크

정답: B / 해설: 잔존 리스크란, 계획한 대응책을 수행한 후에도 남아 있을 것이라 예상되는 리스크를 말한다.

65 프로젝트는 리스크 분석 측면에서 엑티비티의 종료일을 3점 추정하려고 한다. 인터뷰를 통해 주어진 정보는 낙관적 산정치 20일, 비관적 산정치 67일, 최빈치 36일이다. PERT 분석에서 파생한 추정의 결과값은?

A. 38.5   B. 36

C. 41   D. 20.5

정답: A / 해설: 베타분포가 PERT 분석에서 파생한 것이며, 이에 따른 계산은 [낙관치+(최빈치×4)+비관치]/6=[20+(36×4)+67] /6=38.50이다.

66 다음 중 삼각분포(Triangular Distribution)를 가장 잘 설명한 것은?

A. 삼각분포는 프로젝트 목적물인 시간, 비용 등에 대해 리스크 확률을 시각화한다.

B. 삼각분포는 불확실성 사건을 대표하는데, 잠재적 시나리오의 결과물을 보여준다.

C. 삼각분포는 시간, 비용과 같은 프로젝트 목적물에 대한 리스크 확률을 그래프로 거의 보여주지 않는다.

D. 삼각분포는 만들어진 가정을 시각화해서 유용하게 만든다.

정답: A / 해설: 연속 확률분포는 프로젝트 구성 요소의 원가 및 일정 활동 기간 등과 같은 값에서 불확실성을 보여준다.

67 프로젝트팀은 리스크 정량화의 결과로 수행되었던 우발사태 계획에 대해 논의했다. 현재 예산이 남은 리스크에 대비해서 충분한지에 대해 우려를 하고 있다. 다음 중 프로젝트 매니저가 해야 할 것은?

A. 리스크 감사를 수행한다.
B. 리스크 재평가를 수행한다.
C. 예비비 분석을 수행한다.
D. 시나리오를 이미 리스크 대응 계획에서 고려했기 때문에 가만히 있는다.

정답: C / 해설: 리스크 통제의 도구 및 기법의 하나로, 예비 분석에서는 프로젝트의 임의 시점에서 남은 예비비가 적합한지 판별하기 위해 잔존 리스크의 양을 잔존 우발사태 예비비의 양과 비교한다.

68 계획 미팅 중에 프로젝트 매니저는 다양한 요소들의 연관관계를 설명하는 다이어그램을 가지고 왔다. 이 미팅은 목적은 리스크를 식별하는 것이다. 리스크 요소를 식별하는 데 어떤 다이어그램 기법을 프로젝트 매니저가 사용하고 있는가?

A. 인과관계도
B. 프로세스 흐름도
C. 영향관계도
D. 피시본 다이어그램

정답: B / 해설: 시스템의 다양한 요소들의 상호 연관 방식과 인과관계를 보여주는 것은 '시스템' 또는 '프로세스 흐름도'이다.

69 프로젝트 매니저는 정성적 리스크 분석을 수행하고 있는데, 그의 경험을 비추어보았을 때, 어떤 리스크는 단시일 안에 대응책이 마련되지 않고 있고, 또 어떤 리스크는 우선순위가 제대로 반영되지 않아 낮은 등급을 받게 되는 상황을 보게 되었다. 이와 같은 상황에서 무엇을 해야 하는가?

A. 이미 필요한 분석을 했기 때문에 추가로 할 일은 없다.
B. 데이터 품질 평가를 수행한다.
C. 가정의 유효성을 위해 분석한다.
D. 리스크 긴급성 재평가한다.

정답: B / 해설: 리스크 데이터 품질 평가는 정성적 리스크 분석*의 도구 및 기법이다. 불량한 리스크 데이터를 사용하면 프로젝트에 거의 쓸모 없는 정성적 리스크 분석 결과가 산출될 수 있다. 품질이 허용될 수 없는 수준이라면 더 우수한 데이터를 수집할 필요가 있다.

* PMBOK 5판 한국어 버전에서는 이를 정량적 리스크 분석이라고 오역해 놓았음.

70 프로젝트 매니저는 방금 프로젝트 진행 과정에서 정량화되는 리스크에 대해 대응책을 수행하고 있다. 그 결과 다른 리스크가 생겼다. 이 리스크를 무엇이라 하는가?

A. 잔존 리스크

B. 순수 리스크

C. 2차 리스크

D. 사업 리스크

정답: C / 해설: 2차 리스크는 리스크 대응의 직접적인 결과로 발생한다.

71 아래 그래프는 어떤 프로세스에 도구 및 기법에 의한 산출물인지 아래 보기에서 적절한 것을 고르시오.

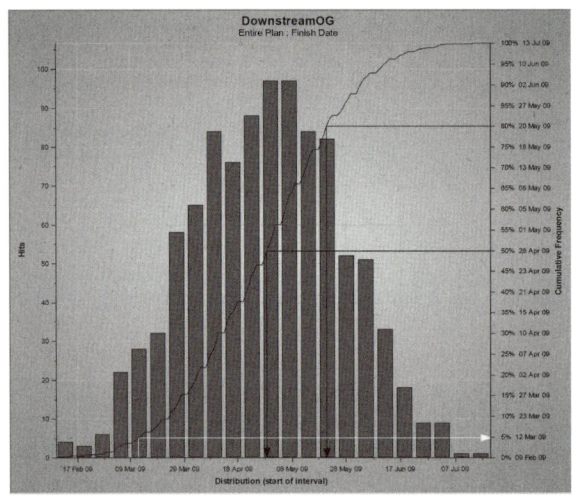

A. 정성적 리스크 분석 수행 – 확률 – 영향력 매트릭스

B. 정성적 리스크 분석 수행 – 리스크 데이터 품질

C. 정량적 리스크 분석 수행 – 민감도 분석

D. 정량적 리스크 분석 수행 – 모델링 & 시뮬레이션

정답: D / 해설: 리스크 관리 계획 수립이 첫 번째 리스크 관리 프로세스이며, 그 산출물이 리스크 관리 계획서이다.

72 현재 당신은 리스크를 정성적으로 분석하고 있다. 다음 중 이 프로세스를 수행하기 위해 어떤 도구 및 기법을 사용할 것인가?

A. 인터뷰

B. 민감도 분석

C. 전문가 판단

D. 모델링 및 시뮬레이션

정답: C / 해설: 정성적 리스크 분석 수행의 도구 및 기법은 리스크 확률-영향 평가, 확률-영향 매트릭스, 리스크 데이터 품질 평가, 리스크 분류, 리스크 긴급성 평가, 전문가 판단이다.

73 이해관계자와 조직의 리스크 허용 한도를 결정하는 것은 프로젝트팀이 다음 중 무엇을 하는 데 도움을 주는가?

A. 리스크 대응 전략의 저항에 대한 준비를 한다.
B. 현실적인 예산을 세운다.
C. 적절한 리스크 우선순위
D. 현실적인 일정을 세운다.

정답: C / 해설: 리스크의 우선순위를 정하는 정성적 리스크 분석 수행 과정에서 조직의 리스크 허용 한도를 고려하여 식별된 리스크의 우선순위를 평가한다. 효과적인 평가가 되려면, 정성적 리스크 분석 수행 프로세스에 주요 참여자의 리스크 접근 방식을 명확히 식별하여 관리해야 한다.

74 리스크 프로세스 개선은 리스크 관리에 중요한 부분이다. 다음 중 지속적인 개선을 가능하게 하는 리스크 감사를 수행하기 위해 사용되는 정보는 무엇인가?

A. 차이 및 추세 분석
B. 작업 성과 보고서
C. 기술적 성과 측정
D. 예비비 분석

정답: B / 해설: 리스크 프로세스 개선은 리스크 통제 프로세스이며, 이 프로세스의 투입물은 프로젝트 관리 계획서, 리스크 관리 대장, 작업 성과 자료, 작업 성과 보고서이다.

75 프로젝트 매니지먼트 팀은 방금 리스크 관리 대장을 만들었다. 어느 리스크 관리 프로세스에 해당하는가?

A. 리스크 관리 계획 수립
B. 리스크 식별
C. 정성적 리스크 분석 수행
D. 리스크 대응 계획 수립

정답: B / 해설: 리스크 관리 대장은 리스크 식별 프로세스의 결과물이다.

76 A 프로젝트의 리스크 분석 결과, 아래 히스토그램을 얻었다. 현재 이 프로젝트에서 종료될 확률이 90%인 날짜는 언제인가?

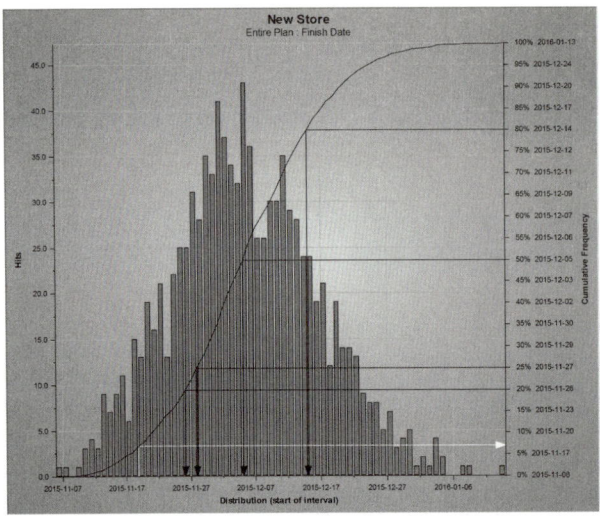

A. 2015/04

B. 2015/05

C. 2016/06

D. 2016/07

정답: D / 해설: 프로젝트가 2016/07에 종료될 확률은 100%이다(우측 Y축 확인).

77 리스크 관리 계획 프로세스 중에 한 이해관계자가 현재 프로젝트가 지난 유사 프로젝트에 관련된 템플릿을 전혀 활용하지 않고 있음을 알았다. 현 프로젝트 매니저는 무엇을 잊고 있는가?

A. 관련 정보와 경험이 있는 이해관계자와의 미팅

B. 조직 프로세스 자산의 정보 확인

C. 기업 환경 요인 확인

D. 유사 프로젝트 관리자와의 미팅

정답: B / 해설: 리스크 관리 계획 수립의 투입물로 조직 프로세스 자산이 있으며, 리스크 관리 계획 수립에 영향을 미칠 수 있는 자산은 리스크 범주, 개념 및 용어에 대한 일반적인 정의, 리스크 기술 형식, 표준 템플릿, 역할과 책임, 의사결정 권한 수준, 교훈이 있다.

78 리스크 관리에서 프로젝트 매니저의 역할에 대한 내용이 아닌 것은?

A. 리스크 관리 계획서를 개발하고 승인
B. 이해관계자들과의 협의로 프로젝트 리스크의 허용 수준을 결정
C. 리스크 대응 시행 전에 승인
D. 모든 식별된 리스크에 대해 처리 권한을 가짐.

정답: D / 해설: 프로젝트 매니저의 권한을 뛰어넘거나, 외부 프로젝트의 정보를 받아야 처리하거나, 관리 예비비가 필요한 리스크의 경우에는 Senior Management에게 리스크를 보고해야 한다.

79 조달 종료 프로세스의 설명이 아닌 것은?

A. 미결 클레임의 종결, 최종 결과를 반영하기 위한 기록 갱신을 한다.
B. 계약서 및 관련 문서를 문서화하여 향후에도 참조할 수 있도록 한다.
C. 다단계 프로젝트에서는 관련된 모든 프로젝트에 계약 조건이 적용된다.
D. 계약 조기 해지 시 계약 쌍방의 책임과 권리는 계약 종결 조항에 명시된다.

정답: C / 해설: 조달 종료 프로세스는 각 조달 작업을 완료하는 프로세스로, 계약서 및 관련 문서를 문서화하여 향후에 참조할 수 있도록 하는 주요 이점을 가지고 있다. 다단계 프로젝트에서는 지정된 프로젝트 단계에서만 계약 조건이 적용될 수 있다.

80 예비 분석(Reserve analysis)에 대해 가장 적절한 설명을 한 것은?

A. 남은 우발사태 예비비를 분석하여 잔여 리스크의 양에 대비해보는 것
B. 필요한 관리 예비비를 분석하여 잔여 리스크의 양에 대비해보는 것
C. 현금흐름을 분석하여 리스크의 양에 대비해보는 것
D. 프로젝트 예산을 분석하고, 잔여 리스크에 대한 예산을 대비해보는 것

정답: A / 해설: 프로젝트 리스크 관리에서 예비 분석은 프로젝트 임의 시점에서 남은 예비비가 적합한지 판별하기 위해 잔존 리스크의 양을 잔존 우발사태 예비비의 양과 비교한다.

81 당신은 자동차 회사의 프로젝트 매니저이다. 제조 공정에서 필요한 기계를 업체가 폭우로 제 때 공급하지 못했다. 그래서 당신은 리스크 대응책으로 1년 전에 공급되었던 다른 기계를 사용 하기 시작했다. 그런데, 1년 동안 사용되지 않은 기계를 사용하면서 더 큰 결함이 야기되었다. 이 새로운 리스크를 무엇이라고 부를 수 있는가?

A. 확인되지 않은 리스크
B. 관리되지 않은 리스크
C. 2차 리스크
D. 잔존 리스크

정답: C / 해설: 리스크 대응의 직접적인 결과로 발생하는 리스크를 '2차 리스크(Secondary Risk)'라고 한다.

82 당신은 IT 개발을 4개의 컨설턴트 회사에 외주를 주려고 한다. 이와 같이 다음 설명 중 리스크 전가에 연관된 설명과 거리가 가장 먼 것은?

A. 리스크 전가는 리스크 프리미엄에 대한 지불이라고 볼 수 있다.
B. 고정 가격 계약은 리스크를 판매자가 부담하게 하는 것이다.
C. 가산 원가 계약은 원가 리스크를 판매자에게 이전한다.
D. 계약은 기술된 리스크에 대한 책임을 다른 사람에게 이전할 때 사용된다.

정답: D / 해설: 계약은 판매자에게는 가치 있는 대상물을 제공할 의무를 부여하고, 구매자에게는 금전 또는 다른 가치 있는 부상을 지불할 의무를 부여하는 쌍방간 구속력을 지닌 협약이다.

83 당신은 리스크 식별 프로세스에 있으며, 어떤 리스크가 프로젝트에 영향을 미치는지 확인하고 있다. 리스크 식별 프로세스에서 누구와 함께 참여해야 하는가?

A. 프로젝트 매니저, 프로젝트 팀원, 전문가와 고객
B. 리스크 매니지먼트팀, 사용자, 리스크 관리 전문가
C. 모든 이해관계자
D. 긍정적인 영향력 있는 이해관계자

정답: C / 해설: 리스크 식별 활동에는 모든 이해관계자가 참여하도록 권장해야 한다.

84 정규 분포에서 다음 중 표준편차에 대한 옳은 설명은?

A. 평균으로부터 멀어진 정도
B. 가장 큰 확률을 가진 값으로부터 멀어진 정도
C. 중간값으로부터 멀어진 정도
D. 정성적 리스크 분석에 쓰이는 도구

정답: A / 해설: 표준편차는 평균에 멀어진 정도를 알려준다.

85 프로젝트에서 리스크와 관련하여 열려 있고 정직한 의사소통을 프로젝트팀 내 또는 경영진과 다른 이해관계자 사이에서 유도하는 역할은 누가 해야 하는가?

A. 리스크 관리 팀원   B. 프로젝트 팀원 모두
C. 프로젝트 관리자   D. 최고 경영진

정답: C / 해설: 프로젝트 매니저는 경영자, 이해관계자, 프로젝트 팀원 간의 중간 연결 고리 역할을 잘해야 한다.

86 당신은 프로젝트 매니저이다. 프로젝트 리스크 식별을 위해 다양한 아이디어가 필요한데, 어떤 기법을 사용하겠는가?

A. 델파이 기법   B. 아이디어 매핑
C. 명목 집단 기법   D. 브레인스토밍

정답: D / 해설: 다양한 아이디어를 도출하기 위해서는 자유로운 브레인스토밍 세션이 적절하다.

87 당신은 중요한 리스크와 적절한 리스크 대응책을 확인하고 있다. 어떤 리스크는 프로젝트에 영향을 미치는 자연 재해 리스크에 대한 확률이 문서화되고 이 리스크를 수용하는 것으로 리스크 관리 계획서에 기록되었다. 이 리스크가 발생 후에도 남아 있을 리스크를 무엇이라고 부르는가?

A. 확인되지 않은 리스크
B. 잔존 리스크
C. 2차 리스크
D. 수용된 리스크

정답: B / 해설: 계획한 대응책을 수행한 후에도 남아 있을 것으로 예상되는 리스크를 '잔존 리스크'라고 한다.

88 조심스럽게 리스크 관리가 수행되더라도 새로운 리스크가 발생할 확률이 미래에 여전히 존재함을 알게 되었다. 당신은 다음 보기 중 어떤 것을 수행해야 이러한 리스크까지 관리할 수 있는가?

A. 리스크 관리 계획 수립

B. 리스크 식별

C. 리스크 통제

D. 리스크 대응 계획 수립

정답: C / 해설: 리스크 통제 프로세스는 프로젝트 전반에서 리스크 대응 계획을 구현, 식별된 리스크를 추적, 잔존 리스크 감사, 새로운 리스크 식별, 리스크를 처리를 평가하는 프로세스로 이루어져 있다.

89 당신은 방금 리스크 데이터 품질 평가를 수행하여 어떤 리스크가 리스크 관리에 유용한지에 대해 평가하였다. 다음 단계는 무엇인가?

A. 프로젝트 계획과 가정을 프로젝트 전체와 상세한 범위 수준에서 구조적으로 검증

B. 체크리스트를 만들어 과거 정보를 통해 리스크를 식별한다.

C. 계획 미팅을 수행하여 리스크 관리 계획을 만든다.

D. 인터뷰를 수행하여 프로젝트 활동에 대한 확률과 영향을 계량화한다.

정답: D / 해설: 리스크 데이터 품질 평가는 정성적 리스크 분석 수행의 도구 및 기법이며, 정성적 분석 후 정량적 리스크 분석 수행이 따르는 것이 일반적이다.

90 프로젝트 진행 중에 리스크를 계산해보니 프로젝트 한계선을 넘을 정도로 범위와 일정을 초과하는 리스크가 발견되었다. 당신은 수용 가능한 수준의 리스크로 만들기 위해 어떤 일을 해야 하는가?

A. 예비비를 책정한다.

B. 프로젝트 범위를 축소하고 일정을 늘린다.

C. 스폰서와 이야기해서 프로젝트를 취소한다.

D. 추가 리스크 대응 전략을 수립한다.

정답: A / 해설: 가장 일반적인 능동적 수용 전략은 리스크를 처리할 시간, 자본 또는 자원의 양을 포함하여 우발사태 예비비를 책정하는 것이다.

91 현재 A 프로젝트의 리스크 분석 결과, 아래 히스토그램을 얻었다. 현재 이 프로젝트가 2009년 4월 21일에 끝날 확률은 얼마이며, 프로젝트 종료일을 80%의 확률로 만들기 위한 날짜는 언제 인가?

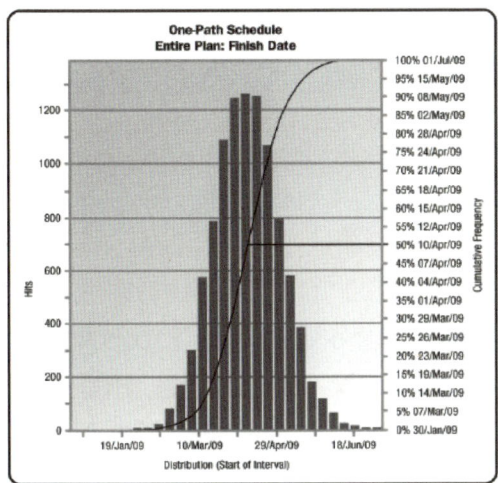

A. 50%, 12/04/09

B. 50%, 28/04/09

C. 70%, 01/05/09

D. 70%, 28/04/09

정답: D / 해설: 21/04/09에 끝날 확률은 70%이며, 28/04/09에 종료할 확률은 80%이다.

92 당신은 프로젝트 매니저로서 시정 조치가 즉각적으로 필요하다는 것을 알게 되었다. 리스크 관리 프로세스 중 어느 프로세스에서 수행되어야 하는가?

A. 정량적 리스크 분석 수행

B. 리스크 식별

C. 정성적 리스크 분석 수행

D. 리스크 통제

정답: D / 해설: 변경 요청은 권장하는 시정 조치와 권장하는 예방 조치로 나뉘며, 모두 리스크 통제의 산출물이다. 시정 조치는 프로젝트 작업의 성과가 프로젝트 관리 계획서와 일치하도록 재조정하는 활동이다.

93 프로젝트 관리와 프로젝트 리스크 관리는 통합되어야 한다. 이러한 맥락에서 프로젝트 리스크 관리가 영향을 미칠 수 있는 프로젝트 관리 측면이 <u>아닌</u> 것은?

A. 자원 요구사항, 원가, 기간에 대한 예측
B. 제안된 범위 변경에 대한 영향 평가
C. 이해관계자에 현황 보고
D. 이해관계자 리스크 허용 수준 제고

정답: D / 해설: 리스크 관리 자체가 리스크 허용 수준을 높이지는 않는다.

94 리스크 관리 계획 프로세스에서 리스크 관리 업무를 어떻게 수행할 것인지 기준을 정립하고자 한다. 이는 신중하고 명확한 계획이 후속 리스크 관리 프로세스의 성공 확률을 높이기 때문이다. 이러한 맥락에서 볼 때 다음 중 리스크 관리 계획 중에 <u>하지 않아도</u> 되는 것은?

A. 리스크 특징을 문서화한다.
B. 리스크 평가를 위해 합의된 기준을 정립한다.
C. 프로젝트 중요성과 리스크에 적합한지, 리스크 관리의 정도, 유형과 가시성을 명확히 한다.
D. 충분한 자원과 위험관리 활동을 위한 시간을 제공한다.

정답: A / 해설: 리스크 관리 계획 수립 프로세스 의의에 대한 설명이 아닌 것은 A이며, 이는 리스크 식별에 관련된 것이다.

95 프로젝트 리스크 대응 전략 중 부정적 결과의 확률을 줄일 수 있는 활동을 수행하게 하는 문서화된 지시를 무엇이라고 하는가?

A. 시정 조치
B. 예방 조치
C. 결함 수정
D. 리스크 완화

정답: D / 해설: 리스크 완화는 불리한 리스크의 확률 및 영향을 수용 가능한 한도로 낮추는 것을 의미한다.

96 다음 중 기획 프로세스 그룹에서 행해지는 프로세스는?

A. 리스크 식별

B. 이해관계자 참여 관리

C. 프로젝트팀 확보

D. 이해관계자 식별

정답: A / 해설: 리스크 식별—기획 프로세스, 이해관계자 참여 관리—실행 프로세스, 프로젝트팀 확보—실행 프로세스, 이해관계자 식별—착수 프로세스

97 당신은 프로젝트 전반에서 리스크 대응 계획을 구현하고 새로운 리스크를 식별하고 리스크 처리를 평가하고 있다. 다음 중 리스크 징후 및 경고 신호, 잔존 및 2차 리스크 , 리스크 감사 목록 등이 포함된 문서는?

A. 프로젝트 관리 계획서

B. 리스크 관리 계획서

C. 원가관리 계획서

D. 리스크 관리 대장

정답: D / 해설: 리스크 통제 프로세스에 관한 내용이다. 리스크 징후 및 경고 신호, 잔존 및 2차 리스크, 리스크 감사 목록은 리스크 관리 대장을 통해 알 수 있다.

98 당신은 리스크 통제 프로세스를 수행 중이고 산출물인 조직 프로세스 자산을 갱신하고 있다. 갱신 내용이 <u>아닌</u> 것은?

A. 확률–영향 매트릭스와 리스크 관리 대장을 포함한 템플릿

B. 리스크 분류 체계

C. 리스크 대응에 대한 실제 결과물

D. 프로젝트 리스크 관리 활동에서 습득한 교훈

정답: C / 해설: 조직 프로세스 자산 갱신 내용은 확률–영향 매트릭스와 리스크 관리 대장을 포함한 템플릿, 리스크 분류 체계, 프로젝트 리스크 관리 활동에서 습득한 교훈이다.

99 화재 발생 시 리스크 대응 전략 중에 소화기를 사용하는 대응이 있다. 소화기가 불길을 잡지 못할 경우, 인근 소방서에 도움을 청한다. 소방서에 도움을 청하는 것은 무엇이라고 하는가?

A. 2차 리스크

B. 잔여 리스크

C. 대체 방안

D. 임기응변 대응

정답: C / 해설: 이슈, 리스크 또는 기타 원인으로 인해 폐기해야 할 기본 계획에 활용할 수 있는 다양한 대안적 작업이나 조치가 대체 방안에 포함된다.

100 새로운 프로그램을 개발하려는 프로젝트에서 여러 개의 다른 언어로 소프트웨어를 출시하려고 한다. 프로젝트는 현재 리스크 관리의 계획 단계에 있고 소프트웨어 언어 번역 과정에서 각기 다른 나라에서 쓰는 키보드가 소프트웨어의 모든 기능을 구현하지 못할 수도 있는 잠재적 리스크를 발견하였다. 이를 위해 제품을 전문적으로 테스트하는 컨설팅 회사를 고용해서 이 리스크를 다루고자 한다. 프로젝트팀은 어떤 리스크 전략을 쓰려고 하는가?

A. 수용

B. 회피

C. 완화

D. 전가

정답: D / 해설: 리스크 전가는 프로젝트팀에서 위협으로 인한 영향을 리스크 대응 권한과 함께 제3자에게 이전하는 방식의 리스크 대응 전략으로, 그 예로는 보험 이용, 이행 보증, 가족 보증 및 보장, 협약이 있다.

101 다음 중 리스크 대응 계획 프로세스의 도구 및 기법은?

A. 리스크 분류

B. 가정 분석

C. 예비 분석

D. 전문가 판단

정답: D / 해설: 전문가 판단은 정해진 특정 리스크에 취할 조치에 정통한 관련자가 지식을 제공한다.

102 현재 A 프로젝트의 리스크 분석 결과, 아래 히스토그램을 얻었다. 이 프로젝트의 수행 기간 이 392일이 될 확률은?

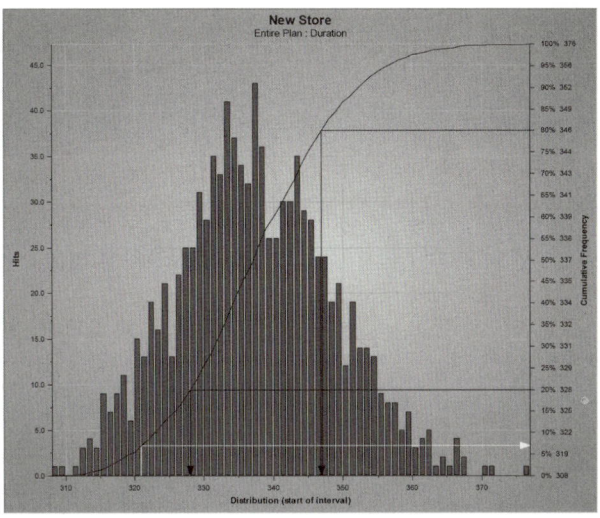

A. 30%

B. 50%

C. 70%

D. 90%

정답: D / 해설: 프로젝트의 예상 수행 시간이 187일이 될 확률은 90%이다(우측 Y축 확인).

103 당신은 프로젝트 매니저로서 이해관계자들과 의사소통을 돕기 위해 이해관계자 관리 대장을 만들려고 한다. 다음 중 어떤 정보가 이해관계자 관리 대장에 <u>반영되지 않아도</u> 되는가?

A. 이해관리자 관리 전략

B. 이해관리자 분류

C. 주요 요구사항, 주요 기대사항, 잠재적 영향

D. 이해관계자 정보

정답: A / 해설: 이해관계자 관리 대장에는 신원 정보, 평가 정보, 이해관계자 분류를 포함한다.

104 경영진이 당신에게 리스크 감사를 요구하고, 그 결과를 보고하라고 지시했다. 프로젝트 팀원 중에 리스크 감사가 무엇인지 묻는다면, 무엇이라고 이야기해줄 것인가?

A. 리스크 감사는 리스크 확률과 영향에 대한 검토이며, 존재는 하지만 실현되지 않은 것이다.

B. 리스크 감사는 프로젝트에서 발생된 모든 리스크에 대한 것이며, 일정과 비용에 미친 영향을 확인하는 것이다.

C. 리스크 감사는 아직 발생되지 않은 리스크로서 발생된 영향을 확인하는 것이다.

D. 리스크 감사는 식별된 리스크에 대한 리스크 대응에 대한 효과와 근본 원인 그리고 리스크 관리 프로세스의 효과를 검토하는 것이다.

정답: D / 해설: 리스크 감사는 리스크 대응책의 효과와 리스크 관리 프로세스 효과를 평가하여 문서화한다.

105 아래의 리스크 분류 체계에 대한 설명으로 옳지 <u>않은</u> 것은?

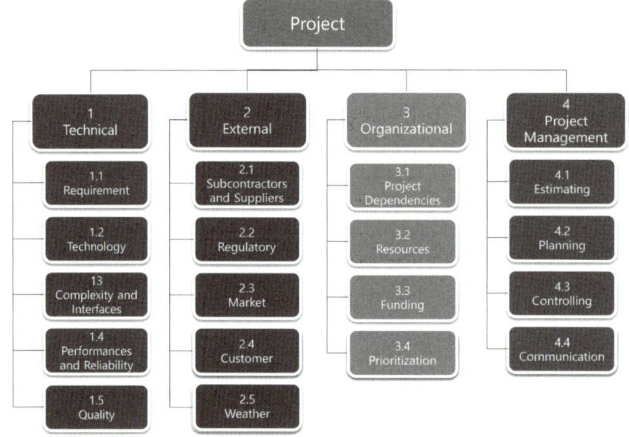

A. 프로젝트팀이 리스크 식별 과정에서 발생할 수 있는 수많은 프로젝트 리스크 유발 원인을 검토하는 데 유용하다.

B. 리스크 범주에 따라 리스크를 정리한 계통도이다.

C. 리스크 관리 계획 수립의 산출물의 한 형태로서 프로젝트 유형에 관계없이 일정한 구조로 적용된다.

D. 리스크 식별 프로세스의 도구 및 기법에 사용될 수 있다.

정답: C / 해설: 리스크 분류 체계에 관련된 설명으로, 프로젝트 유형에 따라 적합한 RBS 구조가 다를 수 있다.

106 진행 중인 프로젝트가 너무 크고 방대한 조직에서 수행되고 있다. 그로 인해 정치적인 영향이 리스크를 파악하는 데 방해가 될 수도 있다. 당신은 프로젝트 매니저로서 익명이 보장되는 프로세스를 통해 리스크 사건을 확인하는 방법을 사용하려고 한다. 다음 중 어느 방법이 리스크 정보를 모으고 배포하는 데 다른 이해관계자 모르게 할 수 있는가?

A. 몬테–카를로 기법
B. 체크 목록 분석
C. 델파이 분석
D. 조사

정답: C / 해설: 리스크 식별의 도구 및 기법의 정보 수집 기법 중 델파이 기법은 프로젝트 리스크 전문가들이 익명으로 이 기법에 참여한다. 조정자가 설문지를 이용해 중요한 프로젝트 리스크에 관한 아이디어를 모은다. 설문지의 답변을 정리한 데이터를 응답자들에게 다시 배포하여 추가 의견을 구한다. 이러한 절차를 몇 차례 반복하는 과정에서 합의에 도달할 수 있다. 이 기법은 공정성을 높이고 특정인이 결과에 부당한 압력을 행사하는 것을 방지하는 데 효과적이다.

107 현재 A 프로젝트의 리스크 분석 결과, 아래 히스토그램을 얻었다. 이 프로젝트의 수행 기간이 334일을 넘을 것으로 예측되고 있다. 334일 이하일 확률은?

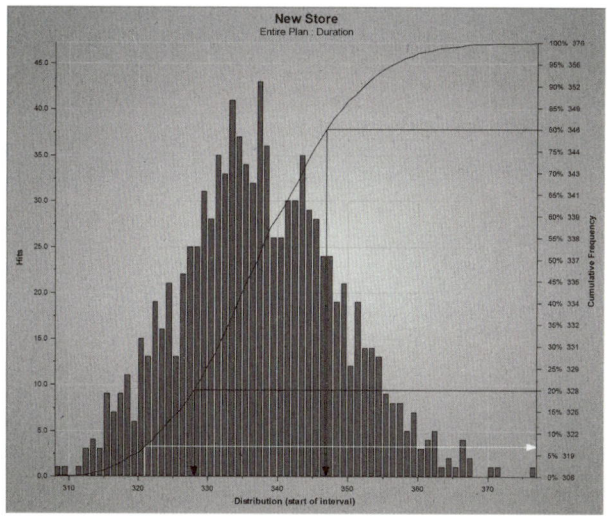

A. 30%
B. 40%
C. 50%
D. 60%

정답: B / 해설: 프로젝트의 예상 수행 시간이 334일 이하일 최대 확률은 40%이다(우측 Y축 확인).

108 다음 중 정성적 리스크 분석의 투입물이 <u>아닌</u> 것은?

A. 프로젝트 관리 계획서
B. 리스크 관리 대장
C. 기업 환경 요인
D. 조직 프로세스 자산

정답: C / 해설: 정성적 리스크 분석 수행의 투입물은 리스크 관리 계획서, 범위 기준선, 리스크 관리 대장, 기업 환경 요인, 조직 프로세스 자산이다.

109 리스크 식별의 도구 및 기법으로 과거의 비슷한 프로젝트 및 다른 여러 정보 출처의 축적된 선례 정보와 지식을 바탕으로 개발하며, 리스크 분류 체계의 최하위 수준을 활용할 수도 있는 것은?

A. SWOT 분석
B. 가정 분석
C. 브레인스토밍
D. 체크리스트 분석

정답: D / 해설: 체크리스트 분석은 RBS의 최하위 수준을 활용하여 리스트를 만들 수도 있다.

110 체크리스트 분석에 대한 설명으로 가장 적절한 것은?

A. 빠르고 간단할 수 있으나, 철저한 분석이 될 수 없다.
B. 체크리스트에 없는 항목에 대한 조사는 하지 않아도 된다.
C. 관련 항목을 제거해서는 안 되며, 가능한 많은 리스트를 만든다.
D. 리스크 분류 체계의 최상위 수준을 활용할 수도 있다.

정답: A / 해설: 체크리스트 분석은 빠르고 간단하며, 철저한 분석은 할 수 없다. 리스트 외의 항목에 대해 조사를 해야 하며, 관련 항목을 제거하여 간결하게 만든다. RBS의 최하위 수준을 활용하여 리스트를 만들 수도 있다.

111 다음 그림에 대한 설명 중 옳지 않은 것은?

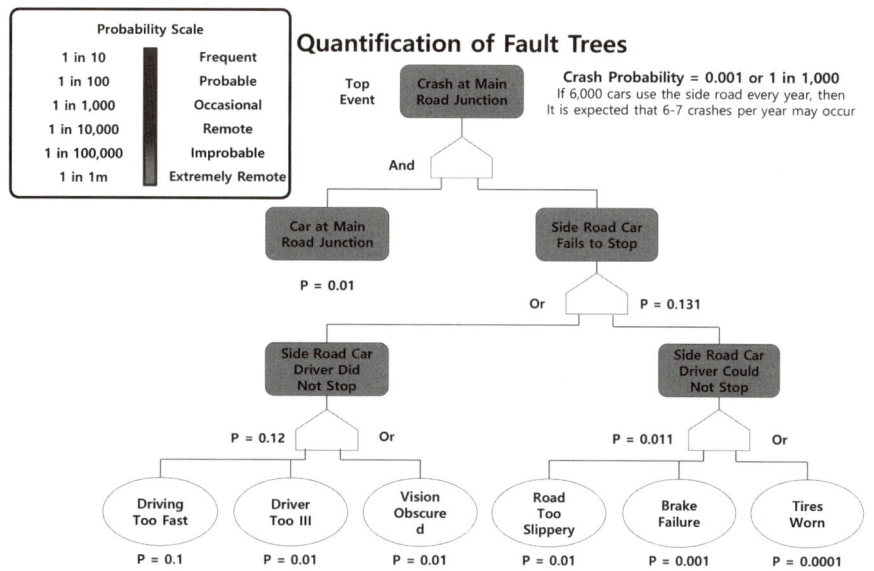

A. Fault Tree Analysis이다.

B. 디자인과 엔지니어링 단계에서 리스크를 식별하는 데 유용하다.

C. 시스템이나 제품의 질을 보여주면서 성공 확률을 알려줄 수 있다.

D. 시스템의 로직에 근거하여 다양한 요소들이 홀로 또는 다른 것들과 결합하여 야기하는 실패에 대한 원인을 식별할 수 있다.

정답: C / 해설: 리스크를 식별하는 기법으로, 시스템 전체의 실패 확률을 분석 결과로 알 수 있다.

112 리스크 통제 중 확인해야 하는 것으로 포함되지 않는 것은?

A. 프로젝트 가정이 유효한지 여부

B. 분석된 리스크의 변경이나 철회가 가능한지 여부

C. 리스크 관리 프로세스 준수 여부

D. 리스크 허용 한도 변경 여부

정답: D / 해설: 리스크 허용 한도는 이해관계자의 태도에 달려 있으며, 리스크 관리 계획 수립 시 행해진다.

113 리스크 관리와 거리가 먼 것은?

    A. 프로젝트 리스크를 식별하고 분석하는 것

    B. 리스크의 발생을 막는 것

    C. 리스크 대응을 계획하는 것

    D. 지속적으로 개선하는 것

    정답: B / 해설: 리스크 관리 프로세스 중 리스크 발생을 막는 것은 없다.

114 이슈에 대한 설명으로 옳은 것은?

    A. 프로젝트 리스크의 다른 의미이다.

    B. 이미 발생한 부정적인 리스크이다.

    C. 리스크의 전조이다.

    D. 사전 대응이 가능한 리스크이다.

    정답: B / 해설: 발생한 부정적인 리스크를 이슈로 간주한다.

115 리스크 통제의 도구 및 기법으로 성과 척도로는 중량, 거래 횟수, 결함이 있는 인도물 수, 저장 용량 등이 해당하며, 마일스톤에 예정된 기능 초과 또는 미달을 보이는 차이와 프로젝트의 범위 달성 성공률을 예측하는 데 유용한 방법은?

    A. 리스크 감사

    B. 차이 및 추세 분석

    C. 기술적 성과 측정

    D. 예비 분석

    정답: C / 해설: 프로젝트 실행 중 실제 기술적 성과를 성취 일정과 비교하는 것이 기술적 성과 측정이다.

116 프로젝트 진행 중에 주요 마일스톤인 대형 기계 장비의 제작/입고가 일정대로 이루어지는지 알아보기 위해 장비 제작에 필요한 자재 구매 횟수를 측정하고 있다. 이는 리스크 통제의 도구 및 기법으로 무엇에 해당하는가?

A. 리스크 감사

B. 차이 및 추세 분석

C. 기술적 성과 측정

D. 예비 분석

정답: C / 해설: 프로젝트 실행 중 실제 기술적 성과를 성취 일정과 비교하는 것이 기술적 성과 측정이다.

117 리스크 통제의 산출물로 프로젝트 작업의 향후 성과가 프로젝트 관리 계획서와 일치하도록 조정하는 활동은 무엇인가?

A. 권장하는 예방 조치

B. 작업 성과 정부

C. 프로젝트 관리 계획서 갱신

D. 프로젝트 관리 문서 갱신

정답: A / 해설: 미래의 성과가 프로젝트 관리 계획서와 일치하도록 조정하는 활동은 '권장하는 예방 조치'다.

118 프로젝트의 전체 리스크 관리 정황을 파악하고 정의하는 데 분석 기법을 사용한다. 예를 들어 프로젝트 이해관계자의 리스크 대응 태도와 허용 한도의 등급과 수준을 결정하기 위해 이해관계자 리스크 프로필 분석을 수행할 수 있다. 이는 어느 리스크 관리 프로세스의 도구 및 기법인가?

A. 리스크 관리 계획 수립

B. 리스크 식별

C. 정성적 리스크 분석 수행

D. 리스크 통제

정답: A / 해설: 리스크 관리 계획 수립의 도구 및 기법으로 분석 기법, 전문가 판단, 회의가 있다. 위 설명은 분석 기법에 해당한다.

119 리스크 관리팀이 방금 이시카와 다이어그램 분석을 마쳤다. 식별된 리스크에 관해 어떤 정보를 팀이 얻을 수 있겠는가?

A. 리스크의 원인을 결정할 수 있다.
B. 더 많은 리스크를 식별할 수 있다.
C. 가장 큰 영향을 미치는 리스크를 결정할 수 있다.
D. 가장 큰 확률을 가지는 리스크를 결정할 수 있다.

정답: A / 해설: 이시카와 다이어그램 또는 피시본 다이어그램은 인과관계도이며, 리스크의 원인을 식별하는 데 유용하다.

120 프로젝트 매니저는 방금 리스크 기획 프로세스를 시작했다. 착수를 제대로 하고 첫 번째 기획 미팅을 준비하기 위해, 프로젝트 매니저는 프로젝트 이해관계자들의 리스크 허용 한도 수준과 태도를 측정하려는 프로세스를 착수하였다. 이 작업을 하는 데 있어 프로젝트 매니저에게 무엇이 가장 도움이 되겠는가?

A. 조직 프로세스 자산
B. 기업 환경 요인
C. 프로젝트 범위 기술서
D. 프로젝트 헌장

정답: B / 해설: 리스크 관리 계획 수립 프로세스에 영향을 미칠 수 있는 기업 환경 요인의 예로는 조직에서 허용할 리스크 수준을 설명하는 리스크 허용 한도, 한계치, 대응 태도 등이 있다.

121 진행 중인 프로젝트에서 여러 리스크가 발견되었으며, 그것들은 여러 명의 이해관계자 기대사항에 영향을 미치고 있다. 어떤 계획서를 보아야 누가 해당 리스크들에 대한 정보를 공유할 수 있는지 알 수 있는가?

A. 이해관계자 관리 계획서
B. 인적자원 관리 계획서
C. 리스크 관리 계획서
D. 의사소통 관리 계획서

정답: D / 해설: 의사소통 관리 계획서는 이해관계자 기대사항 관리에 대한 지침과 정보를 제공한다. 이해관계자 의사소통 요구사항/언어, 형식, 내용, 상세 수준을 포함하여 전달할 정보/정보의 배포 사유/정보를 수신할 개인 또는 그룹/상신 프로세스 등을 포함한다.

122 다음 그림에 대한 설명으로 옳지 않은 것은?

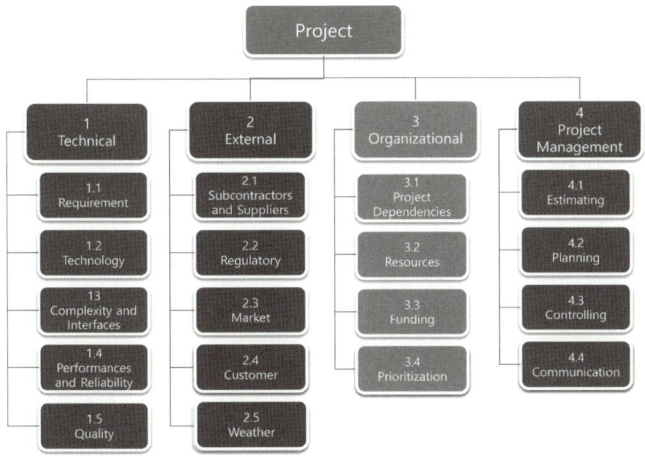

A. 프로젝트팀이 리스크 식별 과정에서 발생할 수 있는 수많은 프로젝트 리스크 유발 원인을 검토하는 데 유용하다.

B. 리스크 범주에 따라 리스크를 정리한 계통도이다.

C. 리스크 통제의 산출물에서 프로젝트 문서 갱신의 대상이 된다.

D. 리스크 식별 프로세스의 도구 및 기법에 사용될 수 있다.

정답: C / 해설: 리스크 분류 체계에 관련된 설명으로, 리스크 통제의 산출물 중 조직 프로세스 자산 갱신에 포함되는 것이다.

123 리스크 분류에 관련된 설명으로 옳은 것은?

A. 리스크의 근원별로 분류할 때는 리스크 분류 체계를 사용할 수 있다.

B. 리스크의 영향을 받는 프로젝트 영역별로 분류할 때는 자원 분류 체계를 사용한다.

C. 정량적 리스크 분석의 기법이다.

D. 프로젝트 단계별로 분류하는 것은 어렵다.

정답: A / 해설: 리스크 분류 시 근원별로는 RBS를, 프로젝트 영역별로는 WBS를 사용할 수 있다.

124 현재 A 프로젝트의 리스크 분석 결과, 아래 히스토그램을 얻었다. 현재 이 프로젝트가 2016/07/11 이전에 종료될 확률은?

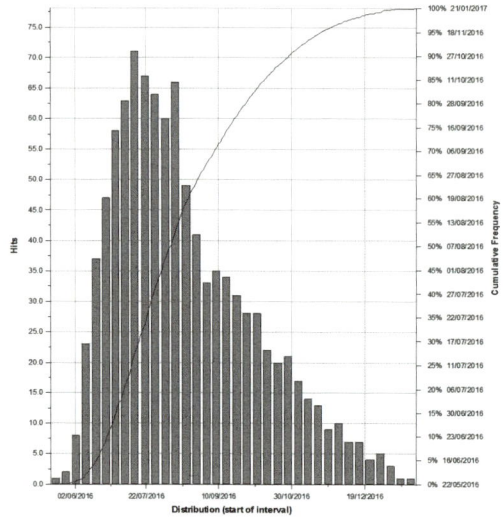

A. 0%

B. 10%

C. 25%

D. 50%

정답: A / 해설: 2016/07/11 에 종료될 확률은 25%이다(우측 Y축 확인).

125 조직과 이해관계자의 리스크 대처 태도에는 다양한 요인이 영향을 미칠 수 있는데, 이 요인에 해당되지 <u>않는</u> 것은?

A. 리스크 수용 범위

B. 리스크 허용 한도

C. 리스크 한계선

D. 리스크 회피

정답: D / 해설:
- 리스크 수용 범위: 보상을 기대하면서 기꺼이 감수하는 불확실성의 정도
- 리스크 허용 한도: 조직이나 개인이 감당할 수 있는 리스크의 정도, 양 또는 크기
- 리스크 한계선: 불확실성 수준 또는 이해관계자가 특정 이해관계에 미칠 수 있는 영향력의 척도

126 당신은 새로운 주거 커뮤니티 프로젝트의 프로젝트 매니저로 부임하게 되었다. 프로젝트 스폰서는 가능한 한 빨리 잠재적인 리스크를 파악하라고 요구했다. 리스크 관리는 아직 시작되지 않았다. 당신은 다음 중 무엇을 가장 많이 이용할 것인가?

A. 일정관리 계획서

B. 품질 관리 계획서

C. 리스크 관리 대장

D. 조직 프로세스 자산

정답: C / 해설: 식별된 리스크 목록, 잠재적 대응책 목록을 포함하므로, 리스크 관리 대장이 가장 적절하다.

127 소형 프로젝트에 프로젝트 매니저가 리스크 관리 기획 프로세스를 막 시작하였다. 그의 첫 번째 업무는 조직 프로세스 자산을 이용하는 것이다. 조직 프로세스 자산에서 얻을 수 있는 것 중 관계가 <u>없는</u> 것은?

A. 리스크 태도
B. 리스크 범주
C. 의사결정 권한 수준
D. 리스크 기술서의 형태

정답: A / 해설: 리스크에 대한 태도는 '기업 환경 요인'이다.

128 프로젝트 매니저가 방금 리스크 관리 대장 내에 있는 잠재적 대응 리스트를 업데이트하였다. 현재 어떤 리스크 관리 프로세스 중에 있는가?

A. 리스크 대응 계획 수립
B. 리스크 관리 계획 수립
C. 리스크 식별
D. 정성적 리스크 분석 수행

정답: C / 해설: 리스크 식별의 산출물인 리스크 관리 대장은 잠재적 대응책 목록을 포함한다.

129 기획 미팅 중에 프로젝트팀은 프로젝트에 쓰일 임시 리스크 범주를 확립했다. 최초 협의 후에 프로젝트팀은 계층적인 방식으로 리스크 범주를 확립하기로 했다. 이는 리스크 범주와 상응하는 하위 범주를 보여줄 수 있다. 이는 무엇을 설명하는 것인가?

A. 리스크 관리 대장
B. 리스크 분류 체계
C. 리스크 관리 계획서
D. 리스크 범주

정답: B / 해설: 리스크 범주에 따라 리스크를 정리한 계통도이다.

130 프로젝트 리스크에 대한 설명 중 옳지 <u>않은</u> 것은?

A. 리스크의 원인은 복수일 수 있고, 영향도 복수일 수 있다.
B. 알려져 있더라도 사전 대응적으로 관리할 수 없는 리스크에는 우발사태 예비비를 배정해야 한다.
C. 전체 프로젝트 리스크는 불확실성의 모든 근원을 내포하기 때문에 개별 리스크의 총합보다 크다.
D. 다양한 수위의 리스크가 수용되는 근거는 리스크의 영향 정도이다.

정답: D / 해설: 조직과 이해관계자들의 리스크 대처 태도에 따라 다양한 수위의 리스크가 기꺼이 수용된다.

131 다음의 표에 대한 설명으로 옳지 않은 것은?

Defined Conditions for Impact Scales of a Risk on Major Project Objectives
(Examples are shown for negative impacts only)

Project Objective	Relative or numerical scales are shown				
	Very low / 0.05	Low /0.10	Moderate /0.20	High /0.40	Very high /0.80
Cost	Insignificant cost increase	< 10% cost increase	10 – 20% cost increase	20 – 40% cost increase	>40% cost increase
Time	Insignificant Time increase	< 5% time increase	5 – 10% time increase	10-20% time increase	>20% time increase
Scope	Scope decrease barely noticeable	Minor areas of scope affected	Major areas of scope affected	Scope reduction unacceptable to sponsor	Project end item is effectively useless
Quality	Quality degradation barely noticeable	Only very demanding applications are affected	Quality reduction requires sponsor approval	Quality reduction unacceptable to Sponsor	Project end item is effectively useless

This table presents examples of risk Impact definitions for four different project objectives. They should be tailored in the
Risk Management Planning process to the Individual project and to the organization's risk thresholds. Impact definitions can be
Developed for opportunities in a similar way

A. 리스크 관리 계획서에 포함되는 내용이다.
B. 위 표와 같은 기본 정의를 리스크 분석 수행 프로세스 동안 개별 프로젝트에 맞춰 조정함으로써 차후 프로세스에 사용할 수 있다.
C. 리스크의 영향을 정의한 표이다.
D. 기회에 대한 영향은 정의할 수 없다.

정답: D / 해설: 이 표에서는 4가지 프로젝트 목표에 대한 리스크 영향을 정의한 예를 보여준다. 모두 리스크 관리 계획 수립 프로세스에서 개별 프로젝트와 조직의 리스크 한계선에 맞춰 조정해야 한다. 비슷한 방법으로 기회에 대한 영향도 정의한다.

132 리스크 관리 계획서에 포함되지 않는 것은?

A. 방법론, 역할과 책임, 예산 책정, 시기 선정
B. 리스크 범주, 리스크 확률–영향 정의
C. 확률–영향 매트릭스
D. 확정된 이해관계자 허용 한도

정답: D / 해설: 프로젝트에 따라 적용되는 이해관계자의 허용 한도는 수정될 수 있다.

133 주요 이해관계자가 프로젝트 매니저를 만나 기한이 지난 보고서에 대해 문의했다. 이해관계자는 최근 상황이 감시 목록에 반영되어야 한다고 말했다. 프로젝트 매니저가 적절한 계획과 보고 방법에 대해 확인하려면 어떤 문서를 참조해야 하는가?

A. 리스크 관리 계획서   B. 리스크 관리 대장
C. 리스크 대응 계획   D. 조달 관리 계획서

정답: A / 해설: 리스크 관리 계획서는 리스크 관리 활동을 구성 및 수행하는 방법을 기술하는 문서로, 방법론을 포함한다.

134 프로젝트 매니저로서 리스크 식별 프로세스에 있다. 브레인스토밍을 통해 잠재 리스크를 식별
하려고 하는데, 누구를 초대해야 하는가?

A. 프로젝트 스폰서
B. 각 영역의 전문가
C. 기능 부서장
D. 고객

정답: B / 해설: 일반적으로 브레인스토밍에서 다양한 분야의 전문가들과 함께 수행한다.

135 리스크 분류 체계의 가장 낮은 수준을 사용하면서, 리스크 관리팀에서 프로젝트의 모든 영역에
대해 추가적인 리스크를 발굴할 수 있는 도구 및 기법은?

A. 원인 분석
B. 가정 분석
C. WBS 분석
D. 체크리스트 분석

정답: D / 해설: 체크리스트는 RBS의 최하위 수준을 활용한다.

136 미팅과 분석 기법은 어느 프로세스의 도구 및 기법인가?

A. 리스크 관리 계획 수립
B. 리스크 식별
C. 정성적 리스크 분석 수행
D. 리스크 통제

정답: A / 해설: 분석 기법과 전문가 판단, 회의는 리스크 관리 계획 수립의 도구 및 기법이다.

137 다음의 표와 같은 도식화 기법을 무엇이라고 하는가?

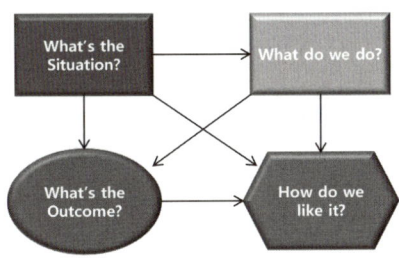

A. 인과관계도
B. 프로세스 흐름도
C. 영향관계도
D. 이시카와 다이어그램

정답: C / 해설: 다양한 변수와 결과물 사이의 우발적 영향, 시간 순 사건 등을 보여주는 도표이다.

138 식별된 리스크와 그 원인을 처리함에 있어 리스크 대응책의 효과와 리스크 관리 프로세스 효과를 평가하여 문서화한다. 이는 리스크 통제의 무슨 도구 및 기법인가?

A. 리스크 재평가

B. 리스크 감사

C. 차이 및 추세 분석

D. 기술적 성과 측정

정답: B / 해설: 리스크 감사는 리스크 관리의 효과성을 평가하여 문서화하는 일이다.

139 리스크 감사와 관련된 설명으로 옳은 것은?

A. 리스크 통제의 산출물이다.

B. 감사를 수행하기 전 형식과 목표를 명확히 정의해야 한다.

C. 별도의 리스크 감사 회의로 수행되어야만 한다.

D. 기술적으로 성과 측정을 하는 것이다.

정답: B / 해설: 리스크 감사는 리스크 관리의 효과성을 평가하여 문서화하는 일이다. 리스크 통제의 도구 및 기법으로, 별도 감사 회의로만 수행되는 것은 아니다.

140 리스크 관리팀은 가능한 모든 리스크에 대해 식별하였다. 각 리스크에 대해 우선순위를 매기려고 하는데, 다음 중 어느 방법을 가장 이용하려고 하겠는가?

A. 체크리스크 분석

B. 리스크 긴급성 평가

C. 가정 분석

D. 델파이 기법

정답: B / 해설: 리스크 긴급성 평가는 리스크의 우선순위를 매기는 정성적 분석의 도구 및 기법으로, 단시일 내에 대응해야 하는 리스크를 가려낼 수 있다.

141 예측에 따르면, 한 활동이 134일 내에 끝날 확률이 높고, 가장 빨리 끝날 일수는 95일이며, 가장 늦게 끝날 일수는 206일이다. 이 활동의 표준편차는 무엇인가?

A. 139.5

B. 59.7

C. 18.5

D. 4

정답: C / 해설: (낙관치−비관치)/6=표준편차, (206−95)/6=18.5

142 현재 A 프로젝트의 리스크 분석 결과, 아래 히스토그램을 얻었다. 아래 리스크 분석 결과에 의거하여 A 프로젝트가 1,077,067 이하의 값으로 끝날 확률은 얼마인가?

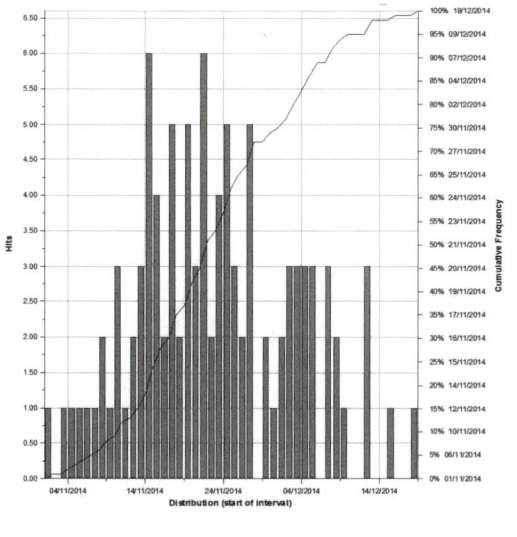

A. 100%

B. 90%

C. 70%

D. 80%

143 다음의 누적분포도는 정량적 리스크 분석에서 산출된 정보이며, 프로젝트의 기존 원가는 $41M 이다. 보수적인 이해관계자들이 이 프로젝트의 성공을 75%로 원한다면, 기존 원가 대비 몇 % 의 추가적인 우발사태 예비비가 확보되어야 하는가?

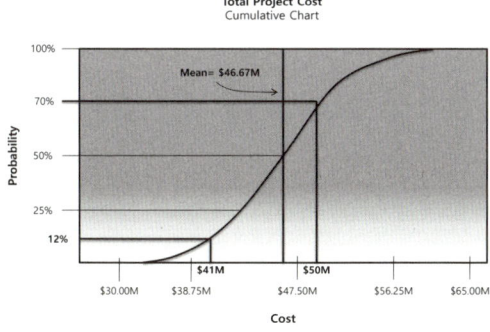

A. 22%

B. 23%

C. 24%

D. 25%

144 프로젝트팀이 한 리스크를 조사해보니 $4,000정도 되며, 일어날 확률은 약 45%였다. 리스크의 기댓값은?

    A. $1,000   B. $1,800

    C. $4,000   D. $5,800

정답: B / 해설: $4000×0.45=$1800

145 리스크는 어느 리스크 관리 프로세스에서 식별되는가?

    A. 리스크 관리 계획 수립

    B. 리스크 식별

    C. 리스크 식별과 정성적 리스크 분석 수행

    D. 리스크 식별과 리스크 통제

정답: D / 해설: 리스크는 리스크 식별은 물론. 리스크 통제 과정에서 종종 새로운 리스크가 식별되기도 한다.

146 현재 A 프로젝트의 리스크 분석 결과, 아래 히스토그램을 얻었다. 프로젝트 종료 확률 90% 와 종료 확률 50%의 프로젝트 수행 비용의 차이는?

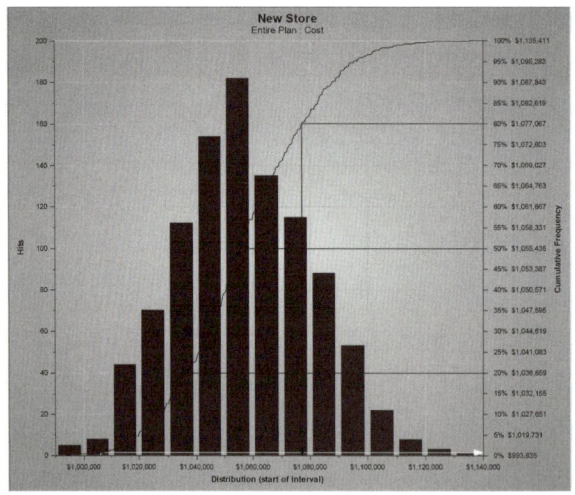

    A. 32,408   B. 38,207

    C. 33,498   D. 32,410

정답: A / 해설: 1,087,843(P90)−1,005,435(P50)=32,408

147 프로젝트 매니저는 부서 관리자와 만나면서 낙관치, 비관치, 최빈치를 얻고 있다. 이는 베타분포를 만들기 위해서이다. 프로젝트 매니저가 어떤 기법을 사용하고 있는가?

A. 브레인스토밍
B. 델파이 기법
C. 리스크 관리 계획서
D. 인터뷰

정답: D / 해설: 정량적 리스크 분석 수행의 도구 및 기법으로, '인터뷰'이다.

148 다음의 표에 대한 설명으로 옳지 <u>않은</u> 것은?

Probability and Impact Matrix

Probability	Threats					Opportunities				
0.90	0.05	0.09	0.18	0.36	0.72	0.72	0.36	0.18	0.09	0.05
0.70	0.04	0.07	0.14	0.28	0.56	0.56	0.28	0.14	0.07	0.04
0.50	0.03	0.05	0.10	0.20	0.40	0.40	0.20	0.10	0.05	0.03
0.30	0.02	0.03	0.06	0.12	0.24	0.24	0.12	0.06	0.03	0.02
0.10	0.01	0.01	0.02	0.04	0.08	0.08	0.04	0.02	0.01	0.01
	0.05	0.10	0.20	0.40	0.80	0.80	0.40	0.20	0.10	0.05

Impact(numerical scale) on an objective (e.g., cost, time, scope or quality)

Each risk is rated on probability of occurring and impact on an objective if it does occur. The organization's Thresholds for low, moderate or high risks are shown in the matrix and determine whether the risk is scored as high, moderate or low for that objective.

A. 목표별로 분류하여 리스크 등급을 매길 수 있다.
B. 이 매트릭스는 리스크 우선순위 등급을 낮음, 보통, 높음으로 분류하는 확률−영향 조합을 지정한다.
C. 조직의 선호도에 따라 서술적 용어 또는 수치값을 사용할 수 있다.
D. 진한 영역일수록 낮은 등급을 의미한다.

정답: D / 해설: 숫자가 높을수록 일어날 확률과 영향이 크므로 높은 등급을 의미한다.

149 다음의 표에 관련된 설명으로 옳은 것은?

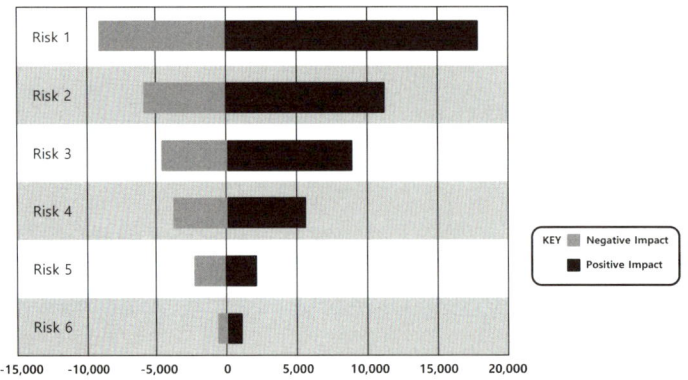

A. 정성적 리스크 분석의 기법이다.

B. 특정 리스크에 가능한 리스크 감수 시나리오 분석에는 맞지 않다.

C. 변수의 상대적 중요도를 비교하기 위한 분석에서 사용한다.

D. Y축은 상관관계, X축은 불확실성을 나타낸다.

정답: C / 해설: 정량적 분석의 모델링 기법이며, 부정적, 긍정적 영향을 고려한 리스크 감수 시나리오 분석에 적합하다. Y축은 각 유형의 불확실성을, X축은 불확실성의 분포도 또는 상관관계를 보여준다.

150 현재 A 프로젝트의 리스크 분석 결과, 아래 히스토그램을 얻었다. 아래 리스크 분석 결과에 의거하여 A 프로젝트가 1,790 이하의 값으로 끝날 확률은 얼마인가?

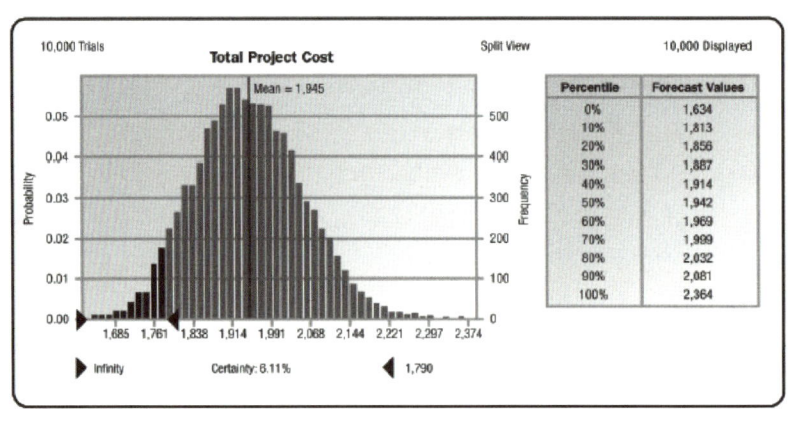

A. 0%   B. 1.8%

C. 6.11%   D. 10%

정답: C / 해설: 1,790까지 나온 도수를 계산한 확률은 6.11%이다.

151 대부업체의 프로젝트 매니저가 고객들에게 가정에서 신청할 수 있는 대출 프로젝트에 임하고 있다. 이해관계자들에게 매니저는 온라인 앱 시스템을 살 것인지, 개발할 것인지에 대해 추천을 하고 있다. 외부업체에 맡길 경우 $260,000의 초기 비용과 30%의 실패 확률이 있으며, 그에 따르는 손실 영향은 $80,000이다. 시스템을 개발할 경우 $150,000의 초기 비용과 60%의 실패 확률에 $230,000의 손실 영향이 따른다. 매니저는 어떤 선택을 추천하겠는가?

A. 시스템 개발
B. 외부 업체 선정
C. 둘 다 높은 리스크가 따르므로 아니다.
D. 불충분한 정보이므로 판단하기가 어렵다.

정답: B / 해설: 외부 업체 선정 비용은 260,000+80,000×0.3=260,000, 시스템 개발 비용은 150,000+230,000×0.6 =288,000으로 외부 업체에 맡기는 것이 비용이 덜 든다.

152 다음 그림에 대한 설명으로 옳은 것은?

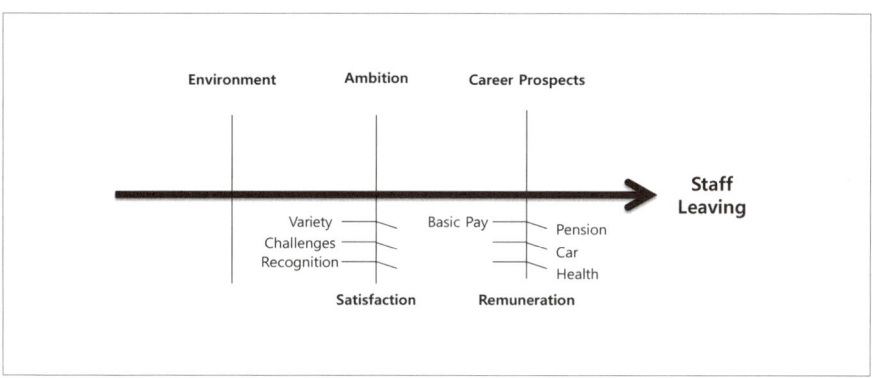

A. 시스템 또는 프로세스 흐름도이다.
B. 리스크의 원인을 식별하는 데 유용하다.
C. 다양한 변수와 결과물 사이의 우발적 영향, 시간 순 사건, 기타 관계를 보여준다.
D. 시스템의 상호 연관 방식과 인과관계를 보여준다.

정답: B / 해설: 그림은 이시카와 다이어그램으로, 리스크의 원인을 식별하는 데 유용하다.

153 현재 A 프로젝트의 리스크 분석 결과, 아래 히스토그램을 얻었다. 아래 리스크 분석 결과에 의거하여 A 프로젝트가 종료 시 평균 비용은 얼마인가?

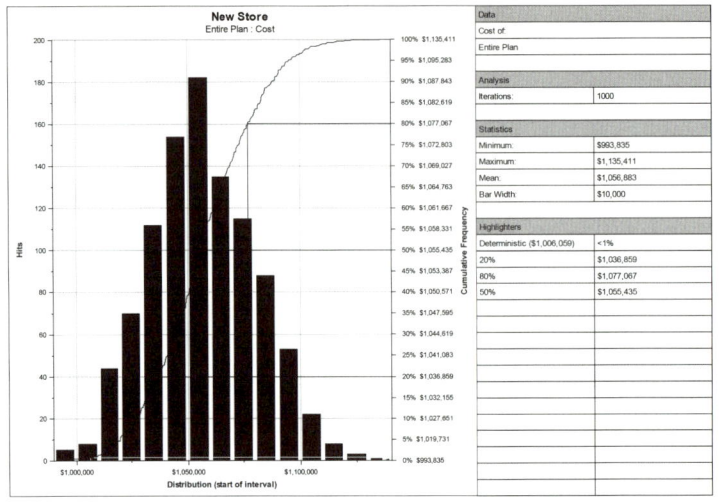

A. 993,835

B. 1,135,411

C. 1,056,883

D. 1,055,435

154 역장 분석(Force Field Analysis)에 대한 설명 중 옳지 <u>않은</u> 것은?

A. 이 분석은 변경 관리 측면에서 주로 사용되지만 정성적 리스크 분석에도 사용된다.

B. 프로젝트 목적에 영향을 주는 변화를 위한 힘과 변화에 반하는 힘을 식별함으로써 리스크 식별을 할 수 있다.

C. 리스크는 변화를 가져오는 불확실한 사건이나 조건으로 식별될 수 있다.

D. 공장 설비 신축에 대한 Driving Force는 비용이다.

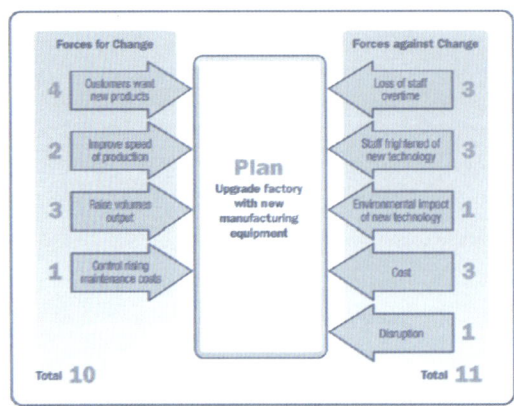

155 다음 중 어떤 기법이 획득 가치 분석을 적용하여 편차(Deviation) 존재를 결정하는가?

A. 리스크 감사

B. 차이 및 추세 분석

C. 기술적 성과 평가

D. 예비 분석

정답: B / 해설: 프로젝트 성과를 감시하기 위해 획득 가치 분석과 프로젝트 차이 및 추세 분석 방법을 사용할 수도 있다.

156 현재 A 프로젝트의 리스크 분석 결과, 아래 히스토그램을 얻었다. 아래 리스크 분석 결과에 의거하여 A 프로젝트가 종료 시 예상되는 평균 비용은 얼마이며, P50에서 P90으로 프로젝트 종료 확률을 높일 때, 얼마나 많은 우발사태 예비비가 필요한가?

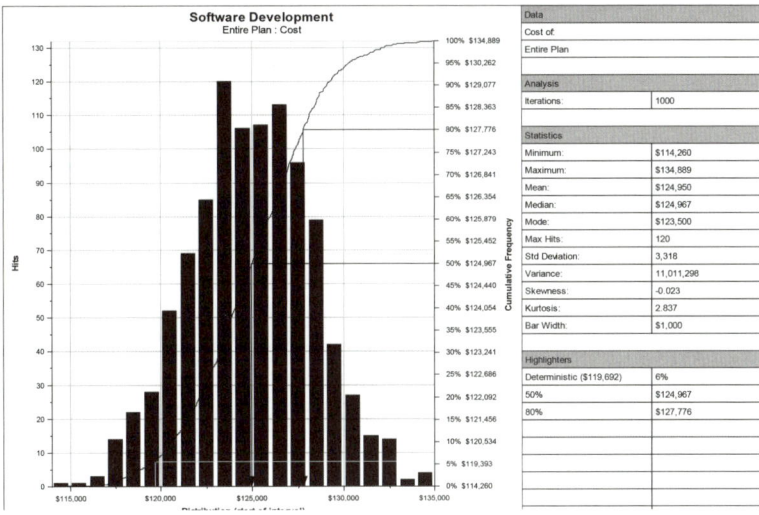

A. 114,260/ 4,110

B. 124,950/ 4,110

C. 114,260/ 5,577

D. 124,967/ 5,577

정답: B / 해설: Mean은 124,950이고, P90(127,077)–P50(125, 967)=4,110(우측 Y축 확인).

157 현재 A 프로젝트의 리스크 분석의 결과로 아래 히스토그램을 얻었다. 이 프로젝트가 끝날 확률을 P50에서 P80으로 올리기 위해 며칠을 예비로 더 감안해야 하는가?

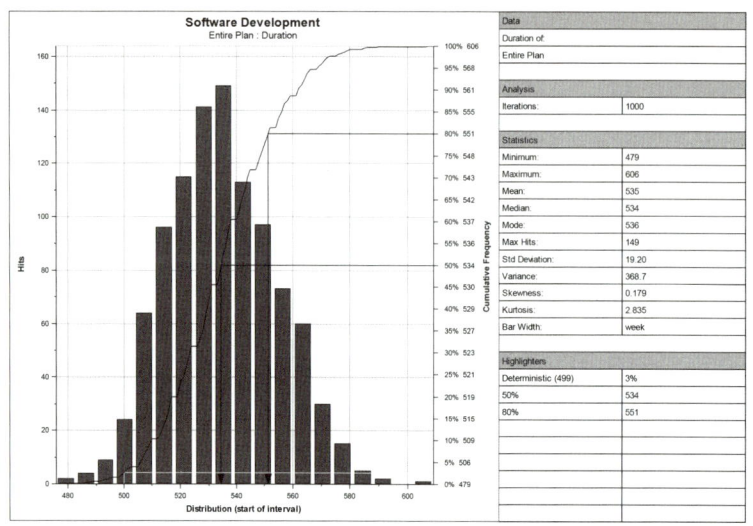

A. 14

B. 15

C. 17

D. 16

정답: C / 해설: P80(551)−P50(534)=17

158 다음 중 리스크 대응을 개발하는 투입물로서 사용되는 것이 <u>아닌</u> 것은?

A. 리스크 우선순위

B. 리스크 원인

C. 잠재적인 대응

D. 예비 전략

정답: D / 해설: 리스크 대응에 투입물로서 리스크 관리 대장에 포함되는 요소는 식별된 리스크, 원인, 잠재적 대응책 목록, 리스크 책임자, 징후 및 경고 신호, 리스크의 상대적 등급 또는 우선순위 목록, 단시일 내 대응이 필요한 리스크, 심층 분석이 필요한 리스크, 정성적 분석 결과의 추세, 감시 목록이다.

159 템플릿이나 예시 없이 평가 전에 브레인스토밍의 형태로 참석자들이 모든 이슈를 공유하고 동등하게 참여하는 방법은?

A. 인터뷰

B. 질문지

C. 명목 집단 기법

D. 역장 분석

정답: C / 해설: 명목 집단 기법은 리스크 식별의 한 기법으로, 브레인스토밍에서 비롯하며, 작은 집단에서 아이디어 창안 후 큰 집단에서 검토하는 기법이다.

160 SD(System Dynamics)에 대한 설명 중 옳지 않은 것은?

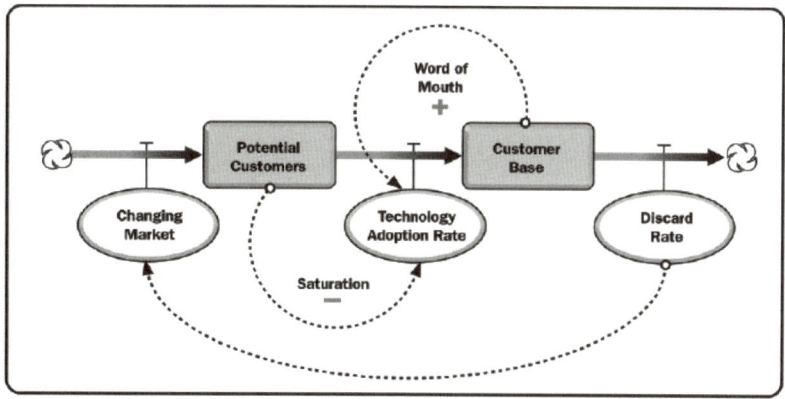

A. 영향관계도의 특정한 적용으로 리스크를 식별할 수 있다.

B. 프로젝트 내의 주체와 정보의 흐름을 보여준다.

C. 불확실과 불안정을 야기하는 피드백과 피드 포워드를 나타낼 수 있다.

D. 기대하는 일정이나 원가 같은 프로젝트의 목표에 대한 리스크 영향은 나타내지 못한다.

정답: D / 해설: SD 결과는 프로젝트 전반의 결과에 대한 리스크의 영향을 보여줄 수 있다.

161 현재 A 프로젝트의 리스크 분석 결과, 아래 히스토그램을 얻었다. 이 프로젝트가 끝날 확률 을 P50에서 P80으로 올리기 위해 며칠을 예비로 더 감안해야 하는가?

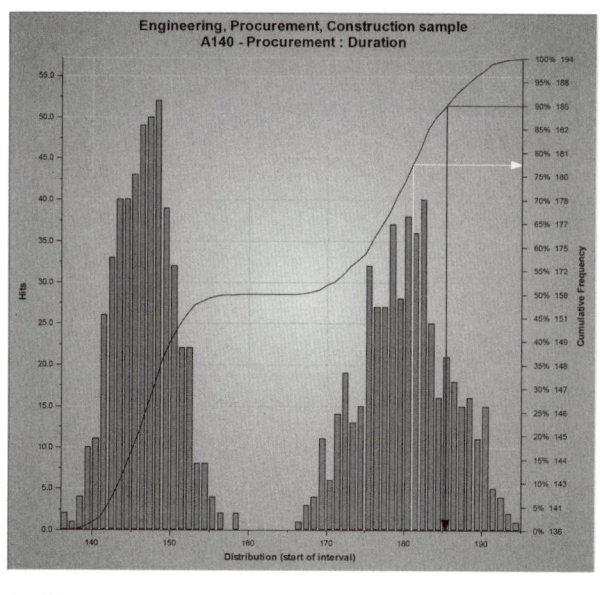

A. 5   B. 10

C. 15   D. 23

정답: D / 해설: P80(181)−P50(158)=23(우측 Y축 확인).

162 현재 A 프로젝트의 리스크 분석 결과, 아래 히스토그램을 얻었다. 이 프로젝트가 2016/12/05에 종료될 확률은 얼마이며, 프로젝트 종료 확률이 50%일 때 종료일자는 언제인가?

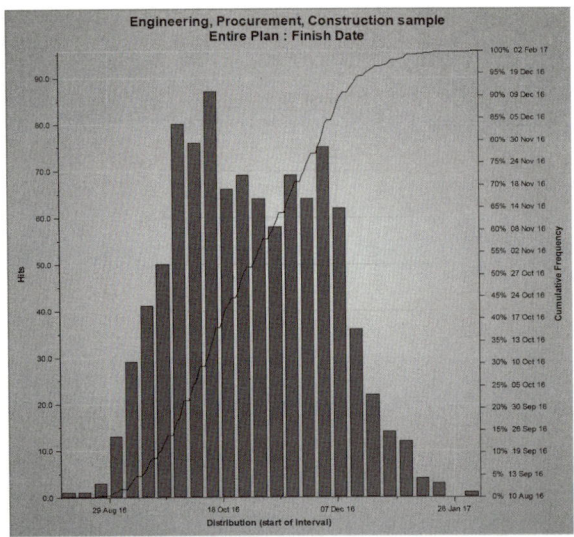

A. 65%/2016/10/29
B. 75%/2016/10/27
C. 85%//2016/10/27
D. 95%/2016/10/29

정답: C / 해설: P85는 2016/10/27이고, P50은 2016/10/27이다(우측 Y축 확인).

163 이 기법은 전략적 의사결정에 공통적으로 사용되며, 특히 조직 내부적으로 발생된 리스크를 식별하는 데 유용하다. 무엇을 말하는가?

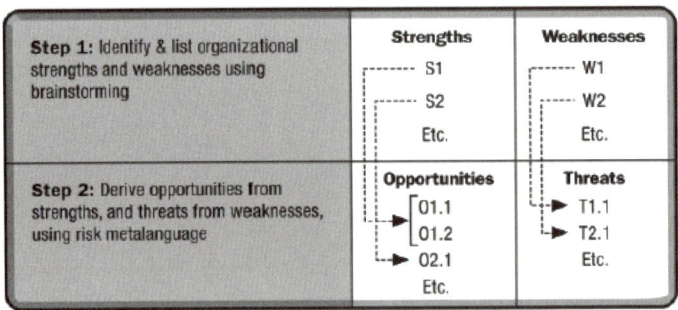

A. 가정 분석
B. System Dynamics
C. WBS 검토
D. SWOT 분석

정답: D / 해설: SWOT 분석은 강점, 약점, 기회, 그리고 위협의 4가지 특성을 식별하는 분석 방법으로, 조직 내부에 발생한 리스크를 식별하는 데 유용하다.

164 프로젝트팀이 리스크 통제 프로세스 중에 있다. 식별된 70개의 리스크 중 반이 즉시 대응을 해야 하고, 다른 10개는 실현되었다. 프로젝트팀은 남은 리스크를 충분히 다룰 예산이 있는지 확인하기 위해 무엇을 해야 하는가?

A. 임시 대체 방안을 적용한다.
B. 리스크 감사를 수행한다.
C. 차이와 추세 분석을 수행한다.
D. 예비 분석을 수행한다.

정답: D / 해설: 프로젝트의 임의 시점에서 남은 예비비가 적합한지 판별하기 위해 잔존 리스크의 양을 잔존 우발사태 예비비의 양과 비교한다.

165 기준선에 비해 성과 차이가 나는 결과로, 프로젝트 매니저는 잠재적인 리스크 발생을 염려하고 있다. 매니저는 무엇을 해야 하는가?

A. 리스크 감사
B. 기술적 성과 측정
C. 차이 및 추세 분석
D. 모든 리스크를 재평가

정답: C / 해설: 차이 및 추세 분석의 결과로 원가 및 일정 목표로부터 잠재적 차이를 예측할 수 있다. 기준선 계획에서 벗어난 차이는 위협 또는 기회의 잠재적 영향을 나타내기도 한다.

166 리스크 관리 활동 종료 시 프로젝트 매니저는 리스크 관리 대장을 저장하고, 프로젝트 관리 계획서를 갱신하며, 수정된 리스크 관리 템플릿을 보관한다. 프로젝트 매니저가 생략한 것은 무엇인가?

A. 종료 미팅을 연다.
B. 리스크로 재평가를 한다.
C. 교훈(Lessons Learned)을 기록, 저장한다.
D. 리스크 검토 회의를 가진다.

정답: C / 해설: 리스크 통제의 결과물인 조직 프로세스 자산도 프로젝트 종료 시에 갱신해야 하는 것으로, 리스크 관리 대장의 최종 버전 및 리스크 관리 계획 템플릿, 체크리스트, 리스크 분류 체계가 포함되며 교훈도 갱신된다.

167 다음 그림에 대한 설명 중 옳지 <u>않은</u> 것은?

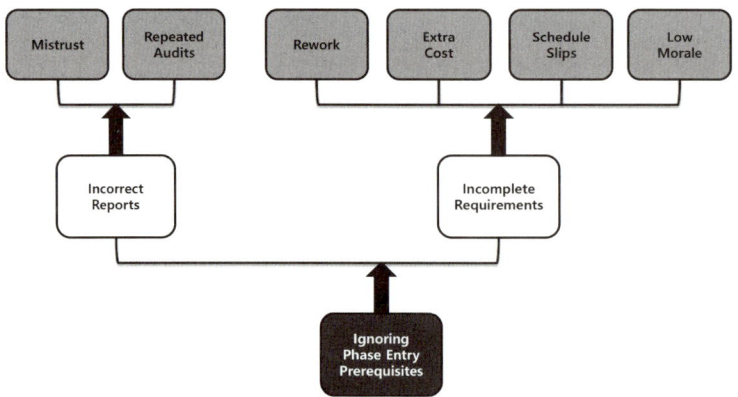

A. 문제를 식별하고 문제를 초래하는 근본 원인을 파악하는 예방 조치를 개발하는 기법이다.

B. 여러 리스크에 공통적인 출처를 알 수 있다.

C. 리스크와 이슈를 구별하는 리스크 식별에 유의해야 한다.

D. 정보 수집 기법에는 속하지 않는다.

정답: D / 해설: 위 그림은 원인 분석의 예다. 리스크 식별의 정보 수집 기법으로 브레인스토밍, 델파이 기법, 인터뷰, 원인 분석(Root–Cause Analysis)이 있다.

168 Prompt List에 대한 설명 중 옳지 <u>않은</u> 것은?

PESTLE prompt list	TECOP prompt list	SPECTRUM prompt list
• Political (정치적) • Economic (경제적) • Social (사회적) • Technological (기술적) • Legal (법률적) • Environmental (환경적)	• Technical (기술적) • Environmental (환경적) • Commercial (상업적) • Operational (운영적) • Political (정치적)	• Socio-Cultural (사회문화적) • Political (정치적) • Economic (경제적) • Competitive (경쟁적) • Technology (기술적) • Regulatory/Legal (규제/법률적) • Uncertainty/Risk (불확실성/위기) • Market (시장)

A. 리스크 식별을 원활하게 하기 위한 것이다.

B. 이것은 리스크 분류 체계로 보여줄 수 있다.

C. 브레인스토밍이나 인터뷰와 같은 리스크 식별 기법에 쓰일 수 있다.

D. PESTLE, TECOP, SPECTRUM, GENERIC으로 나눌 수 있다.

정답: D / 해설: 리스크를 식별할 때 사용하는 일반적인 리스크 분류로, 다음과 같이 나뉜다.

169 다음의 누적분포도는 정량적 리스크 분석에서 산출된 정보이며, 프로젝트의 기존 원가는 $41M 이다. 보수적인 이해관계자들이 이 프로젝트의 성공을 50%로 원한다면, 기존 원가 대비 얼마의 추가적인 우발사태 예비비가 확보되어야 하는가?

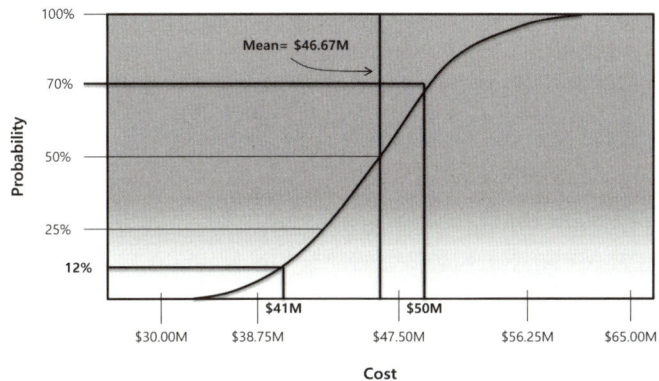

A. $4.67M
B. $5.67M
C. $6.67M
D. $7.67M

170 당신은 조달 관계를 관리하고 계약의 이행을 감시하며 계약과 관련하여 필요한 사항을 변경 수정하고 있다. 또한 계약 관계에 적절한 프로젝트 관리 프로세스를 적용하고 프로세스의 산출물을 전체 프로젝트 관리에 통합되는지 확인하고자 한다. 다음 중 사용되지 <u>않는</u> 프로젝트 관리 프로세스는 무엇인가?

A. 원가 통제
B. 품질 통제
C. 통합 변경 통제 수행
D. 리스크 통제

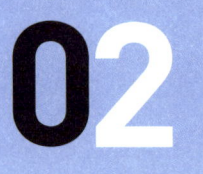
01 당신은 POP 프로젝트의 PM이다. 당신은 팀원들과 함께 리스크 활동 수행 방법에 대해 정의를 하고 리스크 식별 및 특성을 문서화했다. 다음으로 해야 할 일은 무엇인가?

A. 리스크 우선순위를 지정한다.
B. 선별된 리스크가 전체 프로젝트 목표에 미치는 영향을 분석한다.
C. 민감도 분석을 한다.
D. SWOT 분석을 한다.

정답: B / 해설: 리스크 식별 및 특성을 문서화했다면 identify risk 활동을 한 것이다. 다음으로 수행해야 할 일은 정성적 리스크 분석이다.

02 당신은 위험 등록부를 토대로 리스크 발생 확률과 영향력을 평가했다. 평가를 하던 도중 특정 범위를 넘어서자, 이해관계자들이 해당 리스크에 대한 수용을 거부했다. 이를 판단하는 기준은 무엇인가?

A. 선호
B. 허용한계
C. 역치
D. 유발요인

정답: B / 해설: 허용 한계치를 의미하는 것은 허용 오차(tolerance)이다.

03 현재 A 프로젝트의 리스크 분석 결과, 아래 히스토그램을 얻었다. 현재 이 프로젝트가 2016/07/11에 종료될 확률은?

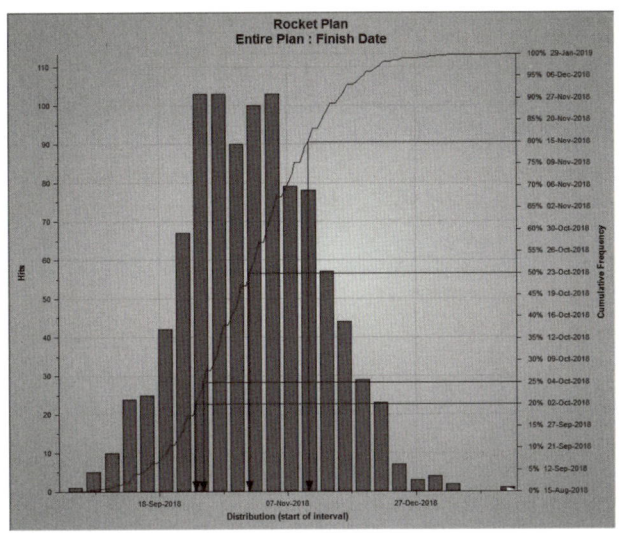

A. 0%   B. 10%

C. 25%   D. 50%

정답: C / 해설: 2016/07/11에 종료될 확률은 25%다(우측 Y축 확인).

04 다음 중 리스크 허용 한도 및 한계치 그리고 대응 태도와 관련 있는 문서는?

A. 조직 프로세스 자산

B. 기업 환경 요인

C. 리스크 등록부

D. 프로젝트 관리 계획서

정답: B / 해설: EEF 기업의 환경 요인으로는 리스크 관리 계획 수립 프로세스에 영향을 미칠 수 있는 조직에서 허용할 리스크 수준을 설명하는 리스크 허용 한도, 한계치, 대응 태도 등이 있다.

05 다음 중 리스크 관리 계획 수립 조직 프로세스 자산에 속하지 <u>않는</u> 것은?

A. 리스크 범주

B. 리스크 기술 형식

C. 표준 템플릿

D. 이슈 관리 대장

정답: D / 해설: 조직 프로세스 자산에 속하는 문서는 리스크 범주, 리스크 기술 형식, 표준 템플릿, 교훈, 역할과 책임 등이 있다.

06 현재 A 프로젝트의 리스크 분석 결과, 아래 히스토그램을 얻었다. 이 프로젝트의 수행 기간이 818 이하가 될 확률은?

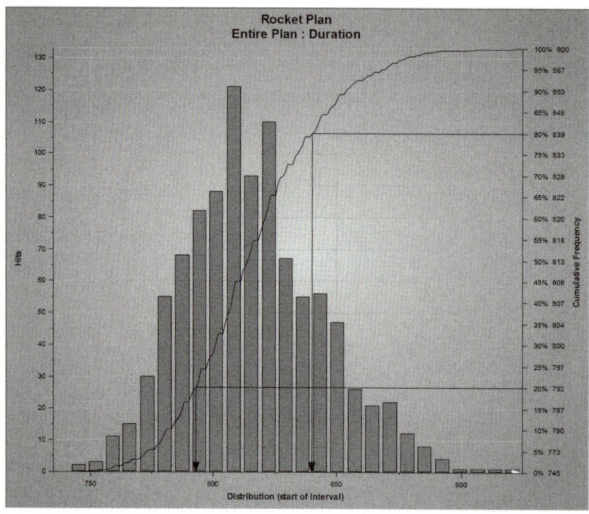

A. 85%

B. 75%

C. 65%

D. 55%

정답: D / 해설: 전체 수행 기간이 570 이하가 될 확률은 55%다(우측 Y축 확인).

07 리스크 관리 계획서에 기술되는 내용이 <u>아닌</u> 것은?

A. 방법론   B. 벤치마킹

C. 리스크 확률–영향 정의   D. 리스크 범주

정답: B / 해설: 리스크 관리 계획서는 리스크 활동을 구성 및 수행하는 방법을 기술하는 문서로, 프로젝트 관리 계획서의 일부에 포함된다. 벤치마킹은 기술되는 내용이 아니다.

08 다음 중 리스크 통제 프로세스의 주제로 가장 알맞은 것은?

A. 목적과 목표

B. 프로세스에 대한 핵심적인 성공 요인

C. 프로세스에 대한 도구와 기술

D. 프로세스의 결과를 문서화

정답: D / 해설: 리스크 통제 프로세스의 주제로 가장 알맞은 것은 리스크 관리 효율을 제고시키는 것

09 현재 A 프로젝트의 리스크 분석의 결과로 아래 히스토그램을 얻었다. 이 프로젝트가 2016/08/23에 종료될 확률은?

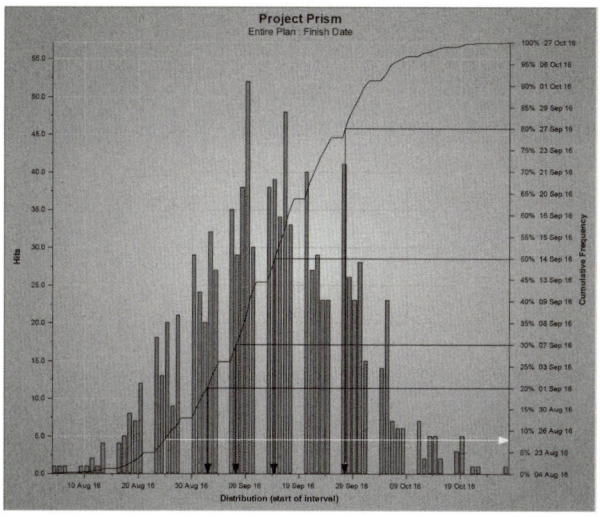

A. 0%   B. 5%

C. 10%   D. 15%

정답: B / 해설: 프로젝트가 2015/03 이전에 종료될 확률은 5%다(우측 Y축 확인).

10 다음 중 리스크 식별 프로세스의 주제로 가장 알맞은 것은?

A. 목적과 목표

B. 프로세스에 대한 핵심적인 성공 요인

C. 프로세스에 대한 도구와 기술

D. 프로세스의 결과를 문서화

정답: B / 해설: 리스크 식별 프로세스의 주제로 가장 알맞은 것은 리스크를 문서화하는 것이다.

11 프로젝트 리스크 관리의 핵심적인 성공 요인이 <u>아닌</u> 것을 고르시오.

A. 리스크 관리의 가치를 인식하는 것

B. 개개인의 헌신

C. 조직의 헌신

D. 리스크 관리와 통합

정답: D / 해설: 프로젝트 리스크 관리의 중요 성공 요인은 리스크 관리의 가치 인식, 개개인 및 조직의 헌신이다. 통합의 대상은 리스크 관리뿐만 아니라 프로젝트 관리 전체가 되야 한다.

12 프로젝트 생애주기 동안 반복적으로 수행되어야 할 프로세스는 어떤 것인가?

    A. 리스크 관리 계획 수립

    B. 리스크 식별

    C. 리스크 대응 계획 수립

    D. 리스크 통제

    정답: B / 해설: 리스크 식별 프로세스는 프로젝트 생애주기 동안 반복적으로 수행하며, 프로젝트가 진행되면서 생애주기 전반에서 리스크가 진화되거나 신규 리스크가 확인될 수 있기 때문에 반복적으로 수행해야 한다.

13 개별 프로젝트 리스크와 전체 프로젝트 리스크에 대한 내용으로 옳은 것은?

    A. 전체 프로젝트 리스크는 전체로서 프로젝트에 미치는 불확실성의 충격도를 의미한다.

    B. 전체 리스크는 개별 리스크의 총합보다 작다.

    C. 프로젝트 및 조직의 목표에 불확실성이 미치는 영향으로 전체 프로제트 리스크만의 리스크를 인식한다.

    D. 전체 리스크는 프로젝트 불확실성의 근원을 일부 내포한다.

    정답: A / 해설: 전체 프로젝트 리스크는 전체로서 프로젝트에 미치는 불확실성의 영향을 의미한다.

14 알려진 리스크지만 사전 대응적으로 관리할 수 없는 리스크를 관리하는 프로세스는 무엇인가?

    A. 리스크 관리 계획 수립   B. 리스크 식별

    C. 리스크 대응 계획 수립   D. 리스크 통제

    정답: C / 해설: 알려진 리스크지만 사전 대응적으로 관리할 수 없는 리스크에는 우발사태 예비비를 편성하며, 이와 같은 행위를 하는 프로세스는 리스크 대응 계획 수립 프로세스이다.

15 프로젝트 이해관계자의 리스크 대처 태도와 허용 한도의 등급과 수준을 결정하기 위해 이해관계자 리스크 프로필 분석을 수행하는 프로세스는 무엇인가?

    A. 리스크 관리 계획 수립   B. 리스크 식별

    C. 리스크 대응 계획 수립   D. 리스크 통제

    정답: A / 해설: 리스크 프로필 분석을 수행하는 프로세스는 리스크 관리 계획 수립이며, 도구 및 기법 중 분석 기법에 해당한다.

16 새로운 프로그램을 개발하려는 프로젝트에서 여러 개의 다른 언어로 소프트웨어를 출시하려한다. 프로젝트는 현재 리스크 관리의 계획 단계에 있고 소프트웨어 언어 번역 과정에서 각기 다른 나라에서 쓰는 키보드가 소프트웨어의 모든 기능을 구현하지 못할 수도 있는 잠재적 리스크를 발견하였다. 이를 위해 팀은 추가적인 테스트를 해서 이 문제를 발생하지 않도록 하려 한다. 프로젝트팀은 어떤 리스크 전략을 쓰려고 하는가?

    A. 수용(Accept)
    B. 회피(Avoid)
    C. 완화(Mitigate)
    D. 전가(Transfer)

정답: C / 해설: 리스크 완화는 프로젝트팀에서 리스크의 발생 또는 영향을 줄이기 위해 취하는 리스크 전략으로, 불리한 리스크의 확률 및 영향을 수용 가능한 한도로 낮추는 것을 의미한다. 예를 들어 단순한 프로세스 채택, 많은 실험, 안정적인 공급 업체 선정, 프로토 타입 개발, 중복 설계 등이 있다.

17 다음 중 리스크 관리 계획서가 사용되지 <u>않는</u> 영역은?

    A. 리스크 식별
    B. 정성적 리스크 분석 수행
    C. 정량적 리스크 분석 수행
    D. 리스크 통제

정답: D / 해설: 리스크 관리 계획서가 input으로 사용되지 않는 영역은 '리스크 통제'다.

18 다음 중 리스크 관리의 목표를 고르시오.

    A. 긍정적인 사건의 발생 확률과 영향을 증가시킨다.
    B. 긍정적인 사건의 발생 확률과 영향을 감소시킨다.
    C. 부정적인 사건의 발생 확률과 영향을 증가시킨다.
    D. 부정적인 사건의 발생 확률과 영향을 유지한다.

정답: A / 해설: 리스크 관리의 목표는 프로젝트에서 긍정적인 사건의 발생 확률과 영향을 증가시키고, 부정적인 사건의 발생 확률과 영향을 줄이는 것이다.

19 당신은 POP 프로젝트의 PM이다. 당신의 프로젝트와 관련된 이해관계자들은 프로젝트에 영향을 미치는 리스크 요인에 대한 정보를 요구한다. 당신은 무엇을 활용해 이해관계자들의 요구를 만족시켜야 하는가?

A. 위험관리 계획서

B. 이해관계자 관리 대장

C. 범위 관리 계획서

D. 의사소통 관리 계획서

정답: D / 해설: 의사소통 관리 계획서에는 이해관계자 의사소통 요구사항, 전달되어야 하는 정보, 사유 정보를 수신할 개인 또는 그룹에 대한 관리 방법을 기술한 문서다.

20 현재 A 프로젝트의 리스크 분석 결과, 아래 히스토그램을 얻었다. 현재 이 프로젝트가 2017/03/16에 종료될 확률은?

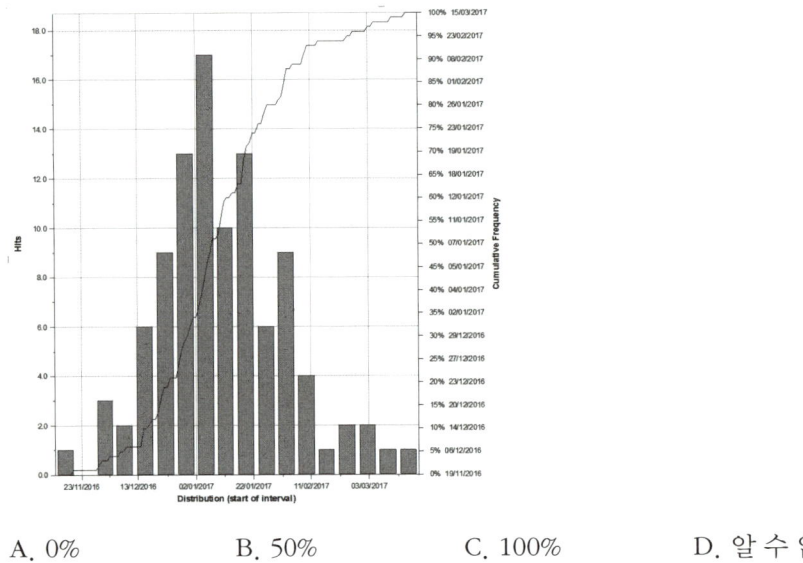

A. 0%　　　　　B. 50%　　　　　C. 100%　　　　　D. 알 수 없음

정답: C / 해설: 프로젝트 종료 예상일은 2017/03/15이다. 그 이후의 종료일 또한 100%로 본다.

21 리스크 징후(trigger)가 포착되어 리스크가 높은 확률로 발생할 가능성이 예상됐다면, 당신은 어떤 조치를 취해야 하는가?

A. 리스크 등록부를 참고해 리스크 발생 확률과 영향력을 평가한다.

B. 발생된 리스크가 전체 프로젝트 목표에 미치는 영향을 수치화한다.

C. 리스크 대응 조치와 대안을 개발한다.

D. 리스크 대응 계획을 구현하고 식별된 리스크를 추적한다.

정답: C / 해설: 높은 확률로 발생할 가능성이 예상됐다는 의미는 정량적 리스크 분석의 결과이다. 다음으로 해야 할 일은 리스크 대응 계획 수립이다.

22 당신은 정성적, 정량적 리스크 분석을 통해 리스크 대응 계획을 수립하고 있다. 리스크 대응 계획을 수립할 때 리스크 관리 대장을 참조하는데, 이때 리스크 관리 대장의 내용이 <u>아닌</u> 것은?

A. 리스크 원인

B. 리스크 책임자

C. 리스크 감사 목록

D. 리스크 분석 정의

정답: D / 해설: 리스크 대응 계획의 리스크 관리 대장은 다음과 같은 내용을 포함하고 있다. 리스크 원인, 리스크 책임자, 리스크 감사 목록, 리스크 우선순위 목록, 잠재적 대응책 목록 등과 같은 리스크 분석 정의는 리스크 대응 계획의 일부이다.

23 당신은 정성적 리스크 분석 수행을 진행하고 있으며, 리스크 관리 대장을 근거로 위험 등급을 산출했다. 다음 단계에서 당신이 해야 할 일은?

A. 리스크 정량 분석을 시행한다.

B. 가정 사항 관리 대장을 갱신한다.

C. 리스크 긴급성 평가를 시행한다.

D. 리스크 심층 워크숍을 시행한다.

정답: B / 해설: 정성적 리스크 분석을 시행한 후 결과를 기록해야 한다. 이때 프로젝트 문서를 갱신하는데, 리스크 관리 대장 및 가정 사항 관리 대장이 갱신된다. 그 후 추가 분석이 필요할 때에는 리스크 정량 분석을 시행한다. 리스크 긴급성 평가는 정성적 리스크 분석 수행의 도구다.

24 당신은 정량적 리스크 분석 수행을 마쳤다. 또한 정량적 리스크 분석에서 산출된 정보로 프로젝트 문서를 갱신하고 있다. 다음 중 갱신되는 목록이 <u>아닌</u> 것은?

A. 프로젝트의 확률론적 분석

B. 원가 및 시간 목표 달성 확률

C. 정량화한 리스크의 우선순위 목록

D. 리스크 데이터 품질 평가 목록

정답: D / 해설: 정량적 리스크 분석 수행 후 갱신되는 프로젝트 문서는 프로젝트의 확률론적 분석, 원가 및 시간 목표 달성 확률, 정량화한 리스크의 우선순위 목록, 정량적 리스크 분석 결과의 추세다.

25 당신은 프로젝트 전반에서 리스크 대응 계획을 구현하고, 새로운 리스크를 식별하며 대응 계획에 따라 처리하고 있다. 또한 이를 통해 새롭게 갱신되는 문서들을 관리하고 있다. 다음 중 갱신되는 문서가 <u>아닌</u> 것은?

A. 리스크 관리 계획용 템플릿
B. 리스크 분류 체계
C. 교훈사항
D. 리스크 감사 목록

정답: D / 해설: 리스크 통제 프로세스에 대한 설명이다. 리스크 통제 프로세스가 진행될 때 프로젝트 관리 계획서 및 프로젝트 문서, 조직 프로세스 자산이 갱신되며, 보기의 내용은 조직 프로세스 자산 중 갱신되는 내용이 기술되어 있다. 리스크 감사 목록은 조직 프로세스 자산이 아니라 리스크 통제 프로세스의 도구다.

26 현재 A 프로젝트의 리스크 분석의 결과로 아래 히스토그램을 얻었다. 이 프로젝트가 2016/09/14에 종료될 확률은?

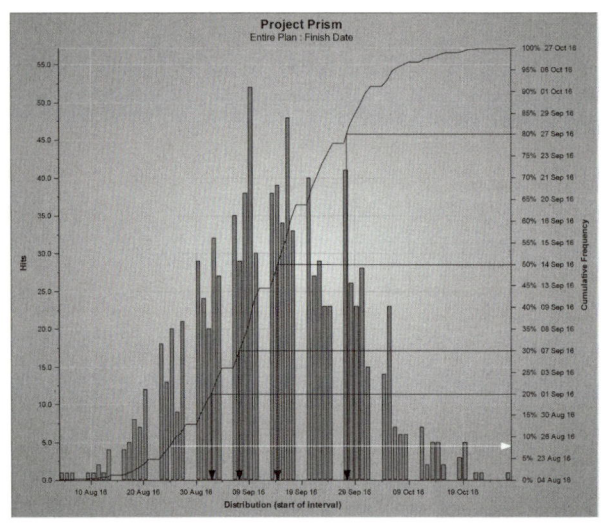

A. 30%   B. 40%
C. 50%   D. 60%

정답: C / 해설: 프로젝트 종료 예상일이 2015/07/11이 될 확률은 50%다(우측 Y축 확인).

27 다음 중 어느 것이 조직의 리스크 태도에 대해 알 수 있게 하는가?

    A. 기업환경요인(Enterprise environmental factors)

    B. 조직 프로세스 자산(Organizational process assets)

    C. 프로젝트 범위 기술서(Scope Statement)

    D. 프로젝트 관리 계획서(Management Plan)

정답: A / 해설: 리스크관리 계획 수립 프로세스에 영향을 미칠 수 있는 기업환경요인의 일부 예로는 조직에서 허용할 리스크 수준을 설명하는 리스크 허용한도, 한계치, 대처 태도 등이 있다.

28 당신은 POP 프로젝트의 PM이다. 팀원들과 함께 리스크 식별 활동을 하고, 발생 가능성을 조사하며, 조치 계획을 수립 중에 있다. 수립 중에 새로운 리스크가 발생하여 대응 전략에 따라 리스크에 대응했지만 예상하지 못한 상황의 발생으로 대응 전략이 실패로 돌아갔다. 다음으로 해야 할 일은 무엇인가?

    A. 리스크 식별 프로세스를 진행한다.

    B. 리스크 대응 전략을 다시 검토한다.

    C. 대체 방안(Fallback Plan)을 실행한다.

    D. 리스크 관리 계획 문서를 참조한다.

정답: C / 해설: 전략 실패 시 대체 방안(Fallback Plan)에 따라 행동한다.

29 당신은 일정 관리 프로세스를 수행 중이다. WBS를 구성하고 활동들의 로직 관계를 구성하던 도중 다수의 활동이 특정 활동에 FS 관계로 종료되는 것을 발견했다. 이는 무엇을 의미하는가?

    A. 일상적인 활동 로직 관계이다.

    B. 전체 로직을 점검하고 정성적, 정량적 리스크 분석을 시행한다.

    C. 일정 개발 프로세스를 수행한다.

    D. Activity List를 점검해 중복되는 항목이 있는지 확인한다.

정답: B / 해설: Path Convergence 관계를 의미한다. 다수의 활동이 하나의 활동에 집중되면 리스크 요인이 높아진다. 리스크 관리 프로세스를 수행해 리스크 발생 확률에 대해 조사해야 한다.

30 다음 중 리스크 책임자(Risk Owner)가 최초 배정되는 프로세스는?

    A. 리스크 관리 계획 수립   B. 리스크 식별

    C. 리스크 대응 계획 수립   D. 리스크 통제

    정답: B / 해설: 리스크 책임자는 리스크 식별 단계에서 각각의 리스크에 대해 지정된다.

31 프로젝트 매니저는 현실적이고 실현 가능한 비용과 일정 계획을 확인하는 프로세스에 있다. 이를 위해 다양한 수치 분석 기법을 수행해야 한다. 현재 어떤 프로세스에 있는가?

    A. 리스크 관리 계획

    B. 정량적 리스크 분석 수행

    C. 정성적 리스크 분석 수행

    D. 리스크 대응 계획

    정답: B / 해설: 정량적 리스크 분석 수행은 확인된 리스크가 전체 프로젝트 목표(원가, 일정)에 미치는 영향을 수치로 분석하는 프로세스이다.

32 리스크 책임자의 역할은 무엇인가?

    A. 리스크 책임자는 각각의 리스크에 대한 대응 전략을 수립해 이를 시행한다.

    B. 리스크 책임자는 PM을 대신해 일부 리스크에 대한 관리 책임을 진다.

    C. 리스크 책임자는 관련 분야 전문가가 지정한다.

    D. 리스크 책임자는 모든 리스크 관리 프로세스를 실행한다.

    정답: A / 해설: 리스크 책임자는 개별 리스크에 대해 대응 전략 수립부터 시행까지 책임을 지며, 추가 리스크 대응 전략 및 계획을 수립한다.

33 각각의 리스크에 대한 대응 계획을 수행하고, 이러한 활동을 승인하는 주체는 누구인가?

    A. 리스크 활동 책임자   B. 프로젝트 관리자

    C. 이해관계자   D. 관련 분야 전문가

    정답: A / 해설: 리스크 활동 책임자(Risk Action Owner)는 리스크 대응 계획 수행하는 주체이며, 리스크 책임자가 지명할 수 있다.

34 당신은 POP 프로젝트의 PM이다. 리스크 프로세스를 진행하던 도중 이해관계자들의 긴급한 요청에 의해 리스크 식별 프로세스를 마치기 전에 예상되는 리스크 목록을 도출해야 한다. 당신은 어떤 문서를 참조해야 하는가?

A. 프로젝트 관리 계획서
B. 프로젝트 헌장
C. 작업 분류 체계
D. 프로젝트 문서

정답: C / 해설: 작업 분류 체계는 체크리스트와 더불어 거시적, 미시적 수준 모두에서 리스크를 판별하는 데 도움을 준다.

35 당신은 POP 프로젝트의 PM이다. 현재 리스크 관리 계획서를 개발하고, 다양한 계획서를 바탕으로 리스크를 식별하고 있다. 다음 중 리스크 식별에 도움이 되는 도구 및 기법이 <u>아닌</u> 것은?

A. 가정 분석
B. 도식화 기법
C. SWOT 분석
D. 정보 판단 기법

정답: D / 해설: 리스크 식별의 도구 및 기법은 문서 검토, 정보 수집 기법, 체크리스트 분석 가정 분석, 도식화 기법, SWOT 분석 및 전문가 판단이다.

36 당신은 POP 프로젝트의 PM이다. 현재 프로젝트 헌장을 개발했고 이해관계자 식별을 완료했다. 프로젝트의 성공을 위해 생애주기 동안 반복적으로 해야 하는 것은 무엇인가?

A. 프로젝트 관리 계획서 개발
B. 리스크 식별
C. 이해관계자 관리 계획서 개발
D. 리스크 관리 계획 수립

정답: B / 해설: 프로젝트가 진행되면서 생애주기 전반에서 리스크가 진화되거나 새로운 리스크가 확인될 수 있다. 그렇기 때문에 리스크 식별 프로세스는 생애주기 동안 반복해서 수행해야 한다.

37 현재 A 프로젝트의 리스크 분석 결과, 아래 히스토그램을 얻었다. 현재 이 프로젝트의 수행 기간은 146일이 넘을 것으로 예측된다. 145일 이하일 최대 확률은?

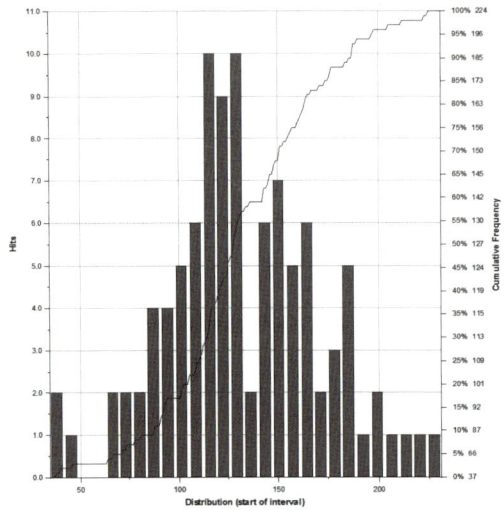

A. 25%

B. 45%

C. 65%

D. 85%

정답: C / 해설: 프로젝트의 예상 수행 기간이 145일 이하일 최대 확률은 65%다(우측 Y축 확인).

38 프로젝트 리스크가 존재하는 가장 이른 시점은 언제인가?

A. 프로젝트 착수 단계

B. 프로젝트 계획 단계

C. 프로젝트 수행 단계

D. 프로젝트 시작 순간

정답: D / 해설: 프로젝트를 시작하는 순간부터 프로젝트 리스크가 존재할 수 있다.

39 당신은 POP 프로젝트의 PM이다. 식별된 리스크를 대상으로 리스크를 점수화한 매트릭스를 작성했고, 프로젝트에 영향을 미치는 모든 리스크의 영향을 종합적으로 집계하기 위해 정량적 리스크 분석 수행 프로세스를 실행하고자 했지만, 데이터가 부족해 수행이 불가능하다. 이러한 상황을 방지하기 위해 수행해야 하는 것은 무엇인가?

A. 리스크 긴급성 평가

B. 전문가 판단

C. 리스크 데이터 품질 평가

D. 리스크 확률-영향 평가

정답: C / 해설: 리스크 데이터 품질 평가는 리스크 관련 데이터가 리스크 관리에 유용한 정도를 평가하는 기법으로, 데이터의 정확성, 품질, 신뢰성, 무결성을 조사하는 작업이 수반된다.

40 당신은 정량적 리스크 분석을 수행하기 위해 금전적 기댓값 분석을 통해 각 시나리오별 예상되는 프로젝트 산출 원가를 분석하고 토네이도 다이어그램을 통해 어떤 요소가 가장 큰 영향을 미치는지 확인했다. 이러한 분석 결과물을 갱신하려 한다. 다음 중 갱신되는 정보가 <u>아닌</u> 것은?

A. 원가 및 시간 목표 달성 확률

B. 정량화한 리스크의 우선순위 목록

C. 정량적 리스크 분석 결과의 추세

D. 프로젝트 신뢰도 분석

정답: D / 해설: 정량적 프로젝트 수행의 산출물인 프로젝트 문서 갱신에 대한 설명이다. 갱신되는 정보는 프로젝트 확률론적 분석, 원가 및 시간 목표 달성 확률, 정량화한 리스크의 우선순위 목록, 정량적 리스크 분석 결과의 추세다.

41 리스크 대응 책임자를 선정하는 프로세스는 무엇인가?

A. 리스크 관리 계획 수립

B. 리스크 식별

C. 리스크 대응 계획 수립

D. 리스크 통제

정답: C / 해설: 리스크 대응 계획 수립에서 합의되어 자금이 지원된 각 리스크 대응책을 담당할 책임자를 선정하는 일이 포함된다.

42 리스크 특정 대응책이 요구되는 리스크를 식별하는 데 유용한 것은 무엇인가?

A. 역할과 책임

B. 리스크 분석 정의

C. 리스크 한계선

D. 리스크 관리 대장

정답: C / 해설: 리스크 한계선은 특정 대응책이 요구되는 리스크를 식별하는 데 유용하다.

43 당신은 프로젝트에 영향을 미칠 수 있는 리스크를 판별하고 리스크별 특성을 문서화하고 있다. 이때 처음으로 등록되는 리스크 등록부의 내용으로 알맞은 것은 무엇인가?

A. 잠재적 대응책 목록

B. 리스크 확률 및 영향 평가

C. 리스크 등급 또는 점수

D. 리스크 감사 목록

정답: A / 해설: 리스크 식별 프로세스의 산출물인 리스크 관리 대장에 처음으로 기록되는 내용은 식별된 리스크 목록, 잠재적 대응책 목록이다.

44 당신은 POP 프로젝트 PM이다. 당신은 리스크 식별 프로세스를 진행하며, 리스크를 식별하기 위해 정보 수집 기법을 활용하고 있다. 다음 중 정보수집기법에 해당하는 것은?

A. 원인 분석

B. SWOT 분석

C. 가정 분석

D. 문서 검토

정답: A / 해설: 정보 수집 기법에 해당하는 것은 브레인스토밍, 델파이 기법, 인터뷰, 원인 분석이다.

45 당신은 POP 프로젝트의 PM이다. 당신은 관련 분야 전문가에게 권한을 위임했고, 그는 프로젝트 이해관계자들을 인터뷰해 일부 리스크를 식별하는 데 성공했다. 관련 분야 전문가가 다음으로 해야 할 일은?

A. 식별된 리스크의 확률과 영향을 평가하고 결정한다.

B. 식별된 리스크와 관련된 이해관계자들을 심층 인터뷰한다.

C. 식별된 리스크의 민감도 분석을 시행한다.

D. 식별된 리스크의 모델링 및 시뮬레이션을 진행한다.

정답: A / 해설: 리스크 식별 이후 리스크 정성 분석을 진행해야 한다. C와 D는 정량 분석에 해당한다.

46 당신은 POP 프로젝트의 PM이다. 당신은 프로젝트를 착수하기 이전에 과거 프로젝트의 리스크 분류 목록을 참고해 리스크 관리 계획서를 작성하려고 한다. 무엇을 참고해야 하는가?

A. 기업 환경 요인

B. 조직 프로세스 자산

C. 리스크 관리 계획서

D. 프로젝트 관리 계획서

정답: B / 해설: 과거 프로젝트의 문서 및 교훈 내용은 조직 프로세스 자산에서 찾을 수 있다.

47 당신은 리스크의 우선순위를 정하고 있다. 우선순위를 계산하던 도중 일부 도출된 리스크 목록에 대한 불완전한 내용을 발견했다. 이를 예방하기 위해 당신은 어떤 작업을 수행해야 하는가?

A. 전문가 판단

B. 리스크 분류 수행

C. 자료 수집 및 표현 기법 검토

D. 리스크 데이터 품질 평가

정답: D / 해설: 리스크 우선순위는 정성적 리스크 분석 수행 프로세스이다. 무결성을 검토하는 도구는 리스크 데이터 품질 평가다.

48 다음 중 최종 리스크 심각도 등급을 지정하기 위해 수행하는 도구 및 기법은?

    A. 리스크 긴급성 평가   B. 리스크 확률 영향 평가

    C. 리스크 분류   D. 리스크 데이터 품질 평가

    정답: B / 해설: 일부 정성적 분석에서 리스크 긴급성 평가 결과를 확률 영향 매트릭스에서 결정된 리스크 등급과 결합시켜 최종 리스크 심각도 등급을 지정한다.

49 다음 중 프로젝트 목표에서 벗어난 차이와 여러 가지 불확실성의 차이 간 상관관계를 이해하는 데 도움이 되는 것은?

    A. 민감도 분석   B. 확률분포

    C. 금전적 기댓값 분석   D. 모델링 및 시뮬레이션

    정답: A / 해설: 상기 내용에 해당하는 것은 '민감도 분석'이다. 확률분포는 프로젝트 구성 요소의 원가 및 일정 활동 기간의 불확실성을 파악할 수 있고, 금전적 기댓값 분석은 미래에 발생할 것인지의 여부를 알 수 없는 시나리오가 포함될 때 평균적인 결과를 산출하기 위한 용도이다.

50 당신은 POP 프로젝트의 PM이다. 당신은 리스크 식별 후 우선순위를 지정, 일부 리스크에 대해 정량적 평가를 거쳐 리스크 발생 확률에 대해 조사를 완료했고, 정량적 리스크 분석에서 산출된 정보로 일부 문서를 갱신하려고 한다. 다음 중 갱신되지 <u>않은</u> 문서는 무엇인가?

    A. 프로젝트의 확률론적 분석

    B. 원가 및 시간 목표 달성 확률

    C. 정량화한 리스크의 우선순위 목록

    D. 가정 사항 관리 대장 갱신

    정답: D / 해설: 정량적 리스크 분석 수행의 산출물의 세부 내용이다. 가정 사항 관리 대장 갱신은 정성적 리스크 분석 후 갱신되는 문서다.

51 다음 중 리스크 통제 프로세스의 리스크 관리 대장에 포함되는 내용은 무엇인가?

    A. 잔존 및 2차 리스크   B. 리스크 통제 목록

    C. 품질 우발사태 예비비   D. 리스크 활동 책임자

    정답: A / 해설: 리스크 통제 프로세스의 리스크 관리 대장에는 식별된 리스크 및 리스크 책임자, 합의된 리스크 대응책 통제 조치, 특정 구현 조치, 리스크 징후 및 경고 신호, 잔존 및 2차 리스크, 낮은 우선순위의 리스크 감사 목록 시간 및 원가 우발사태 예비비가 포함된다.

52 리스크 통제 프로세스의 목적이 <u>아닌</u> 것은?

A. 프로젝트 전반에서의 리스크 대응 계획을 구현하고, 식별된 리스크를 추적한다.
B. 프로젝트 가정이 계속 유효한지 체크한다.
C. 잔존 리스크를 감사하고 새로운 리스크를 식별한다.
D. 현재 리스크 평가 결과에 따라 원가 또는 일정에 대한 복구 계획을 수정해야 하는지
   의 여부를 결정한다.

정답: D / 해설: 리스크 통제 프로세스의 주 목적 중 하나는 원가 또는 일정에 대한 우발사태 예비비를 수정해야 하는지의 여부를 결정하는 것이다.

53 리스크 우선순위를 지정하기 위해 정성적 리스크 분석을 수행하고 있다. 하지만 당신이 수행하고 있는 프로젝트는 최신 기술을 사용하는 프로젝트로서 조직 프로세스 자산에 등록된 유사 프로젝트가 없고, 고도로 복잡한 프로젝트로서 불확실성이 큰 것으로 판명되었다. 당신을 무엇을 참고해야 이러한 위험에 대응할 수 있는가?

A. 조달 문서
B. 범위 기준선
C. 프로젝트 문서
D. 프로젝트 관리 계획서

정답: B / 해설: 정성적 리스크 분석의 투입물은 리스크 관리 계획서, 범위 기준선, 리스크 관리 대장, 기업 환경 요인 등이다. 범위 기준선은 최신 기술을 사용하는 프로젝트로서, 고도로 복잡한 프로젝트 검토 및 평가에 활용된다.

54 당신은 리스트 관리 대장에 등록된 리스크를 토대로 리스크 관리 프로세스를 통해 현재 리스크 통제 단계에 있다. 리스크 통제 프로세스를 수행하던 도중 새로운 위험이 식별되었다. 당신이 해야 할 일은 무엇인가?

A. 리스크 식별 프로세스를 수행한다.
B. 정성적 리스크 분석 프로세스를 수행한다.
C. 정량적 리스크 분석 프로세스를 수행한다.
D. 리스크 통제 프로세스를 수행한다.

정답: B / 해설: 리스크 통제 프로세스를 수행하는 동안, 새로운 위험이 식별되면 정성적 리스크 분석 수행 프로세스를 수행한다.

55 다음 중 리스크 통제 프로세스의 산출물이 아닌 것은?

A. 작업 성과 정보, 변경 요청, 프로젝트 관리 계획서 갱신

B. 작업 성과 정보, 프로젝트 문서 갱신, 리스크 관리 계획서

C. 프로젝트 관리 계획서 갱신, 프로젝트 문서 갱신, 조직 프로세스 자산 갱신

D. 작업 성과 정보, 변경 요청, 조직 프로세스 자산 갱신

정답: B / 해설: 리스크 통제 프로세스의 산출물은 작업 성과 정보, 변경 요청, 프로젝트 관리 계획서 갱신, 프로젝트 문서 갱신, 조직 프로세스 자산 갱신이다.

56 당신은 POP 프로젝트의 PM이다. 리스크 관리 프로세스를 진행하며, 리스크 관리 대장을 갱신하던 중 관리 대장에 없는 중대한 리스크가 발견되어 프로젝트에 심각한 문제가 발생되고 있다. 당신은 가장 먼저 무엇을 해야 하는가?

A. 리스크 식별 프로세스를 수행한다.

B. 정성적 리스크 분석 프로세스를 수행한다.

C. 정량적 리스크 분석 프로세스를 수행한다.

D. 임기응변 대응을 시행한다(Workaround).

정답: D / 해설: 임기응변 대응은 사전에 계획한 대응책이 없거나 유효하지 않은 상황에 발생한 위협에 대한 대응 조치다. 이미 중대한 영향을 미치고 있고 긴급히 처리해야 하는 리스크는 우선 임기응변 대응책을 수립한 후에 처리해야 한다.

57 당신은 POP 프로젝트의 PM이다. 프로젝트를 수행하던 도중 이해관계자들로부터 프로젝트의 수익 문제로 인해 발생 위험이 크지만 보다 높은 수익을 얻을 수 있는 쪽으로 프로젝트 변경을 요구 받고 있다. 당신이 해야 할 일은?

A. 프로젝트 관리 계획서를 수정한다.

B. 리스크 관리 대장의 기록을 토대로 영향 및 충격을 분석한다.

C. 이해관계자들을 설득해 프로젝트 변경을 취소한다.

D. 리스크를 재평가한다.

정답: B / 해설: 변경 요청이 오면 제일 먼저 요청한 변경사항이 프로젝트에 어떤 영향을 미칠 것인지를 분석해야 한다.

58 당신은 팀원들과 함께 위험의 등급이 낮은 감시 목록을 작성했다. 어떤 프로세스를 수행하고 있는가?

A. 리스크 식별   B. 정성적 리스크 분석 수행

C. 정량적 리스크 분석 수행   D. 리스크 통제

정답: B / 해설: 정성적 리스크 분석 수행 과정의 산출물이다.

59 리스크 활동 책임자(Risk Action Owner)가 배정되는 프로세스는 무엇인가?

A. 리스크 관리 계획 수립

B. 리스크 식별

C. 리스크 대응 계획 수립

D. 리스크 통제

정답: C / 해설: 리스크 활동 책임자가 배정되는 프로세스는 리스크 대응 계획 수립이다. 리스크 대응 계획 수립에서는 각각의 리스크별 대응 전략과 이를 책임지는 리스크 활동 책임자가 배정된다.

60 리스크 통제 프로세스에서 다루는 내용으로 알맞지 <u>않은</u> 것은?

A. 차이 및 추세 분석

B. 작업 성과 보고

C. 위험 노출도의 추세

D. 우선순위 목록

정답: D / 해설: 리스크 통제에서 다루는 내용은 차이 및 추세 분석, 보고, 위험 노출도의 추세다.

61 당신은 POP 프로젝트의 PM이다. 당신은 특정 활동이 팀원들이 수행하기 어려운 부분이 많아 해당 분야의 전문 지식 및 자격을 갖춘 인원을 고용해 프로젝트를 수행해 완료했지만, 예상하지 못한 문제가 새롭게 발생했다. 이는 무엇인가?

A. 2차 리스크

B. 잔존 리스크

C. 임기응변 대응

D. 우발사태 계획

정답: A / 해설: 리스크 대응의 직접적인 결과로 발생하는 리스크를 '2차 리스크'라고 한다.

62 당신은 신차 개발 프로젝트의 PM이다. 당신은 프로토타입을 완성하고 모의 테스트를 하던 도중 주행 속도에 따른 배기가스가 기준치를 초과할 것으로 예상되었다. 사전에 마련된 대응 계획에 따라 엔진 및 연료의 조합을 변경해 배기가스 배출을 억제했지만, 여전히 기준치를 약간 상회하는 결과가 예상되었다. 이는 무엇인가?

A. 2차 리스크
B. 잔존 리스크
C. 임기응변 대응
D. 우발사태 계획

정답: B / 해설: 리스크 대응 조치를 실행한 후에도 남아 있는 리스크를 '잔존 리스크'라고 한다.

63 당신은 POP 프로젝트의 PM이다. 당신은 프로젝트 팀원과 함께 내부적으로 발생한 리스크를 포함시켜 리스크 범위를 확장하기 위해 네 가지 관점에서 프로젝트를 검토 중이다. 이는 무엇인가?

A. 가정 분석
B. 인과관계도
C. 영향관계도
D. SWOT 분석

정답: D / 해설: SWOT 분석은 내부적으로 발생한 리스크를 포함시켜 식별된 리스크의 범위를 확장하기 위해 강점·약점·기회·위협의 관점에서 프로젝트를 검토하는 기법이다. 판매자에게 리스크를 전가하기 위해 고정가 계약으로 계약을 진행한 것은 '전가(Transfer)'이다.

64 당신은 가스 공장 신설 프로젝트의 PM이다. 당신의 프로젝트 중 일부 구간의 공사 진척도가 계획 대비 10% 지연이 발생했고, 전체 프로젝트 일정에 부정적인 영향을 미치고 있다. 이에 당신은 이해관계자들에게 공정 중첩 단축 방식을 승인 받고 지연 구간에 적용하기로 했다. 이러한 행위는 무엇을 증가시키는가?

A. 리스크
B. 비용
C. 품질
D. 커뮤니케이션 채널 수

정답: A / 해설: 공정 중첩 단축법(Fast Track)은 단위 일정을 중첩해 동시에 진행하는 기법으로, 일정 단축에는 효과가 있지만, 재작업과 리스크 증가 요인이 될 수 있다.

65 당신은 프로젝트의 스케줄 담당이다. 월간 공사 진척 현황을 체크한 결과, 계획 대비 지연으로 조사되었다. 이러한 상황을 당신의 PM에게 보고했고, PM은 리스크 대응 계획을 수립하고 실행했다. 다음 중 어떤 조치 방법이 인적자원계획서 갱신의 원인이 되는가?

A. 공정 중첩 단축법

B. 공정 압축법

C. 자원 평준화

D. 자원 평활화

정답: B / 해설: 공정 압축법은 자원을 추가해 최소한의 추가 비용으로, 일정 기간을 단축하는 기법이다. 주로 시간 외 근무 및 자원 보충, 인력 투입 등이며, 이러한 방법은 인적자원 계획서를 갱신해야 할 요인 중 하나이다.

66 당신은 당신의 프로젝트에 영향을 미치는 모든 리스크에 대해 조사 중이다. 당신은 리스크별로 정량화된 수치를 보고자 하며, 그중에서도 어떠한 리스크가 가장 큰 영향을 미치는지 도식화해 보고자 한다. 어떠한 방법을 사용해야 하는가?

A. 금전적 기댓값 분석(EVM)

B. 토네이도 다이어그램

C. 가정 분석

D. 인과관계도

정답: B / 해설: 민감도 분석은 프로젝트에 잠재적 영향력이 가장 큰 리스크를 결정하는 데 유용하다. 그중에서도 토네이도 다이어그램은 정량적 분석에서 식별된 리스크의 영향도를 XY축 막대그래프로 표현한다.

67 당신은 POP 프로젝트의 PM이다. 당신의 프로젝트는 몇 가지의 잠재 위험이 있고, 당신의 이해관계자들에게 부정적인 영향을 미칠 가능성이 크다. 당신은 PM으로서 어떤 문서를 참조해 이러한 내용을 공유해야 하는가?

A. 프로젝트 관리 계획서

B. 리스크 관리 계획서

C. 리스크 대응 계획서

D. 의사소통 관리 계획서

정답: D / 해설: 의사소통 관리 계획서는 이해관계자 의사소통 요구사항과 정보를 배포하는 사유와 방식에 대해 기술한 문서다.

68 당신은 POP 프로젝트의 PM이다. 당신은 위험관리 계획을 세우고, 리스크 관리 대장을 갱신하며, 리스크 대응 계획 수정하고 있다. 다음으로 해야 할 일은?

A. 프로젝트 문서 갱신

B. 이해관계자 등록부 갱신

C. 의사소통 관리 계획서 갱신

D. 리스크에 대한 정성 분석 수행

정답: A / 해설: 리스크 대응 계획 수정 전 리스크 관리 대장을 갱신하면, 정량적 리스크 분석 수행이 종료된다. 이는 리스크 대응 계획 수립 프로세스 수행 단계이다. 리스크 대응 계획 수립의 산출물은 프로젝트 문서 갱신이다.

69 당신은 현재 프로젝트 목표에 위협적인 요인을 경감하고 기회를 증대할 대안과 조치를 개발했다. 이에 따라 당신은 프로젝트 관리 계획서에 변경된 내용을 수정하려 한다. 다음 중 갱신되지 않은 문서는?

A. 일정 관리 계획서, 원가 관리 계획서, 이해관계자 관리 계획서
B. 조달 관리 계획서, 인적자원 관리 계획서, 품질 관리 계획서
C. 범위 기준선, 일정 기준선, 원가 기준선
D. 일정 기준선, 원가 기준선, 품질 관리 계획서

정답: A / 해설: 리스크 대응 계획 수립 프로세스에 대한 설명이다. 산출물로 프로젝트 관리 계획서가 갱신되며, 보기 중 갱신되지 않은 문서는 이해관계자 관리 계획서이다.

70 적절한 리스크 대응책이 채택되어 합의되면 리스크 관리 대장에 포함시킨다. 리스크 관리 대장은 우선순위 등급과 계획한 대응책에 일치하는 상세 수준으로 기술해야 한다. 이와 같이 리스크 대응 계획 수립 프로세스에서 필요에 따라 여러 프로젝트 문서를 갱신한다. 갱신 문서가 아닌 것은?

A. 리스크 책임자 및 배정된 업무, 합의된 대응 전략
B. 리스크 발생 경고 신호 및 리스크 노출도
C. 우발사태 계획 및 실행을 촉발하는 요인, 2차 리스크
D. 우발사태 예비비, 선택된 대응 전략을 구현하기 위한 조치

정답: B / 해설: 프로젝트 문서 중 갱신 문서가 아닌 것은 리스크 발생 경고 신호 및 리스크 노출도다. 이 밖에 가정 사항 관리 대장 및 기술 문서가 갱신된다.

71 당신은 프로젝트 전반에서 식별된 리스크를 추적하고, 잔존 리스크를 감사하며, 새로운 리스크를 식별하고 있다. 이 프로세스의 목적이 아닌 것은?

A. 프로젝트 가정이 계속 유효한지의 여부
B. 리스크 관리 정책 및 절차가 준수되고 있는지의 여부
C. 분석이 평가된 리스크가 변경되었거나 리스크 철회가 가능함을 보여주는지의 여부
D. 리스크 유발 조건, 리스크 발생 징후 및 추적이 되고 있는지의 여부

정답: D / 해설: 리스크 통제 프로세스에 대한 설명이다. 리스크 통제 프로세스의 목적은 프로젝트 생애주기에 걸쳐 리스크에 대한 접근 방식의 효율을 개선하는 데 있으며, 이는 리스크 처리를 평가하는 프로세스이다.

72 당신은 리스크 통제 프로세스를 수행하며, 리스크에 대한 접근 방식의 효율을 개선하려 하고 있다. 그 과정으로 당신은 프로젝트 완료 시 원가 및 일정 목표가 상이할 것이라는 예측을 할 수 있었고, 이를 통해 새로운 위협과 기회를 찾아냈다. 당신은 어떤 기법을 활용했는가?

A. 작업 성과 정보
B. 리스크 재평가
C. 차이 및 추세 분석
D. 작업 성과 보고서

정답: C / 해설: 프로젝트 완료 시 원가 및 일정 목표로부터 잠재적 차이를 예측하는 기법은 차이 및 추세 분석이다.

73 식별된 리스크와 원인을 처리할 때 리스크 대응책의 효과와 리스크 관리 프로세스 효과를 평가해 문서화한다. 이는 무엇에 대한 설명인가?

A. 리스크 재평가
B. 리스크 감사
C. 기술적 성과 측정
D. 작업 성과 보고서

정답: B / 해설: 리스크 감사에 대한 설명이다. 리스크 감사는 프로젝트의 리스크 관리 계획서에 명시된 바와 같이 적절한 주기로 리스크 감사를 수행해야 하며, 감사를 수행하기 전에 감사의 형식과 목표를 명확히 정의해야 한다.

74 당신은 프로젝트 전반에서 식별된 리스크를 추적하고 잔존 리스크를 감사하고 새로운 리스크를 식별하고 있다. 그 결과 일부 리스크가 종결된 것을 확인했고, 그에 따른 예비비 해제를 결정했다. 이러한 정보는 어디에 기록해야 하는가?

A. 리스크 관리 계획서
B. 프로젝트 관리 계획서
C. 리스크 관리 대장
D. 조직 프로세스 자산

정답: C / 해설: 리스크 통제 프로세스에 대한 설명이다. 리스크 통제 프로세스의 도구 및 기법인 리스크 재평가와 감사를 통해 리스크의 현재 상태를 확인하고, 변동 사항이 있다면 리스크 상태를 기록한다. 이때 갱신되는 문서는 리스크 관리 대장이다.

75 당신은 식별된 리스크의 대응 계획을 검토했고, 프로세스 생애주기에 있어 꾸준히 모니터링하고 대응 계획을 구현하려 하고 있다. 다음 중 어느 문서가 당신이 하려는 일에 도움이 되지 <u>않</u><u>는</u>가?

A. 프로젝트 관리 계획서
B. 리스크 관리 대장
C. 작업 성과 자료
D. 작업 성과 정보

정답: D / 해설: 리스크 통제 프로세스에 관한 내용이다. 대응 계획을 구현하려 하고 있다는 것은 리스크 통제 프로세스의 시작을 의미하며, 투입물을 묻는 내용이다. 리스크 통제 프로세스의 투입물에는 프로젝트 관리 계획서, 리스크 관리 대장, 작업 성과 자료, 작업 성과 보고서가 있다.

76 당신은 정량적 리스크 분석을 수행함에 있어 몇 가지 분석 방식을 도입하려 하고 있다. 프로젝트 이해관계자들은 몇 가지 시나리오를 세우고 시나리오별로 예상되는 결과치를 알고 싶어한다. 당신은 의사결정별 원가 및 발생 가능성에 대해 조사한 자료가 있다. 어떤 분석 방식을 사용해야 하는가?

A. 금전적 기댓값 분석
B. 토네이도 다이어그램
C. 전문가 판단
D. 몬테-카를로 시뮬레이션

정답: A / 해설: 정량적 분석 수행의 도구를 묻는 문제이다. 의사결정별 원가 및 가능성을 알고 있다면, 금전적 기댓값 분석을 통해 예상되는 결과치를 산출할 수 있다.

77 당신은 프로젝트의 리스크를 식별하려 하고 있다. 당신은 정보 수집 기법을 활용해 리스크 관리 대장을 작성하려고 한다. 다음 중 정보 수집 기법이 <u>아닌</u> 것은?

A. 브레인스토밍
B. 델파이 기법
C. 인터뷰
D. 가정 분석

정답: D / 해설: 정보 수집 기법은 브레인스토밍, 델파이 기법, 인터뷰, 원인 분석이다.

78 당신은 품질 보증 프로세스를 수행 중에 있다. 당신은 식별된 리스크를 토대로 계층 구조 분류 체계를 확립해 상하 관계를 나누고 도식화하려고 한다. 다음 중 어떤 것을 활용해야 하는가?

A. 친화도
B. 프로세스 결정 프로그램 차트
C. 우선순위 매트릭스
D. 계통도

정답: D / 해설: 계통도는 작업 분류 체계, 리스크 분류 체계, 조직 분류 체계 등 계층 구조 분류 체계를 표시하는 데 활용한다. 프로젝트 관리에서 계통도는 일련의 체계적인 규칙을 이용해 중첩 관계를 정의하고, 상하 관계를 도식화하는 데 유용하다.

79 체계적인 도식으로 표시한 제한적 수의 의존 관계에 대한 예상치를 설정하는 데에 어떤 기법이 유용한가?

A. 금전적 기댓값 분석
B. 토네이도 다이어그램
C. 전문가 판단
D. 몬테-카를로 시뮬레이션

정답: A / 해설: 계통도를 활용해 체계적인 도식으로 표시한 제한적인 수의 의존 관계에 대한 예상치를 설정하는 데에는 금전적인 기댓값 분석 기법이 유용하다.

80 제품이 문서화한 표준을 따르는지 판별하기 위해 제품을 조사하는 활동은 무엇인가?

A. 검사
B. 품질 감사
C. 프로세스 분석
D. 품질 비용

정답: A / 해설: 제품이 문서화한 표준을 따르는지 판별하기 위해 제품을 조사하는 활동은 '검사'이다. '워크스루(Workthough)'라고도 한다.

81 현재 A 프로젝트의 리스크 분석 결과, 아래 히스토그램을 얻었다. 현재 이 프로젝트의 종료 확률이 90%로 예상될 때 며칠에 종료되는가?

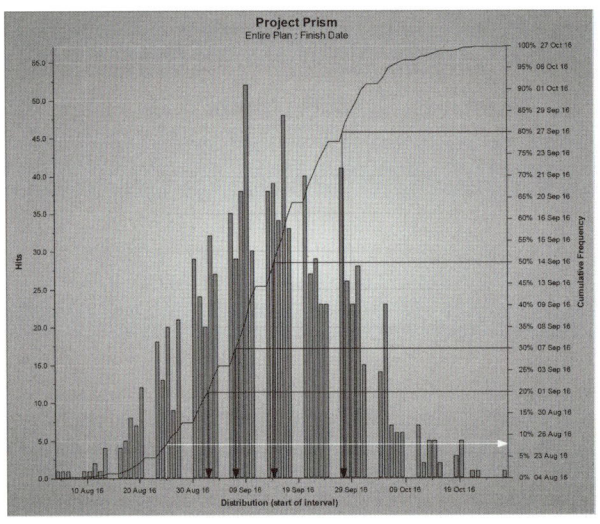

A. 2016/08/26
B. 2016/10/06
C. 2016/10/01
D. 2016/09/01

정답: C / 해설: 프로젝트의 종료 확률이 90%로 예상될 때 2014/02/11에 종료된다(우측 Y축 확인).

82 당신은 POP의 PM이다. 당신은 당신의 팀원을 구성하기 위해 인적자원 관리 프로세스를 통해 프로젝트 인적자원을 정의, 배정, 관리 및 복귀시키는 방법에 관한 지침서를 작성했다. 당신이 작성한 문서의 구성 요소가 아닌 것은?

A. 역할과 담당 업무
B. 프로젝트 조직도
C. 팀원 관리 계획서
D. 자원 달력

정답: D / 해설: 인적자원 관리 계획서의 구성 요소에 관한 내용이다. 구성 요소는 역할과 담당 업무, 프로젝트 조직도, 팀원 관리 계획서다.

83 당신은 POP 프로젝트의 PM으로, 현재 다국적 프로젝트팀과 협업을 진행 중이다. 공정률은 50%가 넘었으며, 리스크 관리 대장에 등록된 리스크 중 일부가 높은 확률로 발생될 것이 감지되었다. 이러한 내용을 발견한 것은 당신이 처음이며, 다국적 프로젝트팀에게 알리려고 한다. 이러한 내용은 관련된 특정 당사자에게만 보내야 하며, 당신이 전달한 내용은 정확한 피드백을 요구하지 않는다. 당신은 어떤 의사소통 방법을 사용해야 하는가?

A. 대화식 의사소통
B. 전달식 의사소통
C. 유인식 의사소통
D. 관계형 의사소통

정답: B / 해설: 전달식 의사소통은 필요로 하는 특정 수신자들에게 전송하는 방식으로 정보가 배포된다. 하지만 의도한 수신자에게 실제로 도달했는지, 수신자들이 정보를 이해했는지는 확실하지 않다.

84 당신은 POP 프로젝트의 PM이다. 현재 공정률은 50%를 넘고 있으며, 이러한 정보를 이해관계자들에게 알리려고 한다. 특히 정보 전달을 담당하는 책임자에게 지시해 업무를 차질 없이 수행하려고 한다. 당신은 어떠한 문서를 참조해야 하는가?

A. 의사소통 관리 계획서
B. 프로젝트 관리 계획서
C. 리스크 관리 계획서
D. 프로젝트 문서 중 이슈 관리 대장

정답: A / 해설: 의사소통 관리 계획서에는 의사소통 요구사항, 전달되어야 하는 정보, 정보를 배포하는 사유, 정보 전달을 담당하는 책임자가 기술되어 있다.

85 당신은 프로젝트 팀원과 여러 차례의 회의를 거쳐 결과를 정리하고 템플릿을 작성했다. 이러한 결과 및 템플릿을 이해관계자들에게 공유하려 했지만, 관련 법규 및 규정을 사전에 조사하지 않아 의사소통에 제약을 받고 있다. 이러한 문제를 사전에 방지하려면 어떠한 행위를 취해야 하는가?

A. 조직 프로세스 자산을 참고해 법규 및 규정을 사전에 검토해야 한다.
B. 의사소통 관리 계획서를 참고하면서 법규 및 규정을 사전에 검토해야 한다.
C. 리스크 등록부를 참고해 리스크 대응 계획을 사전에 숙지해야 한다.
D. 리스크 관리 계획서를 참조해 해당 리스크 담당자를 문책해야 한다.

정답: B / 해설: 특정 정보 및 문서를 이해관계자에게 공유하기 위해서는 의사소통 관리 계획서를 참조해야 한다. 의사소통 관리 계획서에는 통상 특정 법규 또는 규정, 기술 및 조직 정책 등에서 비롯되는 의사소통 제약에 대해 기술되어 있다.

86 당신은 당신의 프로젝트에서 생성 및 수집된 정보를 배포, 저장 및 정리해 이해관계자 간에 효율적이며 효과적인 의사소통을 가능하게 하려고 한다. 당신은 어떤 프로세스를 진행하고 있는가?

A. 이해관계자 관리
B. 의사소통 관리 계획 수립
C. 의사소통 관리
D. 의사소통 통제

정답: C / 해설: 의사소통 관리는 의사소통 관리 계획서에 따라 프로젝트 정보를 생성, 수집, 배포, 저장 및 검색하고 최종 처리하는 프로세스이다. 또한 이해관계자 간에 효율적이며 효과적인 의사소통을 가능하게 하는 프로세스이다.

87 당신은 당신의 프로젝트에서 생성 및 수집된 정보를 배포, 저장 및 정리하고 있다. 또한 프로젝트의 진척 및 성과를 파악하고 해당 정보를 관련자에게 전달하며, 프로젝트 결과를 예측하기 위해 실제 데이터를 주기적으로 수집해 기준선과 비교 분석한 후 보고서를 작성하려고 한다. 이 보고서에 수록되지 <u>않는</u> 내용은 무엇인가?

A. 현재 성과 분석 데이터
B. 프로젝트 예측치 분석 데이터
C. 리스크 및 이슈의 현황
D. 해당 기간 및 다음 기간까지 완료될 작업

정답: A / 해설: 의사소통 관리 프로세스의 성과 보고 관련 내용이다. 성과 보고 관련 보고서에는 다음과 같은 내용이 포함된다. 과거 성과 분석 데이터, 프로젝트 예측치 분석 데이터, 리스크 및 이슈의 현황, 해당 기간 및 다음 기간까지 완료될 작업, 해당 기간에 승인된 변경사항 요약 검토 및 논의해야 할 기타 관련 정보

88 당신은 POP 프로젝트의 PM이다. 당신은 프로젝트를 진행하던 도중 팀원의 갑작스런 이직으로 기능 관리자에게 충원을 요청했고, 3명의 팀원이 보충되었다. 이러한 상황에서 당신이 주의해야 하는 기법은 무엇인가?

A. 의사소통 기술
B. 의사소통 모델
C. 의사소통 요구사항 분석
D. 의사소통 방법

정답: C / 해설: 프로젝트 팀원도 이해관계자 중 일부이다. 프로젝트 이해관계자의 수에 따라 의사소통 채널의 수가 변하게 된다. 프로젝트 팀원의 이직과 충원으로 의사소통 채널이 변경됐다. 그렇기 때문에 의사소통 요구사항 분석이 중요하다.

89 당신은 이해관계자들에게 당신의 프로젝트의 현재 정보와 예측치 리스크 이슈의 현황 등 정보를 문서화하고 있다. 이 문서에 들어가는 정보는 무엇인가?

A. 범위
B. 범위, 일정
C. 범위, 일정, 원가
D. 범위, 일정, 원가, 품질

정답: D / 해설: 성과 보고에 대한 내용이다. 일반적으로 성과 보고는 현황 보고서, 진척 측정치 및 예측치를 포함한 성과 정보를 수집하고 배포하는 조치로, 간단한 현황 보고서에서부터 상세한 보고서에 이르기까지 다양하다. 현황 보고서에는 범위, 일정, 원가, 품질 등 영역별 완료율이 포함된다.

90 프로젝트 매니저는 리스크에 대해 원가로 영향을 분석하려고 하는데 어려움을 느끼고 있다. 매니저는 이러한 리스크 분석을 하기 전에 무엇을 해야 하는가?

A. 정성적 기반의 리스크 평가
B. 잠재적인 영향에 대한 아이디어를 얻기 위해 이전 프로젝트 정보를 활용
C. 정량적 기반의 리스크 평가
D. 원가로 그 영향력을 알 수 없으면, 중요하지 않으므로 아무것도 하지 않는다.

정답: A / 해설: 일반적으로 정량적 리스크 분석 전에 정성적 리스크 분석을 수행한다.

91 예비분석(Reserve analysis)에 대해 가장 적절하게 설명한 것은?

A. 남은 우발사태 예비비를 분석하여 잔여 리스크의 양에 대비하는 것
B. 필요한 관리 예비비를 분석하여 잔여 리스크의 양에 대비하는 것
C. 현금 흐름을 분석하여 리스크의 양에 대비하는 것
D. 프로젝트 예산을 분석하고, 잔여 리스크에 대한 예산에 대비하는 것

정답: A / 해설: 프로젝트 리스크 관리에서 예비분석은 프로젝트의 임의 시점에서 남은 예비비가 적합한지 판별하기 위해 잔존 리스크의 양을 잔존 우발사태 예비비의 양과 비교한다.

92 3점 산정은 대개 다음 보기 중에 의해 표시되는데, 다음 중 가장 적절한 것을 고르시오.

A. 균일분포(Uniform distributions)

B. 로그정규분포(Log normal distributions)

C. 베타분포(Beta distributions)

D. 이산분포(Discrete distributions)

정답: C / 해설: 3점 추정에서 쓰이는 분포에는 삼각분포와 베타분포가 있다.

93 온라인 의류 쇼핑 프로젝트의 매니저가 최근 기회를 발견했다. 그 기회를 잘 활용하면 약 25% 이상의 매출 신장을 가져올 수 있다. 하지만 회사는 갑작스러운 판매 신장에 준비가 되지 않은 상태다. 만약, 회사가 외부 생산 업체와 파트너십을 맺으면, 판매 신장에 대응할 수 있다. 프로젝트 매니저가 취할 수 있는 이 기회에 대한 가장 좋은 전략은?

A. 수용   B. 분담

C. 증대   D. 완화

정답: B / 해설: 긍정적 리스크 분담에는 프로젝트에 유리한 기회를 가장 잘 포착할 수 있는 제3자에게 기회에 대한 책임의 일부 또는 전부를 할당하는 일이 수반된다. 그 예로 리스크 분담 협력사, 팀, 특수 목적 회사 또는 합작 회사와 협력 관계를 구축하는 것이다.

94 프로젝트 매니저는 리스크 관리 프로세스의 효과성을 조사하기 위해 준비 중이다. 교훈을 기록하고 다음 프로젝트에 도움을 주기 위함이 그 목적이다. 어떤 도구 및 기법을 프로젝트 매니저가 사용해야 하는가?

A. 현황 미팅   B. 차이 및 추세 분석

C. 품질 감사   D. 리스크 감사

정답: D / 해설: 리스크 감사에서는 식별된 리스크과 그 원인을 처리함에 있어 리스크 대응책의 효과와 리스크 관리 프로세스 효과를 평가하여 문서화한다.

95 당신은 프로젝트를 진행 중에 있으며 리스크 통제 프로세스를 수행하고 있다. 리스크가 발생했거나, 발생하려는 징후를 포착하는 것에 관심이 있다. 이러한 징후를 무엇이라고 하는가?

A. 유발자(Trigger)   B. 경고 신호

C. 리스크 발생 징후   D. 유발자, 경고 신호와 리스크 징후

정답: A / 해설: 트리거(Trigger)는 리스크를 발생시키는 요인이다.

96 당신의 회사가 컴퓨터를 구입할 때, 3년의 보증기간을 위해 추가로 지불한다. 이는 보증기간 안에 발생하는 제조 결함을 컴퓨터 회사가 책임지도록 하기 위한 것이다. 이 리스크 대응 전략을 무엇이라고 하는가?

A. 활용(Exploit)
B. 회피(Avoid)
C. 완화(Mitigate)
D. 전가(Transfer)

정답: D / 해설: 위협으로 인한 영향을 리스크 대응 권한과 함께 제3자에게 이전하는 방식의 리스크 대응 전략이다.

97 당신은 프로젝트 매니저로서 새로운 변경 요구가 승인된 상황에 있다. 이 변경 요청 사항은 새로운 리스크를 야기하게 되었다. 당신은 이 리스크를 알리고, 이해관계자가 리스크로 인해 가능한 영향을 이해하였다. 당신은 식별된 리스크에 대해 완화 대응 전략을 만들려고 한다. 어느 문서에 이 대응 전략을 기록해야 하는가?

A. 리스크 관리대장
B. 프로젝트 관리 계획서
C. 리스크 관리 계획서
D. 리스크 목록

정답: D / 해설: 리스크 관리대장은 식별된 리스크 목록과 잠재적 대응책 목록을 포함한다.

98 프로젝트 매니저가 프로젝트 요구사항과 리스크가 해당 프로젝트에 어떤 영향을 미치는지에 대해 이해관계자들과 함께 논의하고 있다. 한 이해관계자는 무엇이 리스크인지에 대해 혼동하고 있다. 다음 중 어떤 것이 프로젝트 리스크에 관한 정확한 정의인가?

A. 프로젝트 범위에 영향을 미칠 수 있는 알려지지 않은 사건
B. 프로젝트 실행 중에 불확실한 사건과 조건
C. 하나 이상의 프로젝트 목적에 영향을 미칠 수 있는 불확실한 사건
D. 프로젝트 비용에 영향을 미치는 불확실한 사건

정답: C / 해설: 프로젝트 리스크는 위험이 발생할 경우에 범위, 일정, 원가, 품질 등의 프로젝트 목표 중 한 가지 이상에 긍정적 또는 부정적인 영향을 미치는 불확실한 사건 또는 조건이다.

99 프로젝트 매니저가 리스크 분석을 완료하였다. 프로젝트팀이 확인된 프로젝트 리스크에 대해 대응책을 만들었다. 다음 중 위협에 대한 영향을 제3자에게 이전하는 리스크 대응 전략은 무엇인가?

A. 수용
B. 회피
C. 전가
D. 완화

정답: C / 해설: 리스크 전가는 프로젝트팀에서 위협으로 인한 영향을 리스크 대응 권한과 함께 제3자에게 이전하는 방식의 리스크 대응 전략으로, 보험 이용, 이행 보증, 가족 보증 및 보장, 협약이 그 예이다.

100 프로젝트 매니저가 리스크를 식별하려고 한다. 매니저는 내부적으로 발생한 리스크를 포함하면서 이해관계자들로 하여금 식별된 리스크의 범위를 넓힐 수 있도록 하려 한다. 어떤 리스크 식별 접근 방법이 이 목표에 합당한가?

A. 델파이 기법
B. 브레인스토밍
C. SWOT 분석
D. 가정 분석

정답: A / 해설: 내부적으로 발생한 리스크를 포함시켜 식별된 리스크의 범위를 확장하기 위해 강점, 약점, 기회 및 위협의 각 관점에서 프로젝트를 검토하는 기법이다.

101 프로젝트 매니저가 이해관계자와 예비비 상황에 대한 협의를 하기로 하였다. 다음 중 이해관계자와 가장 효과적으로 미팅할 수 있는 방법은 무엇인가?

A. 컨퍼런스룸에서 전체 미팅을 진행한다.
B. 일대일 컨퍼런스 콜 미팅을 한다.
C. 그룹 컨퍼런스 콜을 한다.
D. 이해관계자들에게 메일을 보내 답을 요구한다.

정답: C / 해설: 프로젝트 리스크 관리의 성패를 좌우하는 요소로는 투명하고 열린 의사소통이 있다. 모든 이해관계자가 리스크 관리 프로세스에 연관되어야 한다.

102 다음 중 정성적 리스크 분석 수행의 결과로 리스크 관리대장의 업데이트로 <u>아닌</u> 것은?

  A. 리스크의 우선순위

  B. 심층 분석이 필요한 감시 목록

  C. 시급한 대응이 필요한 리스크

  D. 예산 목표를 이룰 확률

  정답: C / 해설: 각 리스크의 확률 및 영향 평가, 리스크 등급 또는 점수, 리스크 긴급성 정보 또는 리스크 범주, 확률이 낮은 리스크 또는 심층 분석이 필요한 리스크 감시 목록이 리스크 관리대장 갱신에 포함될 수 있다.

103 프로젝트는 현재 기획 단계에 있고, 감시 목록에 들어갈 리스크들을 문서화하고 있다. 현재 리스크 관리 프로세스의 어느 곳에 프로젝트가 있는가?

  A. 리스크 관리 계획 수립

  B. 리스크 식별

  C. 정성적 리스크 분석 수행

  D. 정량적 리스크 분석 수행

  정답: C / 해설: 정성적 리스크 분석 수행은 기획 프로세스 그룹으로 리스크 관리 계획서에 기술된 정의에 따라 리스크 확률 및 영향의 등급을 매긴다. 등급이 낮은 리스크는 리스크 관리대장의 향후 감시 목록에 추가한다

104 프로젝트팀이 사용할 수도 있는 리스크 식별 도식화 기법이 <u>아닌</u> 것은?

  A. 피시본 다이어그램   B. 의사결정 나무도

  C. 영향 관계도   D. 프로세스 흐름도

  정답: B / 해설: 의사결정 나무도는 정량적 리스크 분석 및 모델링 기법으로 금전적 기댓값 분석에 용이하다.

105 리스크관리 팀이 리스크를 "높은 리스크", "중간 리스크" 그리고 "낮은 리스크"로 우선순위를 매기려고 한다. 리스크를 분류하기 위해 어떤 도구를 활용하는 것이 좋은가?

  A. 리스크 확률–영향 매트릭스   B. 확률–영향 참조표

  C. 리스크 우선순위 매트릭스   D. 확률–영향표

  정답: A / 해설: 평가한 확률과 영향을 기준으로 리스크 등급을 지정한다. 각 리스크의 중요도와 관리 우선순위에 대한 평가는 일반적으로 데이터 조사표 또는 확률–영향 매트릭스가 사용된다.

106 소매 의류 체인점에서 새로운 매장을 미국에 열려고 한다. 이는 처음으로 외국에 여는 매장이다. 프로젝트 매니저는 정량적 리스크 분석을 하고 있으며, 관련 분야 전문가를 데리고 이 작업을 수행한다. 관련 분야 전문가는 무엇을 확인시켜줄 수 있는가?

A. 유효한 가정을 만든다.
B. 데이터와 기법을 유효하게 한다.
C. 리스크 우선순위 선정을 돕는다.
D. 모든 리스크의 식별을 돕는다.

정답: A / 해설: 정량적 분석 수행에서 전문가 판단은 데이터를 해석하고, 도구들의 약점과 강점을 모두 식별하게 한다.

107 정량적 리스크 분석에서 산출된 정보로 프로젝트 문서를 갱신하는 내용 중에서 관련 <u>없는</u> 것은?

A. 산정치는 이해관계자 리스크 허용 한도와 함께 사용하여 원가 및 시간 우발사태 예비비를 정량화할 수 있다.
B. 현재 계획 아래 프로젝트 목표를 달성할 확률을 산정할 수 있다.
C. 정량화한 리스크의 우선순위 목록을 만들 수 있다.
D. 시간 목표에 대해서만 달성 확률을 알 수 있다.

정답: D / 해설: 원가 및 시간 목표 달성 확률을 알 수 있다.

108 이해관계자와 리스크 기획 미팅 중에, 프로젝트 매니저가 식별된 리스크를 제공하였다. 그리고 프로젝트 매니저가 스크린에 녹색, 노랑 그리고 빨강으로 음영 처리된 표를 보여주고 있다. 현재 이해관계자는 무엇을 보고 있는가?

A. 리스크 점수표
B. 리스크 데이터 품질 평가
C. 확률 및 영향 매트릭스
D. 확률 및 영향 영역

정답: C / 해설: 기획 프로세스 중 리스크 식별 후에 해야 하는 프로세스는 정성적 리스크 분석 수행으로, 발생 확률과 발생할 경우에 목표에 미치는 영향을 근거로 각 리스크의 등급을 매기는 상황이므로 확률–영향 매트릭스이다. 확률–영향 매트릭스는 영역 표시로 등급을 매긴다.

109 민감도 분석에 대한 설명 중 옳지 <u>않은</u> 것은?

A. 프로젝트에 잠재적 영향력이 가장 큰 리스크를 결정하는 데 유용하다.
B. 토네이도도가 대표적인 민감도 표시 방법 중의 하나이다.
C. 긍정적 영향과 부정적 영향을 동시에 나타낼 수 있다.
D. 정성적 리스크 분석 수행의 도구 및 기법이다.

정답: D / 해설: 민감도 분석은 정량적 리스크 분석의 도구 및 기법이다.

110 프로젝트팀은 여러 개의 잠재적인 리스크가 발생한다면, 중요한 영향을 가져올 수 있다고 확인했다. 팀은 그들의 기준선에서 모든 불확실한 요소들이 유지될 때, 이 리스크의 영향을 조사했다. 어떤 다이어그램이 이러한 정보를 알려줄 수 있는가?

A. 이시카와 다이아그램
B. 프로세스 흐름도
C. 토네이도도
D. 의사결정나무

정답: C / 해설: 민감도 분석은 나머지 모든 불확실한 요소를 기준값으로 놓고, 각 프로젝트 요소의 불확실성이 검토 대상 목표에 미치는 영향력을 평가한다. 이 분석에 유용한 것은 토네이도도이다.

111 다음 중 의사결정 나무의 가능한 시나리오 또는 시험 결과와 같이 불확실한 사건을 표시하는 데 사용하는 확률 분포는?

A. 베타분포
B. 이산분포
C. 정규분포
D. 균등분포

정답: C / 해설: 수신자들 자신의 의지에 따라 접근하는 의사소통 방법은 '유인식 의사소통 방법'이다.

112 리스크 분석 하는 도중 프로젝트 매니저가 과거 데이터를 사용해서, 필요 노동 시간을 통해 액티비티의 원가를 산정하고 있다. 어떤 종류의 예측을 매니저는 사용하고 있는가?

A. 모수 산정
B. 상향식 산정
C. 유사 산정
D. 예비 분석 산정

정답: C / 해설: 유사 산정은 과거 유사한 활동 또는 프로젝트의 선례자료를 이용하여 활동이나 프로젝트의 기간 또는 원가를 산정하는 기법이다.

113 리스크 관리팀이 현재 정성적 리스크 분석 수행 프로세스에 있다. 다음 중 리스크 관리대장에 업데이트될 내용이 <u>아닌</u> 것은?

A. 범주별 리스크

B. 추가 분석이 필요한 리스크 리스트

C. 낮은 우선순위의 리스크

D. 시간 목표를 달성할 확률

정답: D / 해설: 목표를 달성할 확률은 정량적 분석 수행에서 이루어진다.

114 프로젝트 매니저는 프로젝트 종료일에 대해 삼점추정을 계산하고 있다. 인터뷰 중에 그는 다음 수치를 이용했다. 최빈치 36, 비관치 67, 낙관치 20. 베타분포를 따를 때, 결과는?

A. 20.5 　　　　　　　　　　　　　　B. 36

C. 41 　　　　　　　　　　　　　　　D. 38.5

정답: D / 해설: [20+(36×4)+67]/6=38.5

115 다음 중 FMEA(고장 형태 영향 분석)/Fault Tree Analysis에 관련된 알맞은 내용은?

A. 구조화된 모델 분석으로 시스템 오류를 야기하는 다양한 요소들을 식별한다.

B. 디자인과 엔지니어링 단계에서 리스크를 해결하는 데 유용하다.

C. 리스크가 어떻게 일어나는지 분석하면서 리스크를 해결한다.

D. 시스템 일부의 실패 확률만 알 수 있다.

정답: A / 해설: 리스크를 식별하는 기법으로서 시스템 전체의 실패 확률을 분석 결과로 알 수 있다.

116 프로젝트 목표를 달성하기 위해 선호사항을 조정하는 방법이며, 일정, 원가, 범위, 품질 같은 요소 간의 우선순위를 정한다. 이 우선순위에 대한 조직의 결정이 개인에게는 일치하지 않을 수 있다. 다음은 무엇을 설명하는 것인가?

A. 프로젝트 사후 검토 　　　　　　　B. 확률−영향 매트릭스

C. Analytic Hierarchy Process(AHP) 　D. 원인 분석

정답: C / 해설: AHP는 프로젝트 목표(원가, 범위, 품질 등)에 상대적인 중요도를 확립하는 데 도움을 주며, 프로젝트 전반의 리스크 우선순위를 만드는 데 도움이 되는 방법이다.

117 정량적 리스크 분석 수행에서 인터뷰 기법의 특징을 <u>잘못</u> 설명한 것은 ?

A. 리스크 확률과 영향을 계량화한다.
B. 확률 분포의 종류에 따라 필요한 정보가 달라진다.
C. 무기명으로 수행된다.
D. 3점 산정에 활용된다.

정답: C / 해설: 무기명으로 진행되는 대표적인 기법은 델파이 기법이다.

118 리스크 관리팀이 정성적 리스크 분석 수행 중에 있다. 리스크 관리대장에 갱신해야 할 내용인 아닌 것은?

A. 범주화된 리스크 그룹
B. 추가 분석이 필요한 리스크 리스트
C. 낮은 우선순위 리스크 리스트
D. 일정 목표에 대한 확률

정답: D / 해설: 목표 일정에 대한 확률은 정량적 분석 수행에서 알 수 있다.

119 당신은 POP 프로젝트의 PM이다. 당신은 일정 개발 작업에 착수했으며, 각각의 활동에 대한 네트워크 다이어그램을 보면서 주 공정 경로에 대해 조사하고 전체 스케줄의 불확실성을 계산하려 하고 있다. 이 과정에서 주 공정 경로에 있는 특정 활동 일정이 변동될 가능성이 있다는 것을 알게 되었고, 조사한 결과 낙관치로는 8일, 중간치로는 9일, 비관치로는 10일인 것으로 나타났다. 3점 추정으로 계산할 때 특정 활동이 예상되는 소요일수는?

A. 8
B. 9
C. 10
D. 11

정답: B / 해설: 3점 추정의 계산식은 [비관치+(4×중간치)+낙관치]/6이다.

120 당신은 POP 프로젝트의 PM이다. 당신은 일정 개발 작업에 착수했으며, 각각의 활동에 대한 네트워크 다이어그램을 보면서 주 공정 경로에 대해 조사하고 전체 스케줄의 불확실성을 계산하려 하고 있다. 이 과정에서 주 공정 경로에 있는 특정 활동 일정이 변동될 가능성이 있다는 것을 알게 되었고 조사한 결과 낙관치로는 8일, 중간치로는 9일, 비관치로는 10일인 것으로 나타났다. 표준편차는 어떻게 되는가?

A. 0.13
B. 0.23
C. 0.33
D. 0.43

정답: C / 해설: 표준편차(standard deviation)의 계산식은 (비관치−낙관치)/6이다.

121 당신은 POP 프로젝트의 PM이다. 당신은 일정 개발 작업에 착수했으며, 각각의 활동에 대한 네트워크 다이어그램을 보면서 주 공정 경로에 대해 조사하고 전체 스케줄의 불확실성을 계산하려 하고 있다. 이 과정에서 주 공정 경로에 있는 특정 활동 일정이 변동될 가능성이 있다는 것을 알게 되었고 조사한 결과 낙관치로는 8일, 중간치로는 9일, 비관치로는 10일인 것으로 나타났다. 평균은 어떻게 되는가?

A. 8
B. 9
C. 10
D. 11

정답: D / 해설: 평균(Three point average)의 계산식은 (비관치+중간치+낙관치)/3이다.

122 당신은 POP 프로젝트의 PM이다. 당신은 일정 개발 작업에 착수했으며, 각각의 활동에 대한 네트워크 다이어그램을 보면서 주 공정 경로에 대해 조사하고 전체 스케줄의 불확실성을 계산하려 하고 있다. 이 과정에서 주 공정 경로에 있는 특정 활동 일정이 변동될 가능성이 있다는 것을 알게 되었고 조사한 결과 낙관치로는 8일, 중간치로는 9일, 비관치로는 10일인 것으로 나타났다. 분산은 어떻게 되는가?

A. 1
B. 2
C. 3
D. 4

정답: C / 해설: 분산(variance)의 계산식은 평균의 제곱근, 즉 루트($\sqrt{}$)값이다.

123 관련 분야의 전문가가 참여하지 않는 리스크 관리 프로세스는 무엇인가?

A. 리스크 관리 계획 수립

B. 리스크 식별

C. 리스크 대응 계획 수립

D. 리스크 통제

정답: D / 해설: 리스크 통제는 전문가 판단을 도구 및 기법으로 사용하지 않는다.

124 당신은 팀원들과 함께 프로젝트에 영향을 미칠 수 있는 리스크를 판별하려 하고 있다. 리스크를 식별하기 위해 여러 가지 계획서들을 참고하고 이를 토대로 식별된 리스크의 원인을 파악하려 하고 있다. 어떤 기법을 활용해야 하는가?

A. 체크리스트 분석

B. 가정 분석

C. 도식화 기법

D. SWOT 분석

정답: C / 해설: 리스크 식별 프로세스의 설명이다. 리스크의 원인을 파악하기 위해서는 도식화 기법 중 하나인 인과관계도를 활용해야 한다.

125 모든 프로젝트와 필요한 계획은 여러 가지 가설, 시나리오 등을 근거로 구상되고 개발된다. 프로젝트에 적용할 때 타당성을 조사하고 부정확성, 불안정성, 불일치성 또는 불완전성으로 인해 초래될 프로젝트 리스크를 식별한다. 무엇에 대한 설명인가?

A. 체크리스트 분석

B. 가정 분석

C. 도식화 기법

D. SWOT 분석

정답: B / 해설: 가정 분석에 대한 내용이다. 가정 분석은 부정확성, 불안정성, 불일치성 또는 불완전성으로 인해 초래될 프로젝트 리스크의 식별에 도움을 준다.

126 리스크 식별 기법 중 하나로, 내부적으로 발생한 리스크를 기회와 위험으로 구분해 프로젝트를 검토하는 기법은 무엇인가?

A. 체크리스트 분석   B. 가정 분석

C. 도식화 기법   D. SWOT 분석

정답: D / 해설: SWOT 분석은 조직의 강점에서 창출되는 프로젝트 기회를 식별하고 조직의 약점에서 기인하는 위협을 식별한다.

127 정성적 리스크 분석의 내용이 옳은 것은 무엇인가?

A. 조직의 잠재적 위협을 평가해 영향도를 평가하는 프로세스이다.

B. 프로젝트 관리자가 불확실성을 줄이고 리스크 발생 확률을 수치화하는 프로세스이다.

C. 리스크의 확률 및 영향을 평가해 확률 등급이 높은 리스크를 감사 목록에 추가한다.

D. 불확실성의 영향에 가장 민감한 프로젝트 영역을 판결하기 위해 특정한 범주로 리스크를 분류하는 작업을 수행한다.

정답: C / 해설: 조직의 잠재적 위협을 바탕으로 확률-영향을 평가해 리스크 발생 확률을 조사하고 우선순위를 매기는 프로세스이다. 또한 확률 등급이 낮은 리스크를 감사 목록에 추가하기도 한다.

128 당신은 리스크 관리 계획 수립의 첫 번째 작업을 수행하려고 한다. 가장 먼저 해야 할 일은?

A. 리스크 확률-영향 평가를 수행한다.

B. 리스크 분류를 수행한다.

C. 활용 가능한 조직 프로세스 자산을 조사한다.

D. 작업 성과 보고서를 참조한다.

정답: C / 해설: 리스크 관리 계획 수립 프로세스에 대한 내용이다. A, B는 정성적 리스크 분석 수행 프로세스의 투입물이고, D는 리스크 통제 프로세스의 투입물이다.

129 모델링과 시뮬레이션에 대해 가장 적절한 설명은?

A. 컴퓨터 프로그램으로 여러 번 하는 기법

B. 원가와 일정 리스크에 쓰인다.

C. 확률 분포로부터 무작위로 값을 만드는 것

D. 프로젝트의 불확실성을 목표에 대한 잠재적인 영향으로 나타내는 것

정답: D / 해설: 정량적 분석 수행에서 리스크가 프로젝트 목표에 미치는 영향을 분석한다. 각 리스크의 우선순위를 수치로 지정할 수 있다.

130 불확실한 결과에 대한 시나리오의 평균값을 계산하는 방법은 무엇인가?

    A. 몬테-카를로 분석
    B. 의사결정 나무 분석
    C. 금전적 기댓값 분석
    D. 모델링과 시뮬레이션

정답: C / 해설: 미래에 발생할 것인지의 여부를 알 수 없는 시나리오가 포함될 때 평균적인 결과를 산출하는 통계적 개념이다.

131 프로젝트팀은 불확실한 상황에서 의사결정을 해야 한다. 다음 중 최상의 시나리오를 갖기 위해 사용하는 기법은?

    A. 확률 분포
    b. 인터뷰
    C. 몬테-카를로 시뮬레이션
    D. 의사결정 나무

정답: D / 해설: 불확실한 요소가 포함된 환경에서 의사결정을 하는 방법을 보여준다.

132 의사결정 나무 분석에 대한 설명 중 옳지 않은 것은?

    A. 의사결정 나무 분석은 정성적 리스크 분석 수행에 사용된다.
    B. 금전적 기댓값 분석을 활용하여 분석한다.
    C. 여러 시나리오를 반영한다.
    D. 리스크 분석 기법의 하나다.

정답: A / 해설: 의사결정 나무 분석은 정량적 리스크 분석 수행의 도구 및 기법이다..

133 프로젝트 업무가 실행되기 전에, 리스크 관리 팀은 긍정적 리스크가 프로젝트 원가의 20%를 줄일 것을 발견했다. 프로젝트팀은 어떤 대응을 할 것 같은가?

    A. 분담   B. 활용
    C. 완화   D. 수용

정답: B / 해설: 확실한 기회 실현하도록 하는 전략은 '활용'이다.

134 현재 A 프로젝트의 리스크 분석의 결과로 아래 히스토그램을 얻었다. 프로젝트 종료 확률 60%와 종료 확률 30%의 프로젝트 수행 기간의 차이는?

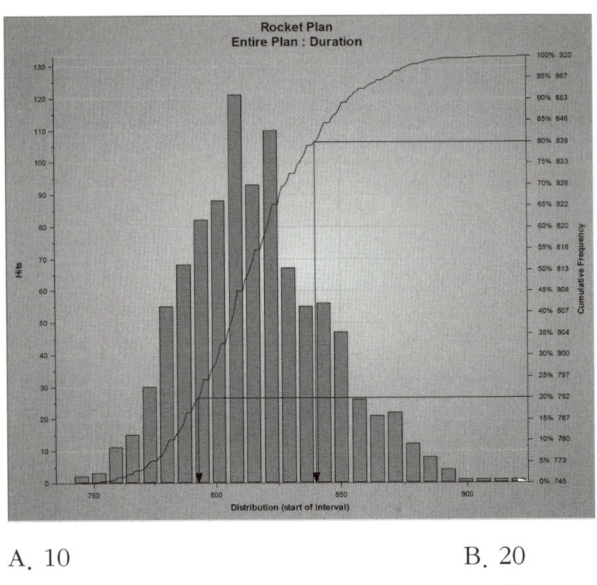

A. 10

B. 20

C. 30

D. 40

정답: B / 해설: 프로젝트가 종료 확률 60%일 때 수행 기간은 820이고, 30%일 때 800이다.

135 다음 중 리스크 관리대장에 기록되는 내용은 무엇인가?

A. 금전적 기댓값 분석

B. 리스크 대응책

C. 리스크 원인 및 설명

D. 리스크 순위

정답: C / 해설: 리스크 관리 대장이 생성되는 프로세스는 리스크 식별이다. 리스크 식별 프로세스에서 리스크 관리 대장에 식별된 리스크 목록 및 원인이 기록되며, 잠재적 대응책 목록이 추가된다.

136 리스크를 식별과 정성적 리스크 분석 수행 시 투입물인 범위 기준선에 대한 설명으로 옳은 것은?

A. 특수하고, 일시적 프로젝트의 리스크를 파악하는 데 도움이 된다.

B. 최첨단 또는 최신 기술을 사용하는 불확실성이 높은 곳에 도움이 된다.

C. 거시적인 수준에서의 리스크만 파악하는 데 도움이 된다.

D. 미시적인 수준에서의 리스크만 파악하는 데 도움이 된다.

정답: B / 해설: 범위 기준선이란 승인된 범위 기술서, 작업 분류 체계 및 작업 분류 체계 사전으로, 일반적이고 반복적인 프로젝트 리스크 파악하는 데 도움이 되며, 범위 기준선을 검토하면 고도로 복잡한 프로젝트의 불확실성을 평가할 수 있다. 거시적, 미시적 리스크 파악에 모두 도움이 된다.

137 당신은 리스크 관리 활동을 구성 및 수행하는 방법을 기술하는 문서를 참조하고 있다. 프로젝트 생애주기에 걸쳐 리스크 관리 프로세스 수행 시기와 빈도를 정의하고 일정 우발사태 예비비의 사용 규약을 제정하며, 프로젝트 일정에 포함시킬 리스크 관리 활동을 설정하는 이 활동은 무엇인가?

A. 방법론
B. 역할과 책임
C. 예산 책정
D. 시기 선정

정답: D / 해설: 리스크 관리 계획서의 구성 요소에 대한 내용이다. 문제에 대한 내용은 리스크 관리 계획서의 구성 요소 중 하나인 시기 선정에 관한 내용이다.

138 현재 A 프로젝트의 리스크 분석의 결과로 아래 히스토그램을 얻었다. 프로젝트 종료 확률 55%와 종료 확률 35%의 프로젝트 수행 기간의 차이는?

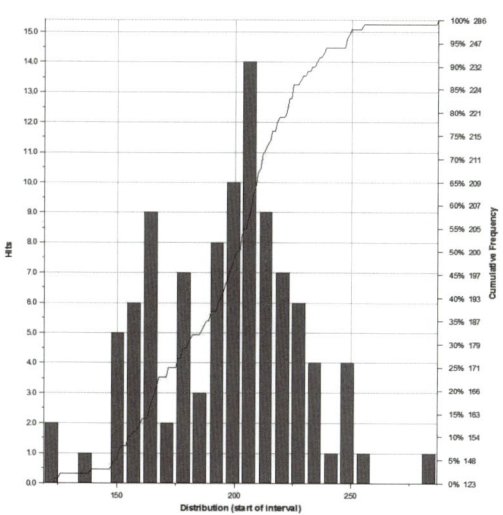

A. 13
C. 15
B. 14
D. 16

정답: B / 해설: 프로젝트가 종료 확률 55%일 때 수행 기간은 818이고, 40%일 때 804이다.

139 당신은 팀원들과 함께 리스크 식별 프로세스를 진행 중이다. 프로세스를 진행하기 위해 당신은 리스크 예산 일정 및 범주에서 리스크 관리 활동의 역할 및 담당, 제공을 정리한 배정표를 참조했다. 이 문서는 무엇인가?

A. 프로젝트 관리 계획서   B. 리스크 관리 계획서

C. 원가 관리 계획서   D. 품질 관리 계획서

정답: B / 해설: 리스크 예산, 일정 및 범주에서 리스크 관리 활동의 역할 및 담당, 제공을 정리한 배정표는 리스크 식별 프로세스의 리스크 관리 계획서의 구성 요소이다.

140 당신은 팀원들과 함께 리스크 관리 프로세스를 진행 중이다. 범위 기준선을 참고하고 수정된 이해관계자 리스크 허용 한도가 포함된 문서를 참조하고 있다. 어떤 프로세스를 진행 중인가?

A. 리스크 식별   B. 정성적 리스크 분석 수행

C. 정량적 리스크 분석 수행   D. 리스크 대응 계획 수립

정답: B / 해설: 투입물이 범위 기준선 및 수정된 이해관계자 리스크가 포함된 문서인 리스크 관리 계획서 프로세스는 정성적 리스크 분석 수행 프로세스이다.

141 다음 중 리스크 완화의 예는 무엇인가?

A. 보험 구입   B. 파트너 개발

C. 프로토 타입 제작   D. 프로젝트 일정 변경

정답: C / 해설: 리스크 완화는 프로젝트팀에서 리스크의 발생 또는 영향을 줄이기 위해 취하는 리스크 전략으로, 불리한 리스크의 확률 및 영향을 수용 가능한 한도로 낮추는 것을 의미한다. 예를 들어 단순한 프로세스 채택, 많은 실험, 안정적인 공급 업체 선정, 프로토 타입 개발, 중복 설계 등이 있다.

142 리스크 평가 기법 중 하나로, 프로젝트에 잠재적 영향력이 가장 큰 리스크를 결정하는 데 유용하다. 특히 특수한 형태의 막대 차트로 불확실성의 분포도 및 상관관계를 X, Y축으로 표현한 이것은 무엇인가?

A. 민감도 분석

B. 리스크 정성적 분석

C. 리스크 정량적 분석

D. 토네이도 다이어그램

정답: D / 해설: 민감도 분석 중 '토데이토 다이어그램'에 대한 설명이다.

143 당신은 리스크 대응 계획 수립 프로세스를 진행하려 하고 있다. 이를 위해 정량적 리스크 분석 수행 프로세스의 산출물 중 리스크 관리 대장을 참조하고 있다. 정량적 리스크 분석 수행의 산출물에서 갱신된 리스크 관리 대장의 구성 요소가 <u>아닌</u> 것은?

A. 우선순위 목록
B. 단시일 내 대응이 필요한 리스크
C. 심층 분석 및 재평가가 필요한 리스크
D. 리스크 감사 목록

정답: C / 해설: 리스크 대응 계획 수립의 투입물인 리스크 관리 대장에 수록된 구성 요소는 다음과 같다. 우선순위 목록, 단시일 내 대응이 필요한 리스크, 심층 분석 및 대응책이 필요한 리스크, 정량적 분석 결과의 추세, 리스크 감사 목록

144 당신은 모든 리스크가 프로젝트 목표와 연결되어 있다고 생각한다. 다음 중 리스크와 연결된 프로젝트 목표가 <u>아닌</u> 것은?

A. 시간, 비용, 범위, 품질
B. 시간, 비용, 범위, 의사소통
C. 범위, 의사소통, 품질, 자원
D. 의사소통, 품질, 자원, 일정

정답: A / 해설: 프로젝트 달성에 필요한 중요 목표는 시간, 비용, 범위, 품질이다.

145 다음 중 리스크에 대해 가장 정확히 설명한 것은?

A. 리스크는 불확실한 사건이며, 프로젝트에 부정적인 영향을 미친다.
B. 리스크는 불확실한 사건이며, 프로젝트 목표 중 하나 이상에 영향을 미친다.
C. 리스크는 알 수 없는 사건이며, 프로젝트 목표 중 하나 이상에 영향을 미친다.
D. 리스크는 불확실한 사건이며, 발생할 경우 영향을 예측할 수 없다.

정답: B / 해설: 리스크는 모든 프로젝트에 존재하는 불확실성에서 비롯되며 프로젝트 목표 중 한 가지 이상에 영향을 미친다.

146 당신의 프로젝트에는 총 10명의 이해관계자가 있는 것으로 조사되었다. 그렇다면 얼마나 많은 의사소통 채널이 존재하는가?

A. 42
B. 43
C. 44
D. 45

정답: D / 해설: 의사소통 채널 계산식은 n(n−1)/2이다.

147 조직과 이해관계자 모두의 리스크 대처 태도에는 다양한 요인이 영향을 미칠 수 있다. 다음 중 영향을 미치는 요인이 <u>아닌</u> 것은?

A. 리스크 수용 범위   B. 리스크 허용 한도

C. 리스크 한계선   D. 리스크 대응 계획

정답: D / 해설: 영향을 미칠 수 있는 요인에는 리스크 수용 범위, 리스크 허용 한도, 리스크 한계선이 있다.

148 당신은 리스크 상태를 프로젝트 이해관계자들에게 알리려고 한다. 다음으로 해야 할 일은?

A. 이해관계자 등록부 참고

B. 이해관계자 관리 전략 수행

C. 리스크 관리 계획서 참고

D. 의사소통 관리 계획서 참고

정답: D / 해설: 의사소통 관리 계획서는 프로젝트 의사소통 관리 방법을 계획, 구성, 감시 및 통제하는 방법이 기술되어 있다.

149 현재 A 프로젝트의 리스크 분석 결과, 아래 히스토그램을 얻었다. 히스토그램의 해석 중 옳은 것은?

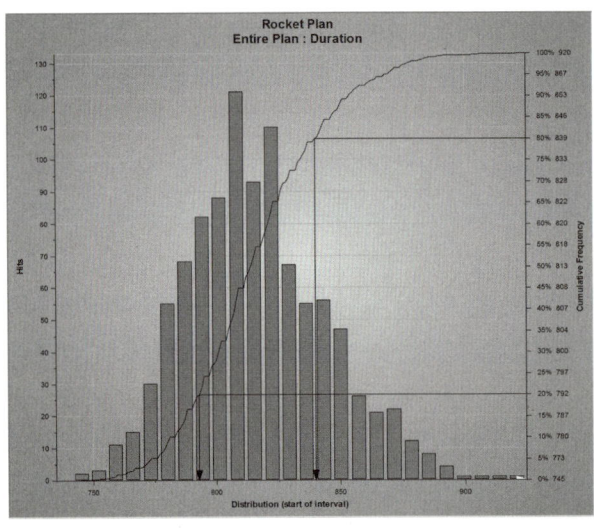

A. 수행 기간이 807 일일 경우는 전체 수행 기간의 40% 확률이다.

B. 수행 기간이 787일일 경우는 전체 수행 기간의 10% 확률이다.

C. 수행 기간이 808일 이하일 경우는 50% 미만의 확률을 가진다.

D. 수행 기간이 846일 경우는 전체 수행 기간의 90% 확률이다.

정답: A / 해설: 전체 프로젝트 수행 기간 중 40% 확률로 807일의 수행 기간을 가진다(우측 Y축 확인).

150 당신은 POP 프로젝트의 PM이다. 당신은 정성적 리스크 분석 수행 프로세스를 완료했다. 산출물이 아닌 것은?

A. 프로젝트 문서 갱신
B. 리스크 관리 대장 갱신
C. 가정 사항 관리 대장 갱신
D. 조직 프로세스 자산 갱신

정답: D / 해설: 정성적 리스크 분석 수행의 산출물은 프로젝트 문서 갱신이다. 프로젝트 문서 중 갱신되는 항목은 리스크 관리 대장과 가정 사항 관리 대장이다.

151 당신은 리스크 통제 프로세스를 수행했고, 다섯 가지 산출물을 만들어 냈다. 다음 중 산출물이 아닌 것은?

A. 작업 성과 정보
B. 변경 요청
C. 프로젝트 관리 계획서 갱신
D. 작업 성과 보고서 갱신

정답: D / 해설: 리스크 통제 프로세스의 산출물은 작업 성과 정보, 변경 요청, 프로젝트 관리 계획서 갱신, 프로젝트 문서 갱신, 조직 프로세스 자산 갱신이다.

152 현재 A 프로젝트의 리스크 분석의 결과로 아래 히스토그램을 얻었다. 이 프로젝트가 846일의 수행 기간을 가질 확률은 얼마이며, 70%의 확률을 가질 프로젝트 수행 기간은 며칠인가?

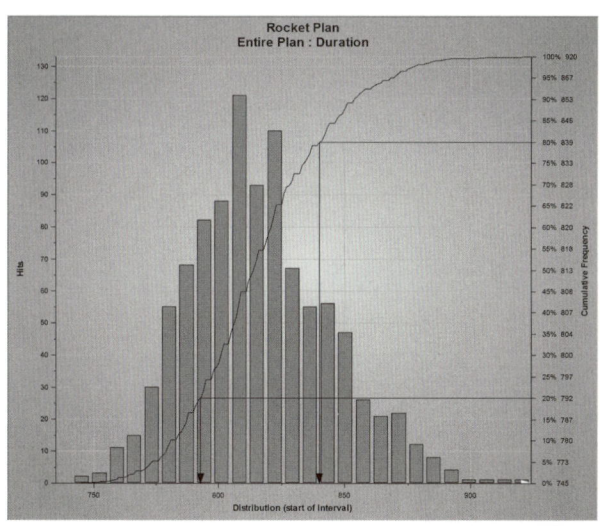

A. 60% / 823
B. 80% / 839
C. 70% / 806
D. 85% / 828

정답: D / 해설: 프로젝트가 846일의 수행 기간을 가질 확률은 85%이며, 70%의 확률을 가질 프로젝트 수행 기간은 828일이다(우측 Y축 확인).

153 다음 중 우발사태 계획에 대해 가장 적절하게 기술한 것은?

A. 부정적 리스크를 위한 계획된 대응

B. 대응이 필요한 리스크를 위한 계획된 대응

C. 사전 정의된 리스크 유발 인자가 발생했을 때를 위한 대응

D. 위협과 기회가 상쇄되는 리스크 대응 종류

정답: C / 해설: 일부 리스크의 경우 미리 정의한 특정 조건에서만 실행할 대응 계획을 수립하는 것이 좋다. 중간 마일스톤 누락 또는 우선순위가 더 높은 공급 업체 확보 등과 같이 우발사태 대응 유발하는 사건들을 정의하고 추적해야 한다.

154 프로젝트 리스크 관리의 성공 요인으로 적절하지 <u>않은</u> 것은?

A. 이해관계자들이 프로젝트 리스크 관리의 중요성을 인식해야 한다.

B. 프로젝트 참여자와 이해관계자들이 리스크 관련 활동에 대해 책임을 져야 한다.

C. 프로젝트 관리와 통합되어야 한다.

D. 의사소통에 보안이 확보되어야 한다.

정답: D / 해설: 리스크 관리의 가치를 인식, 개인과 헌신과 책임, 투명하고 정직한 의사소통, 조직적인 결단, 프로젝트에 비례한 리스크 관리 노력, 프로젝트 관리와의 통합, 의사 소통은 열려 있고, 정직해야 하지만 보안과는 거리가 멀다.

155 프로젝트 리스크 관리의 프로세스 중에서 리스크 관리 계획서가 투입물로 들어가지 않는 프로세스는 무엇인가?

A. 리스크 관리 계획 수립

B. 리스크 식별

C. 리스크 통제

D. 리스크 관리 계획 수립과 리스크 통제

정답: A / 해설: 리스크 관리 계획 수립의 산출물이 리스크 관리 계획서이며, 리스크 통제는 리스크 관리 계획서가 포함된 프로젝트 관리 계획서가 투입물이다

156 다음에 들어갈 단어를 바르게 짝지은 것은?

작업 수행에 필요한 환경 관련 허가 요건 또는 프로젝트 설계에 제한적인 인원 배정 등이 리스크의 (   )에 포함될수 있고, 허가 당국의 허가서 발급이 예정보다 늦어질 경우가 (   )에 해당하고, 설계 작업에 참여할 수 있는 개발 팀원이 복귀하여 프로젝트에 배정될 수 있는 경우가 (   )에 해당한다.

A. 원인, 리스크, 기회

B. 결과, 리스크, 호재

C. 원인, 악재, 기회

D. 원인, 리스크, 보충

정답: A / 해설: 종료 확률 100%의 의미는 그 날짜 이후 프로젝트를 구성하는 완료되지 않은 Activity는 존재하지 않는다는 의미이다. 또한 S-curve의 경사도가 급할수록 전체 프로젝트 수행 기간은 상대적으로 짧다.

157 프로젝트 매니저는 프로젝트 종료일에 대해 삼점추정을 계산하고 있다. 인터뷰 중에 그는 다음 수치를 이용했다. 최빈치 36, 비관치 67, 낙관치 20. 삼각분포를 따를 때, 결과는?

A. 38.5

B. 36

C. 41

D. 20.5

정답: D / 해설: (20+36+67)/3=41

158 프로젝트나 단계의 초기에 이해관계자를 식별하고 그들의 이해관계, 기대사항, 비중 및 영향력을 분석하는 것이 프로젝트 성공에 있어 중요한 요소가 된다. 이러한 이해관계자를 식별하기 위해 참조하는 문서가 아닌 것은?

A. 프로젝트 헌장

B. 프로젝트 관리 계획서

C. 조달 문서

D. 기업 환경 요인

정답: B / 해설: 이해관계자 식별 프로세스에 대한 내용이다. 이해관계자 식별 프로세스의 투입물은 프로젝트 헌장, 조달 문서, 기업 환경 요인, 조직 프로세스 자산이다.

159 당신은 당신의 프로젝트와 관계가 있고 프로젝트의 실행에 영향을 미치는 대내외 관계자 및 프로젝트에 참여하는 팀원, 집단 및 부서에 대한 내용을 살펴보고자 한다. 어떠한 문서를 참조해야 하는가?

A. 프로젝트 헌장
B. 프로젝트 관리 계획서
C. 조달 문서
D. 기업 환경 요인

정답: A / 해설: 프로젝트 헌장에 대한 내용이다. 프로젝트 헌장은 프로젝트 목적 또는 정당성, 상위 수준 요구사항, 가정 및 제약사항, 상위 수준 리스크 등을 포함하고 있다.

160 다음 중 리스크 대응 계획 프로세스의 도구 및 기법은?

A. 리스크 분류
B. 가정 분석
C. 예비 분석
D. 전문가 판단

정답: D / 해설: 전문가 판단은 정해진 특정 리스크에 취할 조치에 정통한 관련자가 지식을 제공한다.

161 다음 중 어떤 기법이 획득 가치 분석을 사용하여 deviations이 존재하는지 결정하는가?

A. 리스크 감사
B. 차이 및 추세 분석
C. 기술적 성과 분석
D. 예비 분석

정답: B / 해설: 프로젝트 성과를 감시하기 위해 획득 가치 분석과 프로젝트 차이 및 추세 분석 방법을 사용할 수도 있다.

162 다음 중 인도물 상태, 일정 진척률, 발생한 비용과 같은 데이터를 투입물로 하는 리스크 프로세스의 도구 및 기법이 <u>아닌</u> 것은?

A. 리스크 감사
B. 리스크 재평가
C. 차이 및 추세 분석
D. 전문가 판단

정답: D / 해설: 전문가 판단은 리스크 통제의 도구 및 기법이 아니다.

163 다음 프로세스의 산출물로 프로젝트 문서 갱신 중에 리스크 관리대장에 포함되지 <u>않는</u> 것은?

A. 리스크 책임자 및 배정된 업무

B. 합의된 대응 전략

C. 우발사태 계획 및 실행을 촉발하는 요인

D. 리스크 관리 활동에서 습득한 교훈

정답: D / 해설: 교훈은 리스크 통제의 산출물인 조직 프로세스 자산 갱신의 대상이다.

164 리스크 대응 프로세스의 산출물로 프로젝트 관리 계획서 갱신 중에 리스크 대응에 따른 새로운 작업 또는 수정되거나 생략된 작업 등의 변경 사항은 어디에 적용되는가?

A. 일정관리 계획서

B. 품질관리 계획서

C. 조달관리 계획서

D.범위/일정/비용 기준선

정답: D / 해설: 변경 사항은 각 기준선(baseline)에 적용된다.

165 리스크 대응 프로세스의 산출물로 프로젝트 문서 갱신 중에 리스크 관리대장에 포함되는 것은?

A. 가정 목록 갱신

B. 기술적 문서 갱신

C. 변경 요청

D. 합의된 대응 전략

정답: D / 해설: 합의된 대응 전략은 리스크 관리대장에 포함된다.

166 전체 프로젝트 리스크가 만족스러운 수준으로 감소되었는지 확인하기도 하고, 각 리스크의 우선순위를 수치로 지정할 수 있는 프로세스는?

A. 리스크 식별

B. 정성적 리스크 분석 수행

C. 정량적 리스크 분석 수행

D. 리스크 통제

정답: C / 해설: 정량적 리스크 분석 수행으로 리스크의 영향을 집계한다.

167 상세한 수준의 프로젝트 불확실성을 프로젝트 목표에 미치는 잠재적 영향으로 환산하는 모델을 사용하는데, 대개 이 기법을 이용하여 수행한다. 무작위로 선택한 입력값의 확률 분포로부터 각 반복에 대해 해당 변수를 사용하여 프로젝트 모델을 여러 번 계산하는 기법은?

    A. 몬테-카를로 기법
    B. 의사결정나무기법
    C. 금전적 기댓값
    D. 민감도 분석

정답: A / 해설: 정량적 리스크 분석 수행으로 리스크의 영향을 집계한다.

168 리스크 관리 수행 빈도가 잦을수록 리스크를 관리하기 쉬워지는데, 이를 가능하게 하는 효과적인 방법은?

    A. 정기적인 현황회의 의제 항목에 리스크 관리를 포함시킨다.
    B. 수시로 리스크를 식별하기 위해 프로젝트 매니저의 도움을 받는다.
    C. 정량적 리스크 분석 수행을 주 1회에 걸쳐 실시한다.
    D. 최고 경영진의 지시에 따라 리스크 관리를 수행한다.

정답: A / 해설: 회의를 통해 팀원들이 리스크 관리 수행을 정기적으로 실시한다.

169 이것을 검토하는 것은 리스크 식별에 유용한데, 일정 활동을 완료하는 과정에 발생 가능한 원가에 대한 정량적 평가를 리스크의 정도를 나타내는 구간을 이용하여 일정한 범위로 제시해주기 때문이다. 이는 무엇인가?

    A. 범위 기준선
    B. 활동 원가 산정치
    C. 활동 기간 산정치
    D. 이해관계자 관리대장

정답: B / 해설: 프로젝트 또는 단계 종료 프로세스의 투입물은 프로젝트 관리 계획서, 수용된 인도물, 조직 프로세스 자산이다.

170 **리스크 식별에 영향을 미칠 수 있는 기업 환경 요인은 무엇인가??**

A. 출간된 체크리스트

B. 프로젝트 파일

C. 조직 및 프로젝트 프로세스 통제

D. 교훈

정답: A / 해설: 출간된 체크리스트를 제외한 나머지는 조직 프로세스 자산이다.

연습문제 1 정답

No.	답	No.	답	No.	답	No.	답	No.	답	No.	답
1	D	31	A	61	B	91	D	121	D	151	B
2	D	32	C	62	D	92	D	122	C	152	B
3	B	33	C	63	C	93	D	123	A	153	C
4	B	34	C	64	B	94	A	124	A	154	D
5	C	35	B	65	A	95	D	125	D	155	B
6	C	36	B	66	A	96	A	126	C	156	B
7	A	37	D	67	C	97	D	127	A	157	C
8	A	38	B	68	B	98	C	128	C	158	D
9	C	39	B	69	B	99	C	129	B	159	C
10	A	40	C	70	C	100	D	130	D	160	D
11	D	41	B	71	D	101	D	131	D	161	D
12	A	42	B	72	C	102	D	132	D	162	C
13	C	43	B	73	C	103	A	133	A	163	D
14	D	44	A	74	B	104	D	134	B	164	D
15	D	45	C	75	B	105	C	135	D	165	C
16	C	46	D	76	D	106	D	136	A	166	C
17	C	47	B	77	B	107	B	137	C	167	D
18	B	48	B	78	D	108	C	138	B	168	D
19	A	49	A	79	C	109	D	139	B	169	B
20	B	50	B	80	A	110	A	140	B	170	A
21	B	51	D	81	C	111	C	141	C		
22	D	52	C	82	D	112	D	142	D		
23	C	53	A	83	C	113	B	143	A		
24	A	54	A	84	A	114	B	144	B		
25	D	55	B	85	C	115	C	145	D		
26	A	56	A	86	D	116	C	146	A		
27	C	57	B	87	B	117	A	147	D		
28	C	58	C	88	C	118	A	148	D		
29	C	59	C	89	D	119	A	149	C		
30	C	60	A	90	A	120	B	150	C		

연습문제 2 정답

No.	답	No.	답	No.	답	No.	답	No.	답	No.	답
1	B	31	B	61	A	91	A	121	D	151	D
2	B	32	A	62	B	92	C	122	C	152	D
3	C	33	A	63	D	93	B	123	D	153	C
4	B	34	C	64	A	94	D	124	C	154	D
5	D	35	D	65	B	95	A	125	B	155	A
6	D	36	B	66	B	96	D	126	D	156	A
7	B	37	C	67	D	97	D	127	C	157	D
8	D	38	D	68	A	98	C	128	C	158	B
9	B	39	C	69	A	99	C	129	C	159	A
10	B	40	D	70	B	100	A	130	C	160	D
11	D	41	C	71	D	101	C	131	D	161	B
12	B	42	C	72	C	102	C	132	A	162	D
13	A	43	A	73	B	103	C	133	B	163	D
14	C	44	A	74	C	104	B	134	B	164	D
15	A	45	A	75	D	105	A	135	C	165	D
16	C	46	B	76	A	106	A	136	B	166	C
17	D	47	D	77	D	107	D	137	D	167	A
18	A	48	B	78	D	108	C	138	B	168	A
19	D	49	A	79	A	109	D	139	B	169	B
20	C	50	D	80	A	110	C	140	B	170	A
21	C	51	A	81	C	111	C	141	C		
22	D	52	D	82	D	112	C	142	D		
23	B	53	B	83	B	113	D	143	C		
24	D	54	B	84	A	114	D	144	A		
25	D	55	B	85	B	115	A	145	B		
26	C	56	D	86	C	116	C	146	D		
27	A	57	B	87	A	117	C	147	D		
28	C	58	B	88	C	118	D	148	D		
29	B	59	C	89	D	119	B	149	A		
30	B	60	D	90	A	120	C	150	D		

PMI-RMP(Risk Management Professional) 답안지

응시자 성명

성 명

수험 번호

수 험 번 호

확인

(인)

번호	답안	번호	답안	번호	답안	번호	답안	번호	답안	번호	답안	번호	답안	번호	답안	번호	답안	번호	답안
1	ⒶⒷⒸⒹ	18	ⒶⒷⒸⒹ	35	ⒶⒷⒸⒹ	52	ⒶⒷⒸⒹ	69	ⒶⒷⒸⒹ	86	ⒶⒷⒸⒹ	103	ⒶⒷⒸⒹ	120	ⒶⒷⒸⒹ	137	ⒶⒷⒸⒹ	154	ⒶⒷⒸⒹ
2	ⒶⒷⒸⒹ	19	ⒶⒷⒸⒹ	36	ⒶⒷⒸⒹ	53	ⒶⒷⒸⒹ	70	ⒶⒷⒸⒹ	87	ⒶⒷⒸⒹ	104	ⒶⒷⒸⒹ	121	ⒶⒷⒸⒹ	138	ⒶⒷⒸⒹ	155	ⒶⒷⒸⒹ
3	ⒶⒷⒸⒹ	20	ⒶⒷⒸⒹ	37	ⒶⒷⒸⒹ	54	ⒶⒷⒸⒹ	71	ⒶⒷⒸⒹ	88	ⒶⒷⒸⒹ	105	ⒶⒷⒸⒹ	122	ⒶⒷⒸⒹ	139	ⒶⒷⒸⒹ	156	ⒶⒷⒸⒹ
4	ⒶⒷⒸⒹ	21	ⒶⒷⒸⒹ	38	ⒶⒷⒸⒹ	55	ⒶⒷⒸⒹ	72	ⒶⒷⒸⒹ	89	ⒶⒷⒸⒹ	106	ⒶⒷⒸⒹ	123	ⒶⒷⒸⒹ	140	ⒶⒷⒸⒹ	157	ⒶⒷⒸⒹ
5	ⒶⒷⒸⒹ	22	ⒶⒷⒸⒹ	39	ⒶⒷⒸⒹ	56	ⒶⒷⒸⒹ	73	ⒶⒷⒸⒹ	90	ⒶⒷⒸⒹ	107	ⒶⒷⒸⒹ	124	ⒶⒷⒸⒹ	141	ⒶⒷⒸⒹ	158	ⒶⒷⒸⒹ
6	ⒶⒷⒸⒹ	23	ⒶⒷⒸⒹ	40	ⒶⒷⒸⒹ	57	ⒶⒷⒸⒹ	74	ⒶⒷⒸⒹ	91	ⒶⒷⒸⒹ	108	ⒶⒷⒸⒹ	125	ⒶⒷⒸⒹ	142	ⒶⒷⒸⒹ	159	ⒶⒷⒸⒹ
7	ⒶⒷⒸⒹ	24	ⒶⒷⒸⒹ	41	ⒶⒷⒸⒹ	58	ⒶⒷⒸⒹ	75	ⒶⒷⒸⒹ	92	ⒶⒷⒸⒹ	109	ⒶⒷⒸⒹ	126	ⒶⒷⒸⒹ	143	ⒶⒷⒸⒹ	160	ⒶⒷⒸⒹ
8	ⒶⒷⒸⒹ	25	ⒶⒷⒸⒹ	42	ⒶⒷⒸⒹ	59	ⒶⒷⒸⒹ	76	ⒶⒷⒸⒹ	93	ⒶⒷⒸⒹ	110	ⒶⒷⒸⒹ	127	ⒶⒷⒸⒹ	144	ⒶⒷⒸⒹ	161	ⒶⒷⒸⒹ
9	ⒶⒷⒸⒹ	26	ⒶⒷⒸⒹ	43	ⒶⒷⒸⒹ	60	ⒶⒷⒸⒹ	77	ⒶⒷⒸⒹ	94	ⒶⒷⒸⒹ	111	ⒶⒷⒸⒹ	128	ⒶⒷⒸⒹ	145	ⒶⒷⒸⒹ	162	ⒶⒷⒸⒹ
10	ⒶⒷⒸⒹ	27	ⒶⒷⒸⒹ	44	ⒶⒷⒸⒹ	61	ⒶⒷⒸⒹ	78	ⒶⒷⒸⒹ	95	ⒶⒷⒸⒹ	112	ⒶⒷⒸⒹ	129	ⒶⒷⒸⒹ	146	ⒶⒷⒸⒹ	163	ⒶⒷⒸⒹ
11	ⒶⒷⒸⒹ	28	ⒶⒷⒸⒹ	45	ⒶⒷⒸⒹ	62	ⒶⒷⒸⒹ	79	ⒶⒷⒸⒹ	96	ⒶⒷⒸⒹ	113	ⒶⒷⒸⒹ	130	ⒶⒷⒸⒹ	147	ⒶⒷⒸⒹ	164	ⒶⒷⒸⒹ
12	ⒶⒷⒸⒹ	29	ⒶⒷⒸⒹ	46	ⒶⒷⒸⒹ	63	ⒶⒷⒸⒹ	80	ⒶⒷⒸⒹ	97	ⒶⒷⒸⒹ	114	ⒶⒷⒸⒹ	131	ⒶⒷⒸⒹ	148	ⒶⒷⒸⒹ	165	ⒶⒷⒸⒹ
13	ⒶⒷⒸⒹ	30	ⒶⒷⒸⒹ	47	ⒶⒷⒸⒹ	64	ⒶⒷⒸⒹ	81	ⒶⒷⒸⒹ	98	ⒶⒷⒸⒹ	115	ⒶⒷⒸⒹ	132	ⒶⒷⒸⒹ	149	ⒶⒷⒸⒹ	166	ⒶⒷⒸⒹ
14	ⒶⒷⒸⒹ	31	ⒶⒷⒸⒹ	48	ⒶⒷⒸⒹ	65	ⒶⒷⒸⒹ	82	ⒶⒷⒸⒹ	99	ⒶⒷⒸⒹ	116	ⒶⒷⒸⒹ	133	ⒶⒷⒸⒹ	150	ⒶⒷⒸⒹ	167	ⒶⒷⒸⒹ
15	ⒶⒷⒸⒹ	32	ⒶⒷⒸⒹ	49	ⒶⒷⒸⒹ	66	ⒶⒷⒸⒹ	83	ⒶⒷⒸⒹ	100	ⒶⒷⒸⒹ	117	ⒶⒷⒸⒹ	134	ⒶⒷⒸⒹ	151	ⒶⒷⒸⒹ	168	ⒶⒷⒸⒹ
16	ⒶⒷⒸⒹ	33	ⒶⒷⒸⒹ	50	ⒶⒷⒸⒹ	67	ⒶⒷⒸⒹ	84	ⒶⒷⒸⒹ	101	ⒶⒷⒸⒹ	118	ⒶⒷⒸⒹ	135	ⒶⒷⒸⒹ	152	ⒶⒷⒸⒹ	169	ⒶⒷⒸⒹ
17	ⒶⒷⒸⒹ	34	ⒶⒷⒸⒹ	51	ⒶⒷⒸⒹ	68	ⒶⒷⒸⒹ	85	ⒶⒷⒸⒹ	102	ⒶⒷⒸⒹ	119	ⒶⒷⒸⒹ	136	ⒶⒷⒸⒹ	153	ⒶⒷⒸⒹ	170	ⒶⒷⒸⒹ

PMI-RMP(Risk Management Professional) 답안지

답안	답안	답안	답안	답안	답안	답안	답안	답안	답안
1 Ⓐ Ⓑ Ⓒ Ⓓ	18 Ⓐ Ⓑ Ⓒ Ⓓ	35 Ⓐ Ⓑ Ⓒ Ⓓ	52 Ⓐ Ⓑ Ⓒ Ⓓ	69 Ⓐ Ⓑ Ⓒ Ⓓ	86 Ⓐ Ⓑ Ⓒ Ⓓ	103 Ⓐ Ⓑ Ⓒ Ⓓ	120 Ⓐ Ⓑ Ⓒ Ⓓ	137 Ⓐ Ⓑ Ⓒ Ⓓ	154 Ⓐ Ⓑ Ⓒ Ⓓ
2 Ⓐ Ⓑ Ⓒ Ⓓ	19 Ⓐ Ⓑ Ⓒ Ⓓ	36 Ⓐ Ⓑ Ⓒ Ⓓ	53 Ⓐ Ⓑ Ⓒ Ⓓ	70 Ⓐ Ⓑ Ⓒ Ⓓ	87 Ⓐ Ⓑ Ⓒ Ⓓ	104 Ⓐ Ⓑ Ⓒ Ⓓ	121 Ⓐ Ⓑ Ⓒ Ⓓ	138 Ⓐ Ⓑ Ⓒ Ⓓ	155 Ⓐ Ⓑ Ⓒ Ⓓ
3 Ⓐ Ⓑ Ⓒ Ⓓ	20 Ⓐ Ⓑ Ⓒ Ⓓ	37 Ⓐ Ⓑ Ⓒ Ⓓ	54 Ⓐ Ⓑ Ⓒ Ⓓ	71 Ⓐ Ⓑ Ⓒ Ⓓ	88 Ⓐ Ⓑ Ⓒ Ⓓ	105 Ⓐ Ⓑ Ⓒ Ⓓ	122 Ⓐ Ⓑ Ⓒ Ⓓ	139 Ⓐ Ⓑ Ⓒ Ⓓ	156 Ⓐ Ⓑ Ⓒ Ⓓ
4 Ⓐ Ⓑ Ⓒ Ⓓ	21 Ⓐ Ⓑ Ⓒ Ⓓ	38 Ⓐ Ⓑ Ⓒ Ⓓ	55 Ⓐ Ⓑ Ⓒ Ⓓ	72 Ⓐ Ⓑ Ⓒ Ⓓ	89 Ⓐ Ⓑ Ⓒ Ⓓ	106 Ⓐ Ⓑ Ⓒ Ⓓ	123 Ⓐ Ⓑ Ⓒ Ⓓ	140 Ⓐ Ⓑ Ⓒ Ⓓ	157 Ⓐ Ⓑ Ⓒ Ⓓ
5 Ⓐ Ⓑ Ⓒ Ⓓ	22 Ⓐ Ⓑ Ⓒ Ⓓ	39 Ⓐ Ⓑ Ⓒ Ⓓ	56 Ⓐ Ⓑ Ⓒ Ⓓ	73 Ⓐ Ⓑ Ⓒ Ⓓ	90 Ⓐ Ⓑ Ⓒ Ⓓ	107 Ⓐ Ⓑ Ⓒ Ⓓ	124 Ⓐ Ⓑ Ⓒ Ⓓ	141 Ⓐ Ⓑ Ⓒ Ⓓ	158 Ⓐ Ⓑ Ⓒ Ⓓ
6 Ⓐ Ⓑ Ⓒ Ⓓ	23 Ⓐ Ⓑ Ⓒ Ⓓ	40 Ⓐ Ⓑ Ⓒ Ⓓ	57 Ⓐ Ⓑ Ⓒ Ⓓ	74 Ⓐ Ⓑ Ⓒ Ⓓ	91 Ⓐ Ⓑ Ⓒ Ⓓ	108 Ⓐ Ⓑ Ⓒ Ⓓ	125 Ⓐ Ⓑ Ⓒ Ⓓ	142 Ⓐ Ⓑ Ⓒ Ⓓ	159 Ⓐ Ⓑ Ⓒ Ⓓ
7 Ⓐ Ⓑ Ⓒ Ⓓ	24 Ⓐ Ⓑ Ⓒ Ⓓ	41 Ⓐ Ⓑ Ⓒ Ⓓ	58 Ⓐ Ⓑ Ⓒ Ⓓ	75 Ⓐ Ⓑ Ⓒ Ⓓ	92 Ⓐ Ⓑ Ⓒ Ⓓ	109 Ⓐ Ⓑ Ⓒ Ⓓ	126 Ⓐ Ⓑ Ⓒ Ⓓ	143 Ⓐ Ⓑ Ⓒ Ⓓ	160 Ⓐ Ⓑ Ⓒ Ⓓ
8 Ⓐ Ⓑ Ⓒ Ⓓ	25 Ⓐ Ⓑ Ⓒ Ⓓ	42 Ⓐ Ⓑ Ⓒ Ⓓ	59 Ⓐ Ⓑ Ⓒ Ⓓ	76 Ⓐ Ⓑ Ⓒ Ⓓ	93 Ⓐ Ⓑ Ⓒ Ⓓ	110 Ⓐ Ⓑ Ⓒ Ⓓ	127 Ⓐ Ⓑ Ⓒ Ⓓ	144 Ⓐ Ⓑ Ⓒ Ⓓ	161 Ⓐ Ⓑ Ⓒ Ⓓ
9 Ⓐ Ⓑ Ⓒ Ⓓ	26 Ⓐ Ⓑ Ⓒ Ⓓ	43 Ⓐ Ⓑ Ⓒ Ⓓ	60 Ⓐ Ⓑ Ⓒ Ⓓ	77 Ⓐ Ⓑ Ⓒ Ⓓ	94 Ⓐ Ⓑ Ⓒ Ⓓ	111 Ⓐ Ⓑ Ⓒ Ⓓ	128 Ⓐ Ⓑ Ⓒ Ⓓ	145 Ⓐ Ⓑ Ⓒ Ⓓ	162 Ⓐ Ⓑ Ⓒ Ⓓ
10 Ⓐ Ⓑ Ⓒ Ⓓ	27 Ⓐ Ⓑ Ⓒ Ⓓ	44 Ⓐ Ⓑ Ⓒ Ⓓ	61 Ⓐ Ⓑ Ⓒ Ⓓ	78 Ⓐ Ⓑ Ⓒ Ⓓ	95 Ⓐ Ⓑ Ⓒ Ⓓ	112 Ⓐ Ⓑ Ⓒ Ⓓ	129 Ⓐ Ⓑ Ⓒ Ⓓ	146 Ⓐ Ⓑ Ⓒ Ⓓ	163 Ⓐ Ⓑ Ⓒ Ⓓ
11 Ⓐ Ⓑ Ⓒ Ⓓ	28 Ⓐ Ⓑ Ⓒ Ⓓ	45 Ⓐ Ⓑ Ⓒ Ⓓ	62 Ⓐ Ⓑ Ⓒ Ⓓ	79 Ⓐ Ⓑ Ⓒ Ⓓ	96 Ⓐ Ⓑ Ⓒ Ⓓ	113 Ⓐ Ⓑ Ⓒ Ⓓ	130 Ⓐ Ⓑ Ⓒ Ⓓ	147 Ⓐ Ⓑ Ⓒ Ⓓ	164 Ⓐ Ⓑ Ⓒ Ⓓ
12 Ⓐ Ⓑ Ⓒ Ⓓ	29 Ⓐ Ⓑ Ⓒ Ⓓ	46 Ⓐ Ⓑ Ⓒ Ⓓ	63 Ⓐ Ⓑ Ⓒ Ⓓ	80 Ⓐ Ⓑ Ⓒ Ⓓ	97 Ⓐ Ⓑ Ⓒ Ⓓ	114 Ⓐ Ⓑ Ⓒ Ⓓ	131 Ⓐ Ⓑ Ⓒ Ⓓ	148 Ⓐ Ⓑ Ⓒ Ⓓ	165 Ⓐ Ⓑ Ⓒ Ⓓ
13 Ⓐ Ⓑ Ⓒ Ⓓ	30 Ⓐ Ⓑ Ⓒ Ⓓ	47 Ⓐ Ⓑ Ⓒ Ⓓ	64 Ⓐ Ⓑ Ⓒ Ⓓ	81 Ⓐ Ⓑ Ⓒ Ⓓ	98 Ⓐ Ⓑ Ⓒ Ⓓ	115 Ⓐ Ⓑ Ⓒ Ⓓ	132 Ⓐ Ⓑ Ⓒ Ⓓ	149 Ⓐ Ⓑ Ⓒ Ⓓ	166 Ⓐ Ⓑ Ⓒ Ⓓ
14 Ⓐ Ⓑ Ⓒ Ⓓ	31 Ⓐ Ⓑ Ⓒ Ⓓ	48 Ⓐ Ⓑ Ⓒ Ⓓ	65 Ⓐ Ⓑ Ⓒ Ⓓ	82 Ⓐ Ⓑ Ⓒ Ⓓ	99 Ⓐ Ⓑ Ⓒ Ⓓ	116 Ⓐ Ⓑ Ⓒ Ⓓ	133 Ⓐ Ⓑ Ⓒ Ⓓ	150 Ⓐ Ⓑ Ⓒ Ⓓ	167 Ⓐ Ⓑ Ⓒ Ⓓ
15 Ⓐ Ⓑ Ⓒ Ⓓ	32 Ⓐ Ⓑ Ⓒ Ⓓ	49 Ⓐ Ⓑ Ⓒ Ⓓ	66 Ⓐ Ⓑ Ⓒ Ⓓ	83 Ⓐ Ⓑ Ⓒ Ⓓ	100 Ⓐ Ⓑ Ⓒ Ⓓ	117 Ⓐ Ⓑ Ⓒ Ⓓ	134 Ⓐ Ⓑ Ⓒ Ⓓ	151 Ⓐ Ⓑ Ⓒ Ⓓ	168 Ⓐ Ⓑ Ⓒ Ⓓ
16 Ⓐ Ⓑ Ⓒ Ⓓ	33 Ⓐ Ⓑ Ⓒ Ⓓ	50 Ⓐ Ⓑ Ⓒ Ⓓ	67 Ⓐ Ⓑ Ⓒ Ⓓ	84 Ⓐ Ⓑ Ⓒ Ⓓ	101 Ⓐ Ⓑ Ⓒ Ⓓ	118 Ⓐ Ⓑ Ⓒ Ⓓ	135 Ⓐ Ⓑ Ⓒ Ⓓ	152 Ⓐ Ⓑ Ⓒ Ⓓ	169 Ⓐ Ⓑ Ⓒ Ⓓ
17 Ⓐ Ⓑ Ⓒ Ⓓ	34 Ⓐ Ⓑ Ⓒ Ⓓ	51 Ⓐ Ⓑ Ⓒ Ⓓ	68 Ⓐ Ⓑ Ⓒ Ⓓ	85 Ⓐ Ⓑ Ⓒ Ⓓ	102 Ⓐ Ⓑ Ⓒ Ⓓ	119 Ⓐ Ⓑ Ⓒ Ⓓ	136 Ⓐ Ⓑ Ⓒ Ⓓ	153 Ⓐ Ⓑ Ⓒ Ⓓ	170 Ⓐ Ⓑ Ⓒ Ⓓ

PMI-RMP(Risk Management Professional) 답안지

응시자 성명

소 속

수검 번호

수검 번호

확인 (인)

번호 / 답안 (A)(B)(C)(D)

번호	답안	번호	답안	번호	답안	번호	답안	번호	답안	번호	답안	번호	답안	번호	답안	번호	답안	번호	답안
1	ABCD	18	ABCD	35	ABCD	52	ABCD	69	ABCD	86	ABCD	103	ABCD	120	ABCD	137	ABCD	154	ABCD
2	ABCD	19	ABCD	36	ABCD	53	ABCD	70	ABCD	87	ABCD	104	ABCD	121	ABCD	138	ABCD	155	ABCD
3	ABCD	20	ABCD	37	ABCD	54	ABCD	71	ABCD	88	ABCD	105	ABCD	122	ABCD	139	ABCD	156	ABCD
4	ABCD	21	ABCD	38	ABCD	55	ABCD	72	ABCD	89	ABCD	106	ABCD	123	ABCD	140	ABCD	157	ABCD
5	ABCD	22	ABCD	39	ABCD	56	ABCD	73	ABCD	90	ABCD	107	ABCD	124	ABCD	141	ABCD	158	ABCD
6	ABCD	23	ABCD	40	ABCD	57	ABCD	74	ABCD	91	ABCD	108	ABCD	125	ABCD	142	ABCD	159	ABCD
7	ABCD	24	ABCD	41	ABCD	58	ABCD	75	ABCD	92	ABCD	109	ABCD	126	ABCD	143	ABCD	160	ABCD
8	ABCD	25	ABCD	42	ABCD	59	ABCD	76	ABCD	93	ABCD	110	ABCD	127	ABCD	144	ABCD	161	ABCD
9	ABCD	26	ABCD	43	ABCD	60	ABCD	77	ABCD	94	ABCD	111	ABCD	128	ABCD	145	ABCD	162	ABCD
10	ABCD	27	ABCD	44	ABCD	61	ABCD	78	ABCD	95	ABCD	112	ABCD	129	ABCD	146	ABCD	163	ABCD
11	ABCD	28	ABCD	45	ABCD	62	ABCD	79	ABCD	96	ABCD	113	ABCD	130	ABCD	147	ABCD	164	ABCD
12	ABCD	29	ABCD	46	ABCD	63	ABCD	80	ABCD	97	ABCD	114	ABCD	131	ABCD	148	ABCD	165	ABCD
13	ABCD	30	ABCD	47	ABCD	64	ABCD	81	ABCD	98	ABCD	115	ABCD	132	ABCD	149	ABCD	166	ABCD
14	ABCD	31	ABCD	48	ABCD	65	ABCD	82	ABCD	99	ABCD	116	ABCD	133	ABCD	150	ABCD	167	ABCD
15	ABCD	32	ABCD	49	ABCD	66	ABCD	83	ABCD	100	ABCD	117	ABCD	134	ABCD	151	ABCD	168	ABCD
16	ABCD	33	ABCD	50	ABCD	67	ABCD	84	ABCD	101	ABCD	118	ABCD	135	ABCD	152	ABCD	169	ABCD
17	ABCD	34	ABCD	51	ABCD	68	ABCD	85	ABCD	102	ABCD	119	ABCD	136	ABCD	153	ABCD	170	ABCD

응시자
성명

수검
번호

소 속

수검번호

① ② ③ ④ ⑤ ⑥ ⑦ ⑧ ⑨
① ② ③ ④ ⑤ ⑥ ⑦ ⑧ ⑨
① ② ③ ④ ⑤ ⑥ ⑦ ⑧ ⑨
① ② ③ ④ ⑤ ⑥ ⑦ ⑧ ⑨
① ② ③ ④ ⑤ ⑥ ⑦ ⑧ ⑨
① ② ③ ④ ⑤ ⑥ ⑦ ⑧ ⑨
① ② ③ ④ ⑤ ⑥ ⑦ ⑧ ⑨
② ③ ④ ⑤ ⑥ ⑦ ⑧ ⑨

확인   인

문항	답안	문항	답안	문항	답안	문항	답안	문항	답안	문항	답안	문항	답안	문항	답안	문항	답안	문항	답안
1	ABCD	18	ABCD	35	ABCD	52	ABCD	69	ABCD	86	ABCD	103	ABCD	120	ABCD	137	ABCD	154	ABCD
2	ABCD	19	ABCD	36	ABCD	53	ABCD	70	ABCD	87	ABCD	104	ABCD	121	ABCD	138	ABCD	155	ABCD
3	ABCD	20	ABCD	37	ABCD	54	ABCD	71	ABCD	88	ABCD	105	ABCD	122	ABCD	139	ABCD	156	ABCD
4	ABCD	21	ABCD	38	ABCD	55	ABCD	72	ABCD	89	ABCD	106	ABCD	123	ABCD	140	ABCD	157	ABCD
5	ABCD	22	ABCD	39	ABCD	56	ABCD	73	ABCD	90	ABCD	107	ABCD	124	ABCD	141	ABCD	158	ABCD
6	ABCD	23	ABCD	40	ABCD	57	ABCD	74	ABCD	91	ABCD	108	ABCD	125	ABCD	142	ABCD	159	ABCD
7	ABCD	24	ABCD	41	ABCD	58	ABCD	75	ABCD	92	ABCD	109	ABCD	126	ABCD	143	ABCD	160	ABCD
8	ABCD	25	ABCD	42	ABCD	59	ABCD	76	ABCD	93	ABCD	110	ABCD	127	ABCD	144	ABCD	161	ABCD
9	ABCD	26	ABCD	43	ABCD	60	ABCD	77	ABCD	94	ABCD	111	ABCD	128	ABCD	145	ABCD	162	ABCD
10	ABCD	27	ABCD	44	ABCD	61	ABCD	78	ABCD	95	ABCD	112	ABCD	129	ABCD	146	ABCD	163	ABCD
11	ABCD	28	ABCD	45	ABCD	62	ABCD	79	ABCD	96	ABCD	113	ABCD	130	ABCD	147	ABCD	164	ABCD
12	ABCD	29	ABCD	46	ABCD	63	ABCD	80	ABCD	97	ABCD	114	ABCD	131	ABCD	148	ABCD	165	ABCD
13	ABCD	30	ABCD	47	ABCD	64	ABCD	81	ABCD	98	ABCD	115	ABCD	132	ABCD	149	ABCD	166	ABCD
14	ABCD	31	ABCD	48	ABCD	65	ABCD	82	ABCD	99	ABCD	116	ABCD	133	ABCD	150	ABCD	167	ABCD
15	ABCD	32	ABCD	49	ABCD	66	ABCD	83	ABCD	100	ABCD	117	ABCD	134	ABCD	151	ABCD	168	ABCD
16	ABCD	33	ABCD	50	ABCD	67	ABCD	84	ABCD	101	ABCD	118	ABCD	135	ABCD	152	ABCD	169	ABCD
17	ABCD	34	ABCD	51	ABCD	68	ABCD	85	ABCD	102	ABCD	119	ABCD	136	ABCD	153	ABCD	170	ABCD

확인

인

응시자
성명

소 속

수검
번호

수검 번호

답안	답안	답안	답안	답안	답안	답안	답안	답안
1 Ⓐ Ⓑ Ⓒ Ⓓ	18 Ⓐ Ⓑ Ⓒ Ⓓ	35 Ⓐ Ⓑ Ⓒ Ⓓ	52 Ⓐ Ⓑ Ⓒ Ⓓ	69 Ⓐ Ⓑ Ⓒ Ⓓ	86 Ⓐ Ⓑ Ⓒ Ⓓ	103 Ⓐ Ⓑ Ⓒ Ⓓ	120 Ⓐ Ⓑ Ⓒ Ⓓ	137 Ⓐ Ⓑ Ⓒ Ⓓ	154 Ⓐ Ⓑ Ⓒ Ⓓ
2 Ⓐ Ⓑ Ⓒ Ⓓ	19 Ⓐ Ⓑ Ⓒ Ⓓ	36 Ⓐ Ⓑ Ⓒ Ⓓ	53 Ⓐ Ⓑ Ⓒ Ⓓ	70 Ⓐ Ⓑ Ⓒ Ⓓ	87 Ⓐ Ⓑ Ⓒ Ⓓ	104 Ⓐ Ⓑ Ⓒ Ⓓ	121 Ⓐ Ⓑ Ⓒ Ⓓ	138 Ⓐ Ⓑ Ⓒ Ⓓ	155 Ⓐ Ⓑ Ⓒ Ⓓ
3 Ⓐ Ⓑ Ⓒ Ⓓ	20 Ⓐ Ⓑ Ⓒ Ⓓ	37 Ⓐ Ⓑ Ⓒ Ⓓ	54 Ⓐ Ⓑ Ⓒ Ⓓ	71 Ⓐ Ⓑ Ⓒ Ⓓ	88 Ⓐ Ⓑ Ⓒ Ⓓ	105 Ⓐ Ⓑ Ⓒ Ⓓ	122 Ⓐ Ⓑ Ⓒ Ⓓ	139 Ⓐ Ⓑ Ⓒ Ⓓ	156 Ⓐ Ⓑ Ⓒ Ⓓ
4 Ⓐ Ⓑ Ⓒ Ⓓ	21 Ⓐ Ⓑ Ⓒ Ⓓ	38 Ⓐ Ⓑ Ⓒ Ⓓ	55 Ⓐ Ⓑ Ⓒ Ⓓ	72 Ⓐ Ⓑ Ⓒ Ⓓ	89 Ⓐ Ⓑ Ⓒ Ⓓ	106 Ⓐ Ⓑ Ⓒ Ⓓ	123 Ⓐ Ⓑ Ⓒ Ⓓ	140 Ⓐ Ⓑ Ⓒ Ⓓ	157 Ⓐ Ⓑ Ⓒ Ⓓ
5 Ⓐ Ⓑ Ⓒ Ⓓ	22 Ⓐ Ⓑ Ⓒ Ⓓ	39 Ⓐ Ⓑ Ⓒ Ⓓ	56 Ⓐ Ⓑ Ⓒ Ⓓ	73 Ⓐ Ⓑ Ⓒ Ⓓ	90 Ⓐ Ⓑ Ⓒ Ⓓ	107 Ⓐ Ⓑ Ⓒ Ⓓ	124 Ⓐ Ⓑ Ⓒ Ⓓ	141 Ⓐ Ⓑ Ⓒ Ⓓ	158 Ⓐ Ⓑ Ⓒ Ⓓ
6 Ⓐ Ⓑ Ⓒ Ⓓ	23 Ⓐ Ⓑ Ⓒ Ⓓ	40 Ⓐ Ⓑ Ⓒ Ⓓ	57 Ⓐ Ⓑ Ⓒ Ⓓ	74 Ⓐ Ⓑ Ⓒ Ⓓ	91 Ⓐ Ⓑ Ⓒ Ⓓ	108 Ⓐ Ⓑ Ⓒ Ⓓ	125 Ⓐ Ⓑ Ⓒ Ⓓ	142 Ⓐ Ⓑ Ⓒ Ⓓ	159 Ⓐ Ⓑ Ⓒ Ⓓ
7 Ⓐ Ⓑ Ⓒ Ⓓ	24 Ⓐ Ⓑ Ⓒ Ⓓ	41 Ⓐ Ⓑ Ⓒ Ⓓ	58 Ⓐ Ⓑ Ⓒ Ⓓ	75 Ⓐ Ⓑ Ⓒ Ⓓ	92 Ⓐ Ⓑ Ⓒ Ⓓ	109 Ⓐ Ⓑ Ⓒ Ⓓ	126 Ⓐ Ⓑ Ⓒ Ⓓ	143 Ⓐ Ⓑ Ⓒ Ⓓ	160 Ⓐ Ⓑ Ⓒ Ⓓ
8 Ⓐ Ⓑ Ⓒ Ⓓ	25 Ⓐ Ⓑ Ⓒ Ⓓ	42 Ⓐ Ⓑ Ⓒ Ⓓ	59 Ⓐ Ⓑ Ⓒ Ⓓ	76 Ⓐ Ⓑ Ⓒ Ⓓ	93 Ⓐ Ⓑ Ⓒ Ⓓ	110 Ⓐ Ⓑ Ⓒ Ⓓ	127 Ⓐ Ⓑ Ⓒ Ⓓ	144 Ⓐ Ⓑ Ⓒ Ⓓ	161 Ⓐ Ⓑ Ⓒ Ⓓ
9 Ⓐ Ⓑ Ⓒ Ⓓ	26 Ⓐ Ⓑ Ⓒ Ⓓ	43 Ⓐ Ⓑ Ⓒ Ⓓ	60 Ⓐ Ⓑ Ⓒ Ⓓ	77 Ⓐ Ⓑ Ⓒ Ⓓ	94 Ⓐ Ⓑ Ⓒ Ⓓ	111 Ⓐ Ⓑ Ⓒ Ⓓ	128 Ⓐ Ⓑ Ⓒ Ⓓ	145 Ⓐ Ⓑ Ⓒ Ⓓ	162 Ⓐ Ⓑ Ⓒ Ⓓ
10 Ⓐ Ⓑ Ⓒ Ⓓ	27 Ⓐ Ⓑ Ⓒ Ⓓ	44 Ⓐ Ⓑ Ⓒ Ⓓ	61 Ⓐ Ⓑ Ⓒ Ⓓ	78 Ⓐ Ⓑ Ⓒ Ⓓ	95 Ⓐ Ⓑ Ⓒ Ⓓ	112 Ⓐ Ⓑ Ⓒ Ⓓ	129 Ⓐ Ⓑ Ⓒ Ⓓ	146 Ⓐ Ⓑ Ⓒ Ⓓ	163 Ⓐ Ⓑ Ⓒ Ⓓ
11 Ⓐ Ⓑ Ⓒ Ⓓ	28 Ⓐ Ⓑ Ⓒ Ⓓ	45 Ⓐ Ⓑ Ⓒ Ⓓ	62 Ⓐ Ⓑ Ⓒ Ⓓ	79 Ⓐ Ⓑ Ⓒ Ⓓ	96 Ⓐ Ⓑ Ⓒ Ⓓ	113 Ⓐ Ⓑ Ⓒ Ⓓ	130 Ⓐ Ⓑ Ⓒ Ⓓ	147 Ⓐ Ⓑ Ⓒ Ⓓ	164 Ⓐ Ⓑ Ⓒ Ⓓ
12 Ⓐ Ⓑ Ⓒ Ⓓ	29 Ⓐ Ⓑ Ⓒ Ⓓ	46 Ⓐ Ⓑ Ⓒ Ⓓ	63 Ⓐ Ⓑ Ⓒ Ⓓ	80 Ⓐ Ⓑ Ⓒ Ⓓ	97 Ⓐ Ⓑ Ⓒ Ⓓ	114 Ⓐ Ⓑ Ⓒ Ⓓ	131 Ⓐ Ⓑ Ⓒ Ⓓ	148 Ⓐ Ⓑ Ⓒ Ⓓ	165 Ⓐ Ⓑ Ⓒ Ⓓ
13 Ⓐ Ⓑ Ⓒ Ⓓ	30 Ⓐ Ⓑ Ⓒ Ⓓ	47 Ⓐ Ⓑ Ⓒ Ⓓ	64 Ⓐ Ⓑ Ⓒ Ⓓ	81 Ⓐ Ⓑ Ⓒ Ⓓ	98 Ⓐ Ⓑ Ⓒ Ⓓ	115 Ⓐ Ⓑ Ⓒ Ⓓ	132 Ⓐ Ⓑ Ⓒ Ⓓ	149 Ⓐ Ⓑ Ⓒ Ⓓ	166 Ⓐ Ⓑ Ⓒ Ⓓ
14 Ⓐ Ⓑ Ⓒ Ⓓ	31 Ⓐ Ⓑ Ⓒ Ⓓ	48 Ⓐ Ⓑ Ⓒ Ⓓ	65 Ⓐ Ⓑ Ⓒ Ⓓ	82 Ⓐ Ⓑ Ⓒ Ⓓ	99 Ⓐ Ⓑ Ⓒ Ⓓ	116 Ⓐ Ⓑ Ⓒ Ⓓ	133 Ⓐ Ⓑ Ⓒ Ⓓ	150 Ⓐ Ⓑ Ⓒ Ⓓ	167 Ⓐ Ⓑ Ⓒ Ⓓ
15 Ⓐ Ⓑ Ⓒ Ⓓ	32 Ⓐ Ⓑ Ⓒ Ⓓ	49 Ⓐ Ⓑ Ⓒ Ⓓ	66 Ⓐ Ⓑ Ⓒ Ⓓ	83 Ⓐ Ⓑ Ⓒ Ⓓ	100 Ⓐ Ⓑ Ⓒ Ⓓ	117 Ⓐ Ⓑ Ⓒ Ⓓ	134 Ⓐ Ⓑ Ⓒ Ⓓ	151 Ⓐ Ⓑ Ⓒ Ⓓ	168 Ⓐ Ⓑ Ⓒ Ⓓ
16 Ⓐ Ⓑ Ⓒ Ⓓ	33 Ⓐ Ⓑ Ⓒ Ⓓ	50 Ⓐ Ⓑ Ⓒ Ⓓ	67 Ⓐ Ⓑ Ⓒ Ⓓ	84 Ⓐ Ⓑ Ⓒ Ⓓ	101 Ⓐ Ⓑ Ⓒ Ⓓ	118 Ⓐ Ⓑ Ⓒ Ⓓ	135 Ⓐ Ⓑ Ⓒ Ⓓ	152 Ⓐ Ⓑ Ⓒ Ⓓ	169 Ⓐ Ⓑ Ⓒ Ⓓ
17 Ⓐ Ⓑ Ⓒ Ⓓ	34 Ⓐ Ⓑ Ⓒ Ⓓ	51 Ⓐ Ⓑ Ⓒ Ⓓ	68 Ⓐ Ⓑ Ⓒ Ⓓ	85 Ⓐ Ⓑ Ⓒ Ⓓ	102 Ⓐ Ⓑ Ⓒ Ⓓ	119 Ⓐ Ⓑ Ⓒ Ⓓ	136 Ⓐ Ⓑ Ⓒ Ⓓ	153 Ⓐ Ⓑ Ⓒ Ⓓ	170 Ⓐ Ⓑ Ⓒ Ⓓ

Foreign Copyright:
Joonwon Lee
Address: 127, Yanghwa-ro, Mapo-gu, Chomdan Building 6th floor,
　　　　　Seoul, Korea
Telephone: 82-70-4345-9818
E-mail: jwlee@cyber.co.kr

PM과 공정 관리자를 위한
PMI-RMP(Risk Management Professional)

2016. 9. 30. 1판 1쇄 인쇄
2016. 10. 10. 1판 1쇄 발행

저자와의
협의하에
인지생략

지은이 │ 박성철, 박용권, 오상우, 지승환
감수자 │ Roy S. kim, 윤종기
펴낸이 │ 이종춘
펴낸곳 │ BM 주식회사 성안당
주소 │ 04032 서울시 마포구 양화로 127 첨단빌딩 5층(출판기획 R&D 센터)
　　　│ 10881 경기도 파주시 문발로 112 출판문화정보산업단지(제작 및 물류)
전화 │ 02) 3142-0036
　　　│ 031) 950-6300
팩스 │ 031) 955-0510
등록 │ 1973. 2. 1. 제406-2005-000046호
출판사 홈페이지 │ **www.cyber.co.kr**
ISBN │ 978-89-315-5461-8 (13000)
정가 │ **50,000원**

이 책을 만든 사람들
책임 │ 최옥현
진행 │ 박종훈
교정 · 교열 │ 안종군
본문 · 표지 디자인 │ 김희정
홍보 │ 박연주
국제부 │ 이선민, 조혜란, 고운채, 김해영, 김필호
마케팅 │ 구본철, 차정욱, 나진호, 이동후, 강호묵
제작 │ 김유석